CJ ENM / CJ 프레시웨이

CJ그룹

CIT
Contents Insight Test

한권으로 끝내기

SD에듀
(주)시대고시기획

Always **with you**

사람의 인연은 길에서 우연하게 만나거나 함께 살아가는 것만을 의미하지는 않습니다.
책을 펴내는 출판사와 그 책을 읽는 독자의 만남도 소중한 인연입니다.
SD에듀는 항상 독자의 마음을 헤아리기 위해 노력하고 있습니다.
늘 독자와 함께하겠습니다.

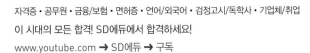

PREFACE

머리말 | 삼성그룹의 모태 기업으로 자리했던 CJ그룹은 창립기와 도약기를 거쳐 종합식품회사로 성장하고 이를 발판으로 첨단 기술 개발과 해외 진출을 시작했다. 1990년대 중반, 삼성그룹으로부터 독립한 이후에는 독자적인 사업 다각화를 통해 식품&식품서비스, 생명공학, 신유통, 엔터테인먼트&미디어의 4대 핵심 사업군을 구축, 현대 4대 핵심 사업군에서의 Leading Company로 성장했다.

지난 2020년 상반기부터 CJ그룹의 채용 절차 및 일정은 계열사별로 크고 작은 변화를 맞이했다. 특히 CJ ENM과 CJ프레시웨이 등은 기존 인적성검사인 CAT 대신 'CIT(Contents Insight Test)'라는 창의성과 통찰력 평가시험을 도입했다.

CIT는 정답이 정해져 있지 않은 한 페이지 분량의 서술 형식으로, 사전에 예상하거나 대비할 수 없는 질문의 유형들로 구성되어 있다. CJ그룹에서 기존에 시행해왔던 시험과 완전히 다르며, 대부분의 문제가 창의적 사고력과 순발력을 요구하는 특이한 질문이라는 평가를 받고 있다.

이에 수험생들이 CIT에 대한 '철저한 준비'가 가능하도록 다음과 같은 특징을 지닌 본서를 출간하게 되었다.

도서의 특징

❶ 창의력을 키울 수 있는 전략을 수록하여 CIT에 쉽게 접근할 수 있도록 하였다.
❷ 다양한 콘텐츠를 기획하고 창조하는 창의력을 평가할 수 있는 예상문제들과 작성가이드를 정리했다.
❸ 예상문제의 답안을 직접 써볼 수 있도록 답안 칸을 만들어 실전감각에 익숙해지게 하였다.
❹ 현장에서 필요한 다양한 글쓰기 방법을 수록하여 채용 과정 이후에도 도움이 되도록 하였다.

끝으로 이 책으로 CJ그룹 CIT를 준비하는 여러분의 창의성을 믿으며 모두에게 합격의 기쁨이 있기를 진심으로 기원한다.

이동조 씀

CJ는 ONLYONE 정신으로
세계인의 문화를 만들어 간다.

⬡ 전략목표

1	**CULTURE**	문화를 만드는 일은 CJ가 가장 잘하는 일이다. CJ는 우리의 아름다운 문화를 전 세계인들에게 알리기 위해 가장 앞서 달리고 있다. 세계의 라이프스타일을 주도하는 한류의 중심에 CJ가 있다.
2	**GLOBAL**	전 세계인이 일상생활 속에서 한국의 영화, 음식, 드라마, 음악을 마음껏 즐기며 일상의 행복을 누리게 되는 것. 그리고 이를 가장 앞서서 이끄는 최고의 생활문화기업이 되는 것이 바로 CJ의 꿈이다.
3	**ONLYONE**	ONLYONE 정신은 모든 면에서 최초, 최고, 차별화를 추구하는 CJ가 최우선으로 지향하는 가치다. 이를 바탕으로 CJ는 남들이 하지 않은 새로운 제품과 서비스, 시스템, 사업을 지속적으로 창출해 가고 있다.

⬡ 미션

ONLYONE 제품과 서비스로 최고의 가치를 창출하여 국가사회에 기여한다.

ONLYONE 제품과 서비스로 최고의 가치를 창출	국가사회에 기여
▼	▼
국가사회에 기여하는 방법	CJ 최고 인재들의 사명감 (CJ 존재 이유)

• 우리의 일상을 건강하고 즐겁게
• 전세계인의 삶을 흥미롭고 아름답게
• 지구를 지속 가능하게

비전

건강, 즐거움, 편리를 창조하는 미래 라이프스타일 기업

건강, 즐거움, 편리 사업영역 : 미래 라이프스타일 영역

창조 사업방식 : 트렌드를 리딩하고, 초격차 역량으로 세계인의 새로운 삶을 디자인

미래 라이프스타일 기업 CJ의 지향점

핵심가치

타기업과는 구별되는 **CJ만의 기업 문화를 형성하는 요소**

인재 **일류인재** 양성과 **강유문화** 조성으로 앞서가는 일류기업이 된다.

ONLYONE **최초 · 최고 · 차별화**를 추구하여 핵심역량을 갖춘 일등기업이 된다.

상생 생태계 조성과 **공유가치** 창출로 국가사회로부터 존경받는 기업이 된다.

행동원칙

CJ 임직원 누구나 반드시 지켜야 할 원칙이며, 인재육성의 기준

정직 **비효율**과 **부정**을 용납하지 않는다.

열정 **최고 · 완벽**을 추구한다.

창의 끊임없이 **변화**하고 **혁신**한다.

존중 서로 **이해**하고 **배려**한다.

CI

건강

즐거움

편리

CJ의 세 가지 컬러는 건강, 즐거움, 편리를 상징한다.

CJ의 Blossom은 CJ의 가치를 전달하는 한편 세계 시장과 고객을 향해 만개하는 꽃처럼 새롭게 피어나는 CJ를 상징하며 고객에게 언제나 새롭고 친근하게 다가가는 기업이라는 의미를 담고 있다.

신입사원 채용절차

| 입사지원서
접수 | 서류전형 | 테스트 전형 | 면접전형
1차 실무면접 | 면접전형
2차 임원면접 | 건강검진 | 최종 합격자
발표 |

❖ 채용절차는 채용유형·직무·시기 등에 따라 변동될 수 있으니 반드시 CJ에서 발표하는 채용공고를 확인하기 바랍니다.

CIT TIP

⬡ 필수 준비물

❶ 신분증 : 주민등록증, 외국인등록증, 여권, 운전면허증 중 하나

❷ 그 외 : PC/노트북, 스마트폰/태블릿, 휴대폰 거치대, 노트북/휴대폰 충전기

⬡ 유의사항

❶ 사전OT 불참 시 온라인 테스트 전형 포기로 간주돼 시험 자격이 주어지지 않으므로 반드시 참석해야 한다.

❷ 응시 환경 변동으로 인한 테스트 당일 문제 발생 시 추가 시간/재응시 기회가 부여되지 않으므로 전형 당일 실제 테스트를 응시할 장소에서 사전OT에 참여하는 것을 권장한다.

❸ 필기, 메모, 인터넷 검색, 자료 참고가 불가하므로 눈으로만 풀어야 한다.

⬡ 알아두면 좋은 TIP

❶ 원활한 시험 진행을 위해 삼각대와 책상 정리가 필요하다.

❷ 테스트에 접속하기 위해 이름(수험번호), 이메일, 시험ID, 접속코드가 필요하므로 사전에 안내된 내용을 시험 전에 숙지하도록 한다.

❸ 인터넷 연결이 원활하며 최대한 조용히 시험을 치를 수 있는 장소를 확보한다.

❹ 평소 다양한 콘텐츠를 접하는 것은 물론 사물을 다양하게 관찰하는 훈련을 해두는 것이 유리하다.

⬡ 시험 진행

시험 시간 예시	진행 순서
10:10~10:30	화상 회의실 입장 및 시험 준비
10:30~10:40	신분 확인 및 응시 환경 점검
10:40~11:40	CIT 테스트

❖ 시험 내용은 채용유형, 채용직무, 채용시기 등에 따라 변동될 수 있으므로 반드시 발표되는 채용공고를 확인하시기 바랍니다.

창의적 문제해결 적용원리

⬡ 창의인재란?

'문제발견과 문제이해력', '통합적 사고와 예측력', '창조적 관점과 리더십 통찰', '다른 영역의 초융합적 사고', '아이디어 발상 및 문제해결능력', '논리적 사고와 분류설계 능력', '커뮤니케이션 능력', '창조표현 능력' 등 다양한 창의적 사고력을 즉시 현장에서 발현할 수 있는 사람이다.

⬡ 창조 프로세스 사고

- 인간의 뇌는 자기중심이어서 보고 싶은 현실이나 결과, 부분을 인식하는 반면 숨겨져 있는 움직임, 무대, 배경, 관계, 소실점, 시간, 연결을 잘 보지 못한다. 뇌의 약점을 극복할 수 있는 창의성과 통찰력은 창조를 과정 전체로 보는 발상의 전환을 통해 얻을 수 있다.
- 창조적 사고의 출발점은 인간의 관점을 버리는 것에서 출발해야 한다. 자연, 세상, 우주가 창조되는 물리적인 전체과정을 창조자 관점으로 보는 것이다.

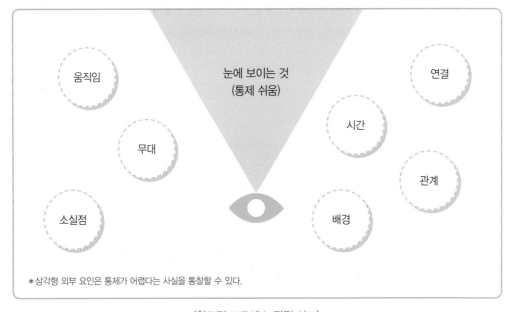

〈창조적 프로세스 관점 사고〉

⬡ 창조 메커니즘

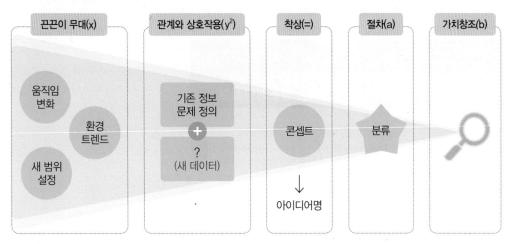

❶ 끈끈이 무대	• 창조가 이루어지는 근원적인 무대(변화, 움직임, 환경, 트렌드)
	• 창조를 위한 에너지를 공급하는 환경
❷ 연결	• 서로 다른 '요소 1'과 '요소 2'의 조합과 모순의 상호작용
❸ 착상	• 요소의 조합이 하나의 독창적인 콘셉트로 귀결
❹ 분류, 설계, 절차	• 착상된 아이디어가 구체적인 형태를 갖추는 과정
❺ 결과	• 눈에 보이는 결과물 혹은 인식된 데이터 정보

'전체 창조 프로세스'의 핵심요소들과 절차, 패턴을 간단한 임의의 단어로 표시하면 [무대 → 요소 1과 요소 2의 만남 → 착상 → 분류, 설계, 절차 → 결과]가 된다.

〈창의적 사고 생각모형〉

도서 200% 활용하기

창의력을 키우는 CIT 대비 전략

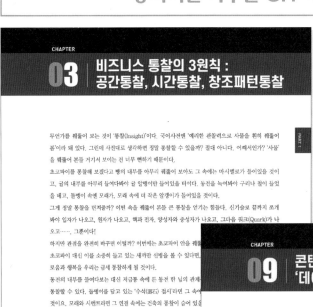

▶ 비즈니스 현장에서 꼭 필요한 통찰력을 기르는 방법과 CIT 대비용 CJ 사업 분석 및 전략을 수록해 CIT 사전 준비를 확실하게 할 수 있도록 하였다.

예시 문제, 작성가이드, 답안예시로 단계적 학습

▶ 유형별 CIT 예시 문제, 작성가이드, 답안예시를 수록하여 CIT 출제 방향을 예측하고 답안 칸과 작성가이드를 통해 실전 감각을 익히게 하였다.

이 책의 차례

CONTENTS

PART 1

CIT 대비 전략

01 | CJ 창의력과 관련된 테스트 'CIT'

"이렇게 답안 작성을 해도 되나 싶을 정도로 한 치 앞이 안 보이는 시험이었어요."
"애초에 정답이 없으니 미리 공부한다고 되는 게 아닌 것 같아요."

'휴~' 시험장을 나오자 긴 한숨부터 턱 내쉬었다. CJ ENM 하반기 입사시험을 본 동욱씨는 이번에도 실패를 직감했다. 사실 상반기에도 같은 유형의 테스트를 본 적이 있다. 하지만 여전히 이 테스트를 준비하기 위해 무엇을 어떻게 대비해야 할지 감을 잡지 못하고 있었다.

"다시 테스트에 도전한다 해도 어떻게 준비해야 할지 모르겠어요."

CJ ENM 등 일부 계열사에서 2020년부터 새로 선보인 창의력 테스트 'CIT'를 본 이들의 공통적인 소감이다. 특히 CJ ENM의 E&M 부문이 'CIT'를 적극 활용하고 있는데, E&M 부문은 미디어 콘텐츠, 음악콘텐츠, 영화, 공연, 애니메이션, 컨벤션 등 엔터테인먼트 산업 전반에 걸쳐 다양한 사업을 진행하고 있다. 시장 변화에 맞춰 경쟁력 있는 콘텐츠 창조를 기반으로 하는 직무들이 대부분이기 때문에 'CIT'가 앞으로 훨씬 더 강화될 것으로 분석된다.

'CIT'는 Contents Insight Test, 우리말로 하면 **콘텐츠 통찰력 시험**으로, 지원자의 창의성 또는 통찰력을 측정하는 테스트라고 할 수 있다. 'CIT'의 핵심 목적은 일반적인 창의력을 평가하는 것이 아니라, 지원 직무에 대해 얼마나 관심을 갖고 이해하고 있는지, 그에 맞게 어떤 솔루션을 제시하는지를 평가하는 것이다.

이 통찰력 시험에 대해 알려진 세부 내용은 거의 없다시피 하다. 기업이 정보 누출을 강력하게 통제하고 있기 때문이다. 시험을 보기 전 '비밀유지 계약서'를 작성할 정도다. 단지 직무 분야별로 유형이 다르고 전문지식, 트렌드 이슈, 실무 프로젝트, 문제해결, 기획 등 다양한 문제들이 제시될 가능성이 크며, 정답이 정해져 있지 않은 서술 시험으로 주어진 문제에 대해 한 페이지 정도의 글을 작성하는 것 정도만이 알려진 상황이다.

따라서 현재로선 완전히 백지상태에서 탐정의 마음으로 CIT의 비밀과 다양한 유형별 예상문제를 추론해 보면서 대비할 수밖에 없다.

우선 서류전형 → TEST → 면접을 거쳐 신입 채용을 진행하는 CJ그룹의 전체 프로세스를 볼 때, 이 통찰 테스트가 매우 핵심적인 전형단계라는 사실을 알 수 있다. CIT는 기존 인적성 시험(CAT) 대신 도입됐다. 인적성 시험(CAT)에서 CIT로 '진화'한 것이다. 유형이 바뀌었다면 분명 이유가 있을 것이다. 거기에서 우리는 중요한 힌트를 얻어낼 수 있지 않을까? 둘의 차이점을 파악한다면 변화의 핵심 요소를 찾아낼 수 있을 것이다.

CAT는 정답이 있고 CIT는 대체로 정답이 없다. CAT는 지식과 정보와 데이터를 기반으로 주어진 문제를 해결하는 시험이고, CIT는 지식과 정보와 데이터의 연결과 그 사이의 관계를 자기만의 사고력으로 창조해내는 시험이다. CAT는 정량평가로 객관적인 순위가 가려지겠지만, CIT는 정성평가로 상대적인 순위가 매겨질 것이다.

CIT에는 모범답안이 없다. 해당 지원자의 전반적인 통합사고력을 보기 때문이다. 모범답안이 제시되는 순간 그 답안은 이미 과거의 뻔한 답이 된다. 따라서 지금 이 순간, 기존에 아무도 떠올리지 못했던 자기만의 특별한 생각을 드러내야 한다.

모범답안이 없으면서 테스트를 보는 이의 현재 생각이 중요하다는 사실은 응시자에게 좋은 소식일까? 아니면 나쁜 소식일까? 지식과 정보, 데이터 중심의 사고를 하는 이들에겐 나쁜 소식이겠고, 평소에 창조적인 사고력 훈련이 잘 되어 있는 이들에겐 좋은 소식일 것이다.

CIT를 좀 더 깊이 파고들기 위해 시험에 응시하는 사람이 아니라, 이 시험을 출제한 기업의 관점에서 생각해 보자. 시험인 이상, 똑 떨어지는 정답은 없어도 나름의 평가 기준은 존재하기 마련이다. CIT 역시 어떤 유형의 문제이든 통찰력이나 창의력으로 대표되는 생각하는 힘을 평가하려는 건 분명해 보인다. 그럼, 기업이 평가하려는 '생각하는 힘'이란 무엇일까?

♦ 하나를 보고 그 안에서 메커니즘이나 패턴을 읽어내는 사고능력
♦ 이상과 상상을 현실에서 실현하는 구조화 사고능력
♦ 정보와 정보, 데이터와 데이터를 연결하여 융합하는 사고능력
♦ 문제의 핵심을 포착하고 분석하는 사고능력
♦ 보이지 않는 상황과 무대를 읽어내어 시공간의 흐름을 통찰하는 사고능력
♦ 낱개의 재료를 이용해 새로운 이야기나 콘텐츠를 창조해내는 사고능력
♦ 독창적이고 새로운 관점의 솔루션을 제시하는 사고능력

PART 1 | CIT 대비 전략 **3**

대략적으로 위와 같은 사고력이라고 생각할 수 있다. 왜냐하면 CIT가 기존 인적성 시험(CAT)에서 한 걸음 진보했다는 점, 그리고 최근 국내외 선진기업들이 '창의력 테스트'를 채용시험에 적극적으로 도입하고 있다는 점 때문이다.

따라서 CIT 역시 통찰 테스트를 통해 지원자가 각자 만들어내는 결과물에서 지원자의 사고능력을 측정해 보려는 가이드라인은 분명 존재할 것이다. 가령 **주제연관성, 혁신성, 창의융합성, 독창성, 구조화설계성, 창조성** 등 다양한 심사항목이 존재할 수 있으며, 이런 표준 심사기준표에 기초하여 결과물이 평가될 것으로 예측할 수 있다.

CHAPTER

02 | 감독의 관점으로 사고하라!

일을 잘하기 위해서는 우리가 하는 일의 전체 프로세스를 알고 있어야 한다. 일은 다양한 요소들이 서로 관계를 맺고 연결되어 작동하는 하나의 살아 있는 생명체다. 일의 안팎이 연결되는 전체적인 맥락을 통찰해야 지금 내가 하는 일의 목표나 업무를 이전보다 훨씬 더 잘 수행할 수 있다.

그런데 우리는 일을 살아 있는 하나의 생명체로 보고 있을까? 그렇지 않다. 오히려 산 것도 죽여서 본다. 인간은 일을 업무별로 하나하나 분해한 후 파편적인 지식으로 만들고 싶어 한다. 리더십이니, 팔로십이니, 커뮤니케이션이니, 마케팅이니, 팀워크니, 동기부여니, 사내갈등 해소니, 고객서비스니 하면서 세세하게 쪼갠다. 그렇게 하는 이유는 단순하다. 그래야 우리 뇌가 쉽다고 느끼기 때문이다.

그러나 그렇게 쪼개진 개별 지식은 실무현장에선 무용지물이 되기 십상이다. 배우기 쉽게 죽여서 쪼갰더니 살아 있는 현장에서 적용하기에는 어려워지는 역설에 빠진다. 이는 코끼리 다리가 코끼리는 아닌 이유와 같다. 눈을 감고 다리를 만지면 살아 있는 코끼리도 벽이 된다. 야구공의 실밥이 야구공은 아니며 시멘트가 곧 아파트라고는 할 수 없는 이치이다.

우리는 대부분 다리나 긴 코를 쉽게 학습하여 코끼리의 전모를 알려고 하고, 실밥이나 둥근 모양만 요리조리 분석해 야구공을 이해하려 한다. 하지만 우리는 아프리카 초원에서 소리 지르고 펄떡펄떡 뛰며 달려드는 코끼리를 볼 때 코끼리의 진면목을 이해할 수 있으며, 글러브에서 손끝의 온 감각을 날카롭게 벼려 '와인드업(Wind up)'해야만 야구공 전체를 장악할 수 있다. 일이 벌어지는 현장과 전체 진행 과정에 참여할 때 진정한 문제가 드러나고 해결책이 나오며 혁신적인 영감이 떠오른다.

다시 말하지만, 일이란 무수한 요소들이 연결된 살아 있는 유기체다. 실제 현장에서 일은 결코 우리 앞에 낱개로 쪼개져 하나씩 하나씩 친절하게 다가오지 않는다. 일은 쪼개면 쪼갤수록 단순한 업무를 수행하는 방향으로 움직이며, **하나로 통합할수록 리더의 통찰이 필요한 방향으로 향한다.**

평범한 직장인의 관점에서는 하나하나 낱개로 쪼개진 업무만 잘 수행하는 것으로도 충분하다. 그러나 리더의 관점으로 보기 위해서는 쪼개진 모든 일이 서로 연결돼 있어야 한다. 그 연결고리와 프로세스를 통째로 보게 되는 순간 더 많은 문제를 발견할 수 있으며, 책임감도 자연스레 커지게 된다.

시장의 흐름과 경쟁자의 동향, 우리 앞에 닥친 문제, 주어진 시간, 문제를 해결하기 위한 비용, 다양한 제약과 조건, 결과의 예측 등 직장인의 관점에서 보이지 않는 많은 것들은 '창조적인 리더의 관점'을 선택했을 때에만 비로소 보이기 시작한다.

창조적인 리더의 관점이란 부모의 관점이요, 건축가의 관점이다. 또한, 요리사의 관점이요, 지휘자의 관점이며, 저자의 관점이고, 신의 관점이다. **이들의 관점은 모두 무언가를 새롭게 만들려는 것으로 향한다.** 요리사는 맛있는 음식을 만들고, 저자는 감동이나 영감을 주는 책을 쓰고, 건축가는 아름답고 멋진 집을 짓는다.

따라서 무언가를 창조하는 사람이 되기 위해서는 가장 먼저 관점을 바꾸어야 한다. 무대를 세팅하고 공간과 시간을 연출하는 **감독의 관점**이 필요하다. 배우에게는 각자의 배역이 주어진다. 자기 대본을 받아들인 이상 역할은 무대 위에선 숙명이 되며 그 배역을 성실히 잘 수행해야 할 의무가 생긴다. 거역할 수 없다.

그러나 인간은 배우이면서 동시에 무대를 세팅하는 감독이 될 수도 있다. 배우가 될 것인가? 아니면 배우이면서도 동시에 감독이 될 것인가? 우리는 우리 안에 잠들어있는 배우의 관점과 감독의 관점 중 하나를 마음대로 선택할 수 있다. 그럼에도 불구하고 대부분의 사람들은 배우의 관점을 선택한 후 배역에 매몰되어 버린다.

지금 당장 이 책을 잠시 덮고 스스로 질문을 던져 보라.

"나는 초중고, 대학에서 누구의 관점을 가지도록 교육받아 왔는가?"

"나는 살면서 이미 존재하는 것을 활용하는 배우의 관점으로 살아왔는가, 아니면 스스로 기획하고 연출하며 창조해내는 감독의 관점으로 살아왔는가?"

'일 통찰'과 창조적인 삶의 시작은 거대한 벽을 넘고 천장을 뚫는 일이다. 따라서 벽을 넘고 천장을 뚫겠다면 반드시 이 질문에서 출발해야 한다.

"앞으로 나는 배우의 관점으로 살아갈 것인가, 감독의 관점으로 살아갈 것인가?"

무대를 세팅하고 연출하며 창조하는 사람을 세상이, 그리고 기업이 선호하고 있다. '일'에 대한 통찰력을 얻고 싶다면, 그리고 새로운 것을 창조하는 사람이 되고 싶다면 지금부터 '배우의 관점'을 버리고 '감독의 관점'으로 세상을 바라보아야 한다.

03 | 비즈니스 통찰의 3원칙 : 공간통찰, 시간통찰, 창조패턴통찰

무언가를 꿰뚫어 보는 것이 '통찰(Insight)'이다. 국어사전엔 '예리한 관찰력으로 사물을 훤히 꿰뚫어 봄'이라 돼 있다. 그런데 사전대로 생각하면 정말 통찰할 수 있을까? 절대 아니다. 어째서인가? '사물'을 꿰뚫어 본들 거기서 보이는 건 너무 뻔하기 때문이다.

초코파이를 통찰해 보겠다고 빵의 내부를 아무리 꿰뚫어 보아도 그 속에는 마시멜로가 들어있을 것이고, 귤의 내부를 아무리 들여다봐야 귤 알맹이만 들어있을 터이다. 동전을 녹여봐야 구리나 철이 들었을 테고, 돌멩이 속엔 모래가, 모래 속엔 더 작은 알갱이가 들어있을 것이다.

그게 정말 통찰을 던져줄까? 어떤 속을 꿰뚫어 본들 큰 통찰을 얻기는 힘들다. 신기술로 끝까지 쪼개봐야 입자가 나오고, 원자가 나오고, 핵과 전자, 양성자와 중성자가 나오고, 그다음 쿼크(Quark)가 나오고……. 그뿐이다!

하지만 관점을 완전히 바꾸면 어떨까? 이번에는 초코파이 안을 꿰뚫어 보는 대신 밖을 살펴보자. 만약 초코파이 대신 이를 소중히 들고 있는 새까만 신병을 볼 수 있다면, 그 병사의 눈동자 속에 깃든 경이로움과 행복을 우리는 금세 통찰하게 될 것이다.

동전의 내부를 들여다보는 대신 저금통 속에 든 동전 한 닢의 관계를 생각한다면 동전에 깃든 희망을 통찰할 수 있다. 돌멩이를 담고 있는 '수석(壽石) 접시'라면 그 속에는 예술이란 통찰이 숨 쉬고 있을 것이요, 모래와 시멘트라면 그 연결 속에는 건축의 통찰이 숨어 있을 것이다.

이처럼 통찰이란 어떠한 사물의 내부를 예리한 관찰력으로 꿰뚫어 보는 것이 아니라 **사물과 다른 것의 '사이', 혹은 사물의 '밖'에 있는 보이지 않는 관계를 꿰뚫어 보는 것이다.** 보이는 것(사물)만 보는 대신 보이지 않는 것(사물과 사물의 사이)을 보고, 부분(사물)만 보지 말고 전체(사물 밖)를 보는 것이 통찰의 비밀인 셈이다.

사물과 사물 사이, 사물 밖의 이야기, 나와 당신 사이, 직무와 직무 사이, 일과 일 사이, 비즈니스와 비즈니스 사이, 부서와 부서 사이에서 관계의 창조가 이루어지는 전 과정을 꿰뚫어 보는 것이 진짜 통찰이다.

비즈니스 통찰도 마찬가지다. 창조를 만드는 것은 일과 일 사이, 일 밖의 무대를 꿰뚫어 보는 것이다. 그렇다면 어떻게 사이와 밖의 무대를 잘 읽어낼 수 있을까? 비즈니스 통찰은 크게 '**공간통찰**', '**시간통찰**', '**성공패턴통찰**' 3가지의 요소로 구성되어 있다. 이 세 가지 통찰이 삼위일체로 한 지점에 모였을 때 비로소 비즈니스 통찰이 떠오른다. 그러니 세 가지 통찰에 대해 좀 더 자세히 살펴보자.

공간통찰

모든 일은 필연적으로 특정 무대 위에 공간적 연결로 인하여 일어난다. 예를 들어, 파는 사람과 사는 사람이 만나기 위해서는 시장에 모이거나 온라인 쇼핑몰을 거쳐야 한다. 비즈니스 영역과 무대 위에 새로운 기술이 연결되고 조합되었을 때 일은 시작된다. 발 딛고 있는 무대를 꿰뚫고 확장하며 어떠한 새로운 것과 초연결(모든 사람과 사물이 네트워크로 연결된 것)을 이루는 무언가를 발견하는 것, 그리고 무대의 영역을 자유자재로 조절하면서 다양한 초연결로 무수한 창조혁신의 가능성을 꿰뚫어 보는 것, 그것이 '공간통찰'이다.

시간통찰

세상만사는 모두 처음과 중간, 끝의 시간설계로 이루어져 있다. 일은 공간에서 태어나 시간을 타고 흘러 완성된다. 과거, 현재, 미래로 흐르는 시간 전체를 꿰뚫어 통찰한 후 이를 사전에 장악하여 혁신요소를 찾아내는 것이 '시간통찰'이다.

성공패턴통찰

세상만사에 존재하는 패턴, 그중에서 작은 성공을 만들어낸 패턴을 꿰뚫어 이를 업무에 그대로 적용하며 점점 더 큰 성공을 이루어내는 것이 '성공패턴통찰'이다.

● ● ●

비즈니스 통찰이란 결국 사물과 사물 사이, 사물 밖에서 일어나는 창조 과정의 시공간을 통찰하여 설계하고, 일의 전모를 장악한 후 문제를 발견하고 혁신적인 솔루션을 찾아 성공패턴을 통찰하여 위대한 성공을 계속 설계해 나가는 과정이다.

비즈니스 통찰의 재설계

◆ 공간통찰 후 공간을 재설계할 수 있다. (공간통찰 ⇒ 공간설계)

◆ 시간통찰 후 시간을 재설계할 수 있다. (시간통찰 ⇒ 시간설계)

◆ 작은 성공패턴통찰 후 위대한 성공패턴을 재설계할 수 있다.
  (성공패턴통찰 ⇒ 성공 창조패턴설계)

따라서 비즈니스 통찰을 잘하고 싶다면 일과 일 '사이', 혹은 일 '밖'에 관심을 가져야 한다. 그 사이와 밖의 세상을 꿰뚫어 보려는 한 차원 높은 시선이 필요하며, 이는 바로 일이 창조되는 전모를 볼 수 있는 감독의 관점이다. 감독의 시선을 가져야 비로소 보이지 않는 일에 대한 공간통찰, 시간통찰, 성공패턴통찰을 지닐 수 있기 때문이다.

만약 이 책을 읽는 당신이 지금까지 앞만 보고 열심히 달려왔다면 한 번쯤 지금 하는 일에서 한발 물러나 우리가 발 딛고 있는 일의 무대와 관계를 성찰해 보도록 하자.

04 | 비즈니스 통찰과 CIT 전형의 관계

CJ그룹은 새로운 입사시험인 'CIT'로 지원자의 어떤 능력을 평가하려는 걸까?

CIT 응시자로서 생각하기보다는 창의적 사고와 통찰력을 지닌 인재를 선발하려는 출제자 입장으로 생각해 볼 때 훨씬 이해가 쉬울 것이다.

기업으로서는 변화무쌍한 환경에서 문제를 정확하게 파악한 뒤 창의적으로 해결하며 기업을 이끌어 갈 창조적 관점을 가진 인재가 필요하다. 무슨 말인가? 좋은 배우는 주어진 배역을 완벽하게 소화한다. 그러나 그뿐이다. 훌륭한 영화를 위해선 좋은 배우가 필요하지만 **아무리 완벽한 배우라도 스스로 영화를 창조하여 새로운 영화시장을 개척할 수는 없는 법이다.** 이 때문에 창조적인 감독이 필요하다.

감독의 관점을 지니고 있어야 시장의 변화 흐름을 읽고 새로운 비즈니스를 개척하고 그 분야의 리더가 될 수 있다. 감독만이 시대를 읽고 무대를 세팅하며 세상이 원하는 스토리를 창조하여 배우들을 연출할 수 있다. 즉 시대, 무대, 사람, 스토리, 배우, 창조결과의 사이를 통찰하고 연결하기 위한 사고력이 필요한 것이다.

단순히 좋은 기업을 유지하는 게 아니라 '온리원(OnlyOne) 기업', '혁신적인 리더 기업'이라는 목표를 지닌 이상, 좋은 배우의 관점을 가진 인재보다는 창조적 감독의 관점을 가진 인재를 채용하고 싶어지는 게 너무나 당연한 이치이다. 이것이 결국 CIT 탄생의 본질인 셈이다.

이러한 배경을 고려했을 때 CIT를 통해 걸러질 지원자들의 특징은 보다 명확해진다.

- ♦ 벼락치기로 준비하여 좋은 결과를 얻는 사람
- ♦ 기존의 유형을 파악하고 이에 잘 적응하여 단기적으로 좋은 결과를 얻는 사람
- ♦ 일차적인 지식과 정보를 빨리 암기하는 능력으로 좋은 결과를 얻는 사람
- ♦ 1타 강사의 조언을 단숨에 이해하고 좋은 결과를 얻는 사람

위와 같은 기존 시험들의 반대지점에 CIT가 있다고 보면 된다. CIT라는 문을 통과한 무대 경계에는 아래와 같은 사람들이 있을 것이다.

♦ 평소의 삶에서 창의와 통찰을 발휘하며 살아온 사람

♦ 대학 생활을 창의적으로 설계하고 새로운 경험에 도전해 온 사람

♦ 현장의 다양한 문제를 분석하고 해결하기 위해 도전해 본 사람

♦ 다양한 프로젝트에 도전하고 스스로 콘텐츠를 창조해 본 사람

♦ 독서를 통한 인문학적 사고를 현실에 적용해 문제를 해결해 온 사람

♦ 트렌드에 민감하며 그 안에서 새로운 문제를 발견하고 정보와 데이터를 연결해 독창적인 솔루션을 찾아낸 사람

♦ 상상과 형상화, 관찰, 관계, 추론, 패턴인식을 통해 문제를 잘 정의해내는 사람

♦ 현실에 바탕을 두면서도 남들과는 다른, 기발하고 독창적인 사고를 할 줄 아는 사람

♦ 시대의 흐름, 트렌드와 대중의 니즈, 직무정보의 분석과정을 거쳐 새로운 솔루션이나 콘셉트를 기획하고 이를 실현할 시뮬레이션을 거쳐 논리적으로 설계 및 정리하고 전달할 수 있는 사람(창조 프로세스형 인재)

필자가 CIT를 설계하고 평가하는 심사위원이라면 지원자의 답변을 토대로 이런 사고력을 가진 인재들을 찾아낼 것이다.

사실 인간의 사고능력은 대부분 큰 차이를 보이지 않는다. 20대 입사지원자나 30~40대 기업의 채용 테스트 설계담당자나 사고의 총량에서는 차이가 나지 않으며, 경험이나 전문성을 통한 변화가 생길 뿐이다.

사고능력을 가르는 것은 관점이다. 문제를 푸는 지원자 관점인가? 아니면 좋은 인재를 선발하기 위해 문제를 내는 출제자 관점인가? 이 관점에 따라 바라보는 방향이 전혀 달라진다.

♦ 테스트 문제 하나하나에 집착하는 게 지원자 관점!

♦ 통찰과 창의적 사고능력을 맘껏 발휘하는 인재들의 무대로 보는 게 출제자 관점!

이제 우리는 문제 하나하나에 집착하는 지원자 관점에서 벗어나, '통찰과 창의적 사고능력을 맘껏 발휘하는 인재들의 무대로 보는' 출제자 관점에서 CIT를 분석해야 한다. 어느 대학에서 뇌과학을 연구하는 물리학 교수가 진행했다는 사고력 테스트를 예로 들어보자. 그가 사람들에게 던지는 질문은 간단하다.

"당신이 지금 가지고 있는 소지품 중에 당신에 대해 가장 잘 표현할 수 있는 것을 제시하고 그것을 선택한 이유를 설명해 보세요!"

만약 당신이라면 무엇을 꺼내겠는가? '음, 어디 보자, 내가 가지고 있는 것 중에는 이게 그나마 쉽게 나를 표현하겠지?' 이러한 사고방식을 거쳐 선택하는 건 대부분 스마트폰, 혹은 신분증이나 학생증, 또는 가방이나 화장품 등일 것이다.

물론 모범답안은 없다. 하지만 질문을 던진 사람의 관점에서 보면 하나같이 뻔하고 식상한 답변이라고 할 수 있다. 그야 거의 모든 사람이 그렇게 답할 테니까. 거의 모든 사람이 선택한 답변이라는 것은 그만큼 인상적이지 않다는 뜻이며, 뇌에 강한 자극을 줄 수 없다는 것을 의미한다. 이처럼 휘발성을 지닌 답변들은 금세 출제자의 단기기억에서 날아가 버릴 것이다.

교수는 오래도록 기억하고 있다는 한 노신사의 인상적인 답변 하나를 그대로 옮겨 다음과 같이 소개했다.

"나는 내가 사용하고 있는 이 틀니를 선택하겠네. 이 틀니야말로 나를 잘 표현해 줄 뿐만 아니라 어쩌면 나이기도 하니까. 지난 세월 동안 많은 음식을 먹었다네. 그 음식은 내 육체가 되고 정신이 되었지. 나는 모든 음식을 먹을 때마다 이 틀니와 함께 있었다네. 틀니가 없었다면 나는 없으니 이 틀니야말로 나를 가장 잘 표현해 줄 수 있는 물건이 아니겠는가?"

아마 이런 답변을 들었다면 누구나 '참신하다'고 느끼고 노신사의 이야기에 공감할 수 있을 것이다. 보통의 답변들과 다르면서도 충분히 설득력이 있기 때문이다.

우리의 뇌는 익숙한 것에 반응하지 않는다. 늘 보던 흔한 아파트를 보고 특징을 기억해 내기란 힘들고, 자주 듣던 이야기나 익숙한 물건에 강렬한 호기심이 생기는 일도 없다. 익숙하지 않은 새로움을 탐구하는 출발점은 바로 관점 바꾸기다. 나의 시선이 아니라 창조자의 시선, 지원자의 시선이 아니라 심사자의 시선, 배우의 시선이 아니라 감독의 시선이어야 한다.

창조자의 시선, 심사자의 시선, 감독의 시선이어야 더 큰 시공간의 영역을 보고 더 넓은 선택지에서 좀 더 '퍼스트(First)'하고, '오리진(Origin)'하며, '베스트(Best)'하고, '유니크(Unique)'한 4가지 검증요소(FOBU)를 떠올릴 수 있다.

더 넓은 무대에서 더 많은 선택지 중 재료를 모아 더 특별한 콘텐츠를 창조해 나가는 과정을 밟아나가는 것이 유일한 정답이 될 것이다.

05 | 콘텐츠 창조, CIT 예상문제 유형과 준비방법

자, 그렇다면 지금부터 CIT 예상문제 중 '콘텐츠 창조 유형'을 분석해 보자.

문제 1. '주어진 사물을 통해 광고의 플롯을 짜 보시오.'

문제 2. '도형을 이용하여 특정한 사물을 표현해 보시오.'

문제 3. '제시된 멜로디에 맞춰 충무공 이순신을 기리는 노래를 작사해 보시오.'

물론 PART 2에서 실전에서 쓰일 법한 다양한 예시, 정보, 데이터를 제공할 것이다. 문제가 예상보다 길게 소개될 수도 있다. 그러나 위에 제시된 문제만으로도 핵심적인 공통을 다음과 같이 쉽게 정리할 수 있다.

♦ 정답은 없다. 각자의 개성을 적극적으로 발휘할 수 있다.

♦ 해결과제와 가이드라인은 분명히 제시돼 있다.

♦ 기본적인 데이터, 정보, 소재, 재료가 제시될 가능성이 크다.

♦ 데이터와 정보, 사례, 재료, 낱개의 지식 사이의 연결과 관계를 다루고 있다.

♦ 광고, 노래, 아트 등 콘텐츠 창조 작업을 다루고 있다.

♦ 콘텐츠 창작을 다루는 직무 활동과 관련성이 많다.

♦ 다양한 분야의 트렌드에 익숙하고 미술, 광고, 음악, 사진, 전시, 미디어, 드라마, 웹툰 등 문화적 이슈에 관심을 기울이면 유리하다.

♦ 콘텐츠를 즐기는 것을 넘어 스스로 창조한 경험이 필요하다.

위와 같은 CIT 유형이 공통적으로 그려내는 사람을 한 마디로 설명해 보라면 바로 '**프로젝트형 인간**'이라고 할 수 있다. 프로젝트형 인간이란 평소에 다양한 프로젝트를 통해 창조자 관점에서 끊임없이 스스로 새로운 것을 창조해내는 사람을 말한다.

프로젝트형 인간은 정답이 없는 창조 프로세스를 즐긴다. 그리고 프로젝트 속에 자신의 개성과 아이디어를 녹여낸다. 결과적으로 프로젝트형 인간은 문제를 정확하게 정의하고 주어진 가이드라인에 맞춰 최선의 솔루션을 찾아낸다.

기본적인 데이터, 정보, 소재, 재료를 모으는 데 그치지 않고 데이터와 정보, 사례, 재료, 낱개의 지식 사이의 연결과 관계를 통찰하려 하기 때문에 프로젝트형 인간은 스스로 새로운 것을 창조할 수 있다.

CIT 문제들은 모두 지원 분야와 해당 직무의 전문지식 또는 현장업무를 바탕으로 한 하나의 프로젝트 과제다. 즉, 지식이나 정보, 낱개, 데이터의 영역이 아니라 시공간 무대 안에 지식이나 정보, 낱개, 데이터를 가져와 서로의 사이를 연결하고, 그 사이의 관계에서 독특한 콘셉트나 아이디어를 찾아내 시간상의 분류, 절차, 계획에 따라 스토리로 구성하여 기존에 없는 새로운 결과를 창조해내는 창조적인 작업이다.

그렇다면 콘텐츠 창조형 CIT 문제들을 잘 해결하기 위해서는 어떠한 능력과 준비가 필요할까?

◆ 창조자 관점을 가져야 한다.
◆ 프로젝트형 인재여야 한다.
◆ 모든 프로젝트가 씨줄과 날줄의 조합으로 창조된다는 사실을 통찰하는 인재여야 한다. 씨줄은 공간의 연결이며, 날줄은 시간의 절차다.
◆ 하나의 무대 위에 공간의 요소들을 연결하고 시간의 절차로 풀어 새로운 창조를 연출해 낼 수 있어야 한다.
◆ 공간의 전혀 다른 요소를 독창적으로 연결할수록, 시간의 절차를 탄탄하게 논리적으로 설계할수록 프로젝트의 완성도가 높아진다는 사실을 알고 있어야 한다.
◆ 모든 창조가 전체 무대 위에 요소 1과 다른 요소 2가 공간에서 서로 연결되어 기존과 다른 착상(콘셉트)이 분류, 설계, 절차라는 시간을 타고 완성되는 패턴에 따른다는 사실을 통찰하고 있어야 한다.

비록 지원자의 입장에서 절대적인 모범답안을 찾을 순 없겠지만 새로운 것을 창조해 나가는 방향과 핵심 요소, 가이드라인을 얻게 되었다. 따라서 우리는 창조 프로세스와 핵심 요소들과 가이드라인을 연출하며 옳은 방향으로 즐겁게 걸어가면 된다.

나머지는 다른 경쟁자들이 창조해 낼 결과물과 운, 심사위원들의 감각이나 알 수 없는 심사요소들의 가산점과 같은 외부요인의 영역이다. 그러니 우리는 우리가 할 수 있는 창조 작업을 최선을 다해 즐기면 된다.

06 | 콘텐츠 창조 유형 문제에 대한 분석 및 전략

이번에는 앞서 제시된 문제 유형을 좀 더 구체적으로 분석해 보도록 하자.

01 콘텐츠 창조 유형

주어진 사물을 통해 광고의 플롯을 짜 보시오.

(※ 임의로 사물을 정해 다음의 가이드를 참고하여 광고의 플롯을 하단 답변 칸에 작성해 보시오)

이러한 문제는 광고를 제작해 보거나 광고공모전에 도전해 본 이들에게는 낯설지 않을 것이다. 굳이 광고 분야가 아니더라도 각종 프로젝트에 도전해 본 경험이 있다면 당시의 경험을 살려보도록 하자. '비밀유지 계약서'가 존재하는 이상, 우리는 실제로 출제된 문제를 알 수 없다. 단지 후기를 통해 문제에서 사람들이 일상에서 사용하는 물건, '사물'이 하나 이상 예시(데이터, 재료)로 주어졌다는 것과, 정보나 홍보 메시지를 대중에게 효과적으로 알리는 '광고 콘텐츠 무대'라는 점, 또 광고를 제작하는 논리적인 구성 과정인 스토리나 표현 스킬인 '플롯'을 짜야 한다는 점만 알 수 있을 뿐이다.

광고 플롯 구성을 위해서는 다양한 사물들의 특징을 뽑아낼 수 있어야 한다.

광고의 플롯 구성은 정보나 홍보 메시지를 대중에게 효과적으로 알리는 '광고 콘텐츠 무대' 세팅을 통한 문제 정의 → 하나 이상 예시(데이터, 재료)로 제시된 사물을 포함하거나 사물들의 특징을 뽑아내고 관계를 연결 + 광고할 브랜드나 주제의 이미지와 텍스트 분석 후 메시지 발굴 → 요소의 특징을 연결하여 새롭고 신선한 콘셉트 착상(메타포, 은유) → 독창적인 콘셉트에 어울리는 브랜드(제목) 제작과 분류, 설계, 절차에 따른 스토리보드, 구현단계별 구성(발단, 전개, 위기, 절정, 결과), 이미지와 내레이션의 연출 과정 → 콘텐츠 창조결과의 효과와 독창성 검증 과정을 거친다.

이 과정에서 통찰력을 강하게 발휘해야 하는 것은 **요소 1 + 요소 2의 연결 메타포를 찾는** 단계로, 특히 제시된 사물의 특징이나 성질을 잘 포착할 수 있어야 한다. 고깔이라면 '안전'이나 '생일 모자', '피라미드', '포개어 쌓으면 부피가 줄어듦', '눈사람 코' 등을 연상할 수 있을 것이다. 혹 쌍 망원경이라면 '동그라미 두 개의 모양', '멀리 있는 사물을 가까이 있는 듯 볼 수 있음', '자세하게 볼 수 있음' 등의 특성이 있다.

필자는 과거 구글(Google)의 중간 알파벳 'oo'에 쌍 망원경을 조합시킨 광고를 본 적이 있는데, 멀리, 자세하게 볼 수 있다는 구글의 이미지가 절묘하게 메타포로 결합한 광고였다. 스마트폰을 정기적으로 충전시켜 줘야 한다는 특징과 헌혈을 통해 혈액을 정기적으로 충전시켜 줘야 한다는 대한적십자사의 헌혈캠페인 광고 또한 같은 패턴이라고 할 수 있다.

02 콘텐츠 창조 유형

제시된 예시 도형을 이용하여 특정한 사물을 표현해 보시오.

(※ 임의로 예시 도형을 정해 다음의 가이드를 참고하여 특정한 사물을 표현해 보시오)

이 문제 유형 역시 창조 프로세스 패턴은 완전히 동일하다. 여전히 제시된 문제의 형태를 알 수는 없지만 도형이 하나 이상 예시(데이터, 재료)로 주어졌다는 것과, 특정 사물이 있고 이를 형상화해 창조적으로 표현해야 한다는 사실을 알 수 있다.

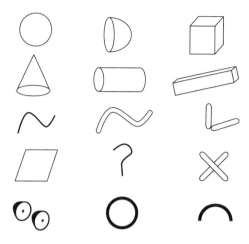

다양한 사물을 도형으로 떠올려 보자.

우리는 도형의 모양과 특징을 연결하고 조합하여 많은 것을 형상화하고 표현할 수 있다. 누구나 쉽게 아파트나 자동차, 로봇을 표현할 수 있고 기존에 없던 생활 속 불편을 해소하는 발명품을 개발할 수도 있다. 만약 주어진 문제처럼 지정돼 있거나, 혹은 정해지지 않은 어떤 사물을 표현해야 하더라도 모형의 특징과 사물의 특징을 포착한다면 그 둘의 관계를 엮어내는 것은 어렵지 않다.

먼저 대중에게 영감을 주는 '사물의 형상화 무대' 세팅을 통해 문제를 정의한 뒤, 하나 이상 예시(데이터, 재료)로 제시된 모형을 포함하거나 모형들의 특징을 뽑아내 연결한다. 이어서 관계를 연결하고 표현할 사물의 이미지와 텍스트 분석 후 상징요소를 발굴하고, 서로의 특징을 연결하여 새롭고 신선한 콘셉트를 착상(메타포, 은유)한다. 이후 독창적인 콘셉트에 어울리는 브랜드(제목)를 지어 분류, 설계, 절차에 따른 구현과정을 설계한 뒤 콘텐츠 표현 창조결과의 효과와 독창성 검증 과정을 거치는 것이다.

모형의 특징과 사물의 특징을 메타포로 착상시키는 것은 한 편의 시 창작과 같다. 나태주 시인의 「풀꽃」을 감상해 보자.

"자세히 보아야 예쁘다. 오래 보아야 사랑스럽다. 너도 그렇다."

이 시의 창조 프로세스는 '예쁘고 사랑스러운'이란 무대에 '풀꽃'과 '너'라는 요소의 착상이다.

이번에는 안도현 시인의 「너에게 묻는다」를 읽어보자.

"연탄재 함부로 차지 마라. 너는 누구에게 한 번이라도 뜨거운 사람이었느냐?"

이 시의 창조 프로세스는 '열정적인 삶'이란 무대에 '연탄재'와 '너'라는 요소의 착상이다.

이를 통해 우리는 두 시인의 시처럼 모형의 특징과 사물의 특징이 메타포로 착상되는 순간을 표현할 때 대중들에게 영감과 통찰을 던져줄 수 있다는 사실을 깨달을 수 있다. 같은 모형과 사물이라도 그 속에서 느끼고 발견하여 찾아내는 것은 저마다 다를 것이다. 자유다. 정해져 있지 않다. 사이의 연결과 관계를 연출하는 것 역시 개인의 몫이다.

당신은 스스로의 사고와 감성과 느낌을 믿으면 된다. 하지만 새로운 것을 형상화하고 표현하는 과정에는 절차가 있고 질서가 있다. 그러므로 우리는 절차와 질서를 따르는 것을 통해 좀 더 효율적으로 창조 작업을 해낼 수 있다.

콘텐츠 창조 유형

제시된 멜로디에 맞춰 충무공 이순신을 기리는 노래를 작사해 보시오.

(※ 임의로 멜로디를 정해 다음의 가이드를 참고하여 충무공 이순신을 기리는 노래를 작사해 보시오)

이번에는 노래를 직접 창조하는 문제다. 키워드로는 '제시된 멜로디'가 있고 '충무공 이순신'의 스토리가 있다. 이 둘의 조합 값을 찾아 연출하는 게임이라고 생각해 보자.

멜로디와 스토리의 조합 값을 찾아보자.

문제를 파악한 뒤에는 머릿속에 '창조 프로세스'를 떠올리면 된다. 창조란 시공간의 연출이요, 씨줄과 날줄의 결합이며 프로세스를 통한 퍼즐의 조합이다. 물론 출제된 문제에서는 더 많은 정보가 제시되었겠지만 이번에는 한정된 정보 내에서 퍼즐 조각을 추리해 조합해 나아가 보자.

먼저 무대 세팅이다. '충무공 이순신을 기리는 노래'라면 '어린이'나 '청소년 교육용'으로 카테고리를 좁힐 수 있다. '어린이' 카테고리라면 우리는 중독성 있는 멜로디와 재미있게 따라 부를 수 있는 가사로 전 세계적으로 엄청난 인기를 얻고 있는 '아기상어' 노래의 성공사례를 떠올려 볼 수도 있다. 그 다음에는 문제에 제시된 멜로디의 특징을 분석해 본다. 멜로디를 계속 흥얼거리며 감각적인 특성을 파악할 수 있다.

이제 카테고리 무대 위에 멜로디의 특성과 연결되는 이순신 장군의 스토리를 메모해 나간다. 존경할 위인의 스토리나 전 세계에서 최고로 손꼽는 제독으로서의 영웅 스토리를 구상해 볼 수도 있고 인간미와 장군의 강직함이 조합된 내유외강의 인간을 표현할 수도 있다.

이후 어린이와 청소년들에게 자부심과 존경심을 전달해 주는 '이순신 장군 음악 창조 무대' 세팅을 통한 문제 정의 → 멜로디 특징 정리 + 이순신 장군을 기리는 요소 선택 → 서로의 특징을 연결하여 새롭고 신선한 콘셉트 착상(메타포, 은유) → 독창적인 콘셉트에 어울리는 브랜드(제목)를 지어 분류, 설계, 절차에 따른 중독성 있고 재미있는 가사의 스토리 설계 → 음악콘텐츠 창조결과의 효과와 독창성 검증 과정까지 동일한 창조 프로세스를 거친다.

멜로디와 가사의 조합이 창의와 독창성을 만든다. 멜로디와 가사의 사이에 통찰이 숨어있는 셈이다. 멜로디에 잘 어울리는 가사, 가사를 매력적으로 담아내는 멜로디가 만날 때 인간의 뇌는 반응한다. 주어진 시간 안에 '요소 1'과 '요소 2'를 포착해 하나의 메타포로 일치시키는 것이 창조의 근원인 셈이다.

07 | CIT는 무엇을 요구하는가?

CIT에서 단순히 콘텐츠 창조 문제만 출제되지는 않으리라고 예상된다. 왜냐하면, 직무 적합성을 강조하는 CJ그룹 채용문화에 맞게 자신이 지원하는 해당 직무와 관련 산업에 대한 이해, 지식을 바탕으로 실제 업무 기획문제, 프로젝트 사고를 집행하는 유형이 존재할 가능성이 높기 때문이다.

실제로 CJ그룹은 그동안 자사 인력 채용의 가장 큰 특징으로 '직무 연관성'을 꼽아 왔다. 따라서 우리는 CIT 모든 문제 유형의 기본 바탕에도 직무이해 및 전문지식과 직접 연관된 콘텐츠 창조, 산업 전반의 이슈와 트렌드를 읽는 통찰력과 실무자로서의 각종 프로젝트(기획, 솔루션, 제안, 커뮤니케이션 등)를 실행할 수 있는 능력을 평가하고자 하는 목적이 깔려 있다고 봐야 한다.

지원직무 이해 : 지원하는 직무가 어떤 일을 하고 어떤 능력이 필요하며 어떤 실무를 집행하는지 명확하고 구체적으로 이해하고 있어야 한다.

산업 이슈 및 문화콘텐츠에 관한 관심도 : 문화콘텐츠 산업 전반의 트렌드에 대한 평소의 관심과 애정이 필요하다. 단순히 지식과 정보를 얻는 것이 아니라 정말 관심 있고 좋아하는 분야여야 하며, 직무와 관련된 전반적인 지식을 두루 섭렵할수록 도움이 된다.

창조 프로젝트 사고력 : 직무를 이해하고 산업 이슈와 문화 트렌드 전반에 강하다고 테스트를 잘 볼 수 있는 건 아니다. 그것은 낱개의 지식과 정보이기 때문이다. 아무리 좋은 정보와 지식을 다양하게 활용할 수 있다 해도 이를 제시된 주제에 따라 짧은 테스트 시간 내에 하나의 창조적인 콘텐츠 결과물, 완성된 프로젝트, 창조적인 기획서나 제안서, 창의적이고 논리적인 솔루션으로 사고하여 표현하지 못하면 실패할 수밖에 없다.

따라서 '지원직무 이해'와 '산업 이슈 및 문화콘텐츠에 대한 관심', '창조 프로젝트 사고력'이 조화를 이루었을 때 CIT에서 좋은 성과를 거둘 수 있을 것이다.

● ● ●

앞서 언급한 바와 같이 CIT는 계열사별로 또는 직무별로 무수히 다양한 유형, 다양한 문제로 출제될 수 있다. 그러나 문제의 핵심은 공통점에 있다. 핵심적인 경향이나 CIT가 요구하는 공통점을 정리함으로써 그 안에 숨겨진 가이드라인과 중요한 요소를 통찰할 수 있기 때문이다.

앞선 CIT 문제들이 요구하는 공통점을 정리하면 다음과 같은 요소들이 있을 것으로 예측할 수 있다.

♦ 통찰력과 창조력을 키우는 프로젝트 사고
♦ 짧은 시간 내 정보들 또는 사건의 분석과 연결 능력, 논리적인 구조설계와 전달 능력
♦ 자신이 지원할 해당 직무를 수행하는 실제 현장에서 관계인들과 임무를 수행하는 사람의 관점으로 직무와 관련 산업 이해, 실무 프로세스, 집행 전략, 제안, 아이디어나 솔루션 개발, 커뮤니케이션 제시
♦ 관련 직무 또는 문화콘텐츠 전반의 트렌드와 이슈를 파악하고 활용할 수 있는 능력
♦ 무대 파악 → 문제 정의 → 새로운 데이터 초연결 → 새로운 콘셉트 발굴 → 분류, 구조, 설계 → 결과에 이르는 콘텐츠 및 프로젝트 창조 플랫폼 활용 훈련
♦ 미디어콘텐츠, 음악콘텐츠, 영화, 공연, 애니메이션, 컨벤션 등 문화콘텐츠 분야와 엔터테인먼트 산업 전반에 꾸준한 관심과 평소 자신만의 '데이터 댐' 구축

테스트가 시행된 지 얼마 되지 않았기 때문에 앞으로 어떠한 유형으로, 또 문제로 분화되고 뻗어 나갈지는 알 수 없다. 그러나 CIT가 추구하는 목적이나 성격을 어느 정도 분석함에 따라 우리는 어떤 CIT 유형의 문제를 만나더라도 이전보다 훨씬 더 자신감 있게 도전할 수 있을 것이다.

08 | 알아두면 좋은 콘텐츠 창조 플랫폼 이해

짧은 시간 내에 창의적이고 흥미로운 콘텐츠를 기획해야 한다면? 막연하게 머리를 쥐어 짜내는 것만 으로는 콘셉트를 잡기가 쉽지 않다. 사전에 미리 콘텐츠 창조 플랫폼을 가지고 있어야 한다.

먼저 인터넷에서 인기를 얻었던 재미있는 콘텐츠를 보자.

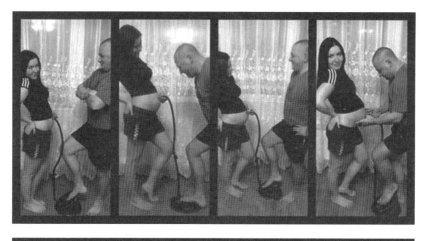

부부는 재미있는 콘텐츠를 기획했다. 아내가 임신하자 열 달의 아기 출생 과정을 무대로 삼아 배꼽과 공기를 넣는 펌프를 조합했다. 바람 넣는 시늉과 아내의 배가 불러오는 과정을 연결해 매달 한 컷씩

사진을 찍어나갔다. 열 달째에는 예쁜 아기가 배꼽에서 '펑'소리와 함께 나오는 연출을 끝으로 10개월 간 찍은 사진을 나열했다. 아기 탄생 과정의 무대 위에 배와 펌프를 연결하고 열 달이라는 시간 절차를 투자해 많은 사람에게 재미를 주는 아기 탄생 사진 콘텐츠를 창조해 낸 것이다.

이번에는 글로벌 뉴스에 소개돼 세계적으로 화제가 된 인도의 사진작가 술라브 람바의 '석양을 가지고 놀다!'를 감상해 보자.

'저녁의 석양'은 저절로 지는 '요소 1'일 뿐이다. 따라서 '요소 1'은 평범하다. 우리 인간의 시선에 보이는 결괏값이니까. 그러나 술라브는 '석양'이라는 '요소 1'에 '인간'이라는 '요소 2'를 '공간' 무대에서 서로 연결했다. 거기에 공을 굴리듯이 시간의 절차까지 결합해 창조적인 사진을 완성했다. 술라브는 공간의 연결과 시간의 절차를 동시에 포착하고 결합하여 독창적인 사진을 창조한 것이다.

무대 위에 '요소 1'과 '요소 2'의 공간적 연결과 시간의 절차를 연출한다면, 대중의 눈길을 사로잡고 호기심을 불러일으키며 사람들의 뇌를 깨울 수 있다. 이런 창조의 메커니즘을 알고 있다면 콘텐츠 기획이 훨씬 쉬워질 것이다.

콘텐츠 기획의 비중이 높은 CIT를 대비하기 위해서도 지원자라면 콘텐츠 창조 플랫폼을 알고 있어야 한다.

● ● ●

창조 플랫폼은 새롭게 창조되는 프로세스의 핵심 요소들과 메커니즘을 모형화한 것으로 생각하면 된다. '창조 프로세스'라는 메커니즘을 이해하면 누구나 창조적인 사람이 될 수 있다.

인간의 뇌는 자기가 보고 싶은 현실이나 결과, 부분으로 인식한 정보를 중심으로 판단한다. 하지만 창의성은 세상이 창조되는 과정 그 자체로 보는 감독 관점의 창조 프로세스 사고, 연역적 사고, 통찰적 사고에서 발현된다.

인간의 인식 이전에 이미 자연과 우주, 사건과 사물은 창조 과정으로 존재한다. 즉, 세상만사, 세상 만물은 인간의 감정이나 판단에 의해서가 아니라 창조 메커니즘에 따라 그 자체로 존재하는 것이다. 때문에 창조적 사고의 첫 출발점은 인간의 관점을 버리고 세상이나 우주가 창조되는 전체 프로세스를 포착하는 감독의 관점을 얻는 것이다.

창조 프로세스 통찰이 창조적 사고의 원천

한 생명이 탄생하는 과정을 우리는 이미 잘 알고 있다. 어머니의 뱃속 무대 안에 어머니의 유전자와 아버지의 유전자가 만나 생명의 싹이 움트고 이어 열 달이란 '분류, 절차, 설계'를 밟아 새 생명이 창조된다. 창조의 프로세스를 있는 그대로 모형으로 나타내면 다음과 같다.

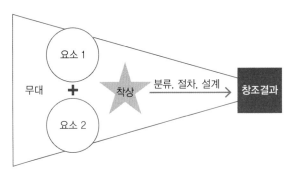

창조 프로세스 모형

[무대 → 서로 다른 요소 1 + 요소 2 연결 → 콘셉트(착상) → 분류, 절차, 설계 → 창조결과]

이는 모든 새로운 콘텐츠가 만들어지는 절차의 '창조 플랫폼'이다. 일종의 생각공장이라고 할 수도 있다. 이 창조 플랫폼은 사람의 눈에 잘 보이지 않던 시작과 과정, 창조가 완성되는 물리적인 절차를 간소화한 것으로, 콘텐츠 창작, 기획서, 아이디어, 논술문 등 모든 창조 작업이 이 프로세스로 가능하다. 창조 프로세스 사고란 인간의 관점을 배제하고 그 자체의 '전체 창조 프로세스'를 통찰한 후 설계 또는 재설계하여 창조하는 능력이다. 이런 창조 5단계 패턴 공식을 콘텐츠나 기획서 등 창조적인 작업에 적용함으로써 우리는 이전보다 빠르게, 혹은 효율적으로 창조에 임할 수 있다.

09 | 콘텐츠 창조의 재료 '데이터 댐' 구축 및 활용

창조 플랫폼을 창의적 사고의 도구로 활용한다는 건 공장 시스템을 설계한 것과 같다. 그리고 '공정'은 주어진 주제에 맞게 데이터를 투입하고 연결하는 작업이라고 할 수 있다. 하지만 공장이 가동하여 새로운 콘텐츠가 만들어지기 위해서는 당연히 재료가 필요하다.

서로 다른 정보가 연결되어 하나로 착상되는 순간, 콘텐츠의 제작 방향이나 콘셉트에 대한 참신한 아이디어가 쉽게 머리에 떠오른다. 모든 콘텐츠는 데이터와 데이터의 조합에서 창조된다.

창의적 콘텐츠 창조를 위한 초연결 데이터 댐 예시

영상	다큐멘터리	뉴스	드라마	연극	영화	블랙박스	플래시몹	집체극
음악	뮤직비디오	개사곡	합창단	작사	뮤지컬	악기	지휘자	음표
메시지	스토리	시	카피	콩트	수기	시나리오	체험 에피소드	캘리그라피
만화	애니메이션	그림	카툰	스톱모션	제작과정	웹툰	만평	카드
아트	사진	콜라주	모래아트	동양화	그래프	풍경화	점토	종이접기
생물	개	고양이	고등어	기린	얼룩말	원숭이	코알라	펭귄
재미	퀴즈	유머	개그	온라인게임	놀이공원	패러디	판토마임	마술
스마트기술	빅데이터	인공지능	SNS IoT	VR AR	GPS	플랫폼	3D프린팅	게임화
학문	인문학	물리학	수학	법칙	이론	논문	심리학	과학실험

데이터 댐은 자신의 직무, 관심 분야와 관련된 다양한 지식, 정보, 데이터, 경험, 사례, 아이디어, 메모, 연결 키워드 등을 체계적으로 분류해 축적해 두는 정보창고이다. 각자 개인이 꾸준히 자신의 데이터 댐을 건설하여 정보를 축적해 나가면 전문성을 키울 수 있고 창조 플랫폼에 적용하여 창의할 수 있다.

다음 장에 소개하는 다양한 CIT 예시 문제를 해결하는 과정에서 [요소 2]에 넣을 키워드로 '데이터 댐' 정보를 적극 활용할 예정이다.

● ● ●

CJ그룹이 다른 기업과 차별화되는 점 중 하나는 바로 '문화' 및 '콘텐츠'와 관련된 계열사들이 있다는 것이다. 따라서 지원자들은 평소에 미디어콘텐츠, 음악콘텐츠, 영화, 공연, 애니메이션, 컨벤션 등 문화콘텐츠 분야와 엔터테인먼트 산업 데이터 댐을 구축해 둘 필요가 있다. 시대의 문화 트렌드와 직무 능력을 중요하게 여기는 CJ그룹 특유의 기업문화에 적응하기 위해서라도 평소 공연, 전시, 영화 등 다양한 장르의 문화를 즐기면서 문화적 소양을 키우는 것이 도움이 될 것이다.

여기에 여행, 독서 등 다양한 경험을 즐겨보자. 문화산업 전반에 대한 데이터들을 댐으로 축적하고 관리하면서 우리는 창조의 플랫폼에 데이터를 투입하여 새로운 콘텐츠를 빠르고 효율적으로 창조해낼 수 있다.

기획과 콘텐츠 창조 프로세스는 한 세트라고 할 수 있다. 이는 다양한 콘텐츠를 손쉽게 창조할 수 있는 플랫폼이기도 하다. 하지만 여기서 다시 한 번 기억해야 하는 것은 무대만 있다고 참신한 콘텐츠가 갑작스레 나타나는 것은 아니라는 점이다. 연결과 착상, 분류, 설계, 절차에서 결과에 이르기까지 그 모든 요소들이 한 줄에 차례로 연결될 때 보다 새로운 아이디어가 창조될 수 있다.

아래 플랫폼은 창조를 위한 연결의 공식이다. 플랫폼 안에서 당신이 구축해놓은 무수한 문화정보, 경험, 학습의 데이터들이 연결된다면 풍성한 아이디어와 독창적인 콘셉트가 쏟아져 나올 것이다. 따라서 새로운 아이디어, 새로운 콘셉트, 새로운 솔루션이 필요하다면 플랫폼 중에서도 먼저 [무대 → 연결]에서 창의적인 착상값(아이디어나 콘셉트)을 찾아보자.

새 아이디어, 새 콘셉트, 새 솔루션 창조 패턴의 원리

[요소 1] A (기존 정보)	[요소 2] B (데이터 댐 정보 연결)
[무대 세팅]	

이후 이 책에서 소개하는 다양한 CIT 예상문제는 위에서 제시한 창조 패턴의 원리를 활용해 가이드라인을 제공할 예정이니 꼭 기억해 두자.

10 | 콘텐츠 분야 주요 직무별 소개 및 인재상

기업 창의성 문제에는 직무와 무관한 유형이 있고 직무와 관련된 유형이 있다. 물론 두 유형이 함께 출제되기도 한다. CIT는 아직 알려진 것이 많지 않으므로 두 유형을 고르게 대비하는 것이 좋다.

특히 CJ그룹의 경우는 직무 관련 유형 문제들이 많이 나오는 기업으로 유명하다. CIT 역시 직무 관련 유형을 기반으로 출제될 것으로 예상되니 지원 직무에 대한 철저한 학습과 이해가 필요하다.

다음에 소개하는 내용은 CJ ENM 기업 홈페이지에 나오는 직무별 소개와 인재조건 안내이다. 지원하는 직무를 완벽하게 파악해야 현장에서 요구하는 기획과 창의적인 솔루션을 논리적으로 정리해 제안할 수 있다. 물론 이는 CIT뿐만 아니라 자소서나 면접 준비에서도 꼭 필요한 지식이다.

01 미디어 콘텐츠 제작 - 제작 PD

CJ ENM의 제작 PD는 각 채널 프로그램들에 대한 기획단계에서부터 방송까지의 전 과정을 책임지는 총괄자로, CJ ENM이 보유하고 있는 주요 채널들에서 채널의 아이덴티티와 가치를 표현하는 프로그램을 만들어내는 핵심적인 직무라고 생각하면 된다.

제작 PD 직무로 지원할 수 있는 채널은 tvN, tvN DRAMA, Mnet, tvN SHOW, CJ ONSTYLE, 투니버스 등이 있으며, 각 채널의 아이덴티티와 특성이 명확한 만큼 PD로서의 역량은 물론, 각 채널의 전문성까지 체득할 필요가 있다.

주요 업무

제작 PD의 주요 업무는 만들고자 하는 프로그램의 콘셉트를 설정하고 전체적인 방향과 내용을 정하는 **기획단계서부터** 시작된다. 이러한 기획단계를 구체적으로 세분화하여 필요한 것을 적재적소에 배치하고, 어떤 방법으로 표현할 것인가를 결정하는 역할도 PD의 몫이기 때문이다.

그밖에도 MC, 게스트, VJ, 단역배우 등 **출연진을 선발**하고 조연출, 작가, FD, 6mm 요원, 음향팀, 조명팀, 오디오팀 등 다양한 **제작진을 섭외**하여 프로그램을 성공적으로 이끌어나갈 수 있도록 **구성**해야 한다.

촬영 및 편집 역시 빼놓을 수 없는 PD의 역할인데, 이를 위해 준비된 큐시트와 타임 테이블, 대본 등을 바탕으로 촬영을 진행하게 된다. 이후 스튜디오 혹은 야외에서 제작된 미완성 프로그램에 영상자료나 음악, 영상효과, 음향효과를 보완하면서 **편집 작업**을 진행하게 된다. 그 밖에 개인 편집 시 하지 못했던 **각종 색 보정 및 효과, 자막 작업**도 PD가 컨트롤해야 하는 업무 중에 하나이다.

투니버스와 같은 애니메이션 채널에서는 포스트 프로덕션에 참여하는 PD 직무도 있는데, 더빙 PD의 경우, 완성된 애니메이션 영상에 더빙하고 사운드 프로듀싱을 총 책임지는 업무를 수행한다. 또한 외국 애니메이션을 국내로 현지화할 때에 성우를 캐스팅하여 더빙 연출을 하고 주제가를 만들거나 현지화에 맞게 단어를 수정하며 최종적으로 편집하는 역할을 맡기도 한다.

추가로 CJ ENM에서는 글로벌 프로듀서 및 디렉터로 성장할 제작 PD를 별도로 채용하고 육성하고 있는데, 일반 PD로 입사했더라도 입사 후 스스로 글로벌 역량을 꾸준하게 쌓는다면 글로벌 PD로의 길이 열려 있으니 참고하자. 글로벌 제작 PD는 처음에는 국내에서 제작 PD로서의 역량을 쌓다가 향후 중국 및 동남아시아, 유럽 등 전 세계 콘텐츠 시장에서 CJ ENM의 오리지널 IP를 판매하고, 공동 제작하는 등 나라별 로컬 프로그램의 기획과 제작 역할을 담당하게 된다.

자격조건

창의적 사고가 필수다. 이는 새로운 것에 관한 관심과 호기심을 바탕으로 모든 문제해결에 있어서 남과 다른 사고와 태도로 접근하는 자세를 뜻한다. 둘째로는 콘텐츠에 대한 소명의식을 바탕으로 문제에 봉착하더라도 투지와 근성을 가지고 해결해 나가며 일을 끝까지 완수함으로써 다른 사람들에게 신뢰를 주는 **열정과 근성**을 꼽을 수 있다.

인문학적 소양 역시 중요하다. CJ ENM의 PD는 문학, 미술, 음악 등 다양한 분야의 지식을 자신만의 철학과 세계관 및 감수성을 바탕으로 업무에 균형 있게 적용하고 있으며, CJ그룹 또한 이러한 능력과 다양한 경험을 통해 새로운 관점으로 세상을 보는 시각을 갖추고 지속적으로 키워나가기를 기대하고 있다.

PD가 갖추어야 할 또 다른 중요한 역량은 **커뮤니케이션 능력**이다. 수많은 출연진 및 유관부서와 협업하기 위해서는 커뮤니케이션 역량을 키워나가야 한다. 이를 위해서는 타인에 대한 존중과 배려의 태도를 기본으로 생각해둘 필요가 있으며, 이러한 역량은 추후 업무와 관련된 구성원들의 능력을 최대한 끌어낼 수 있는 리더십으로 발휘될 수 있다.

또한, 글로벌 PD로 성장하기 위해서는 국내를 넘어서 해외의 다양한 콘텐츠를 접하는 것이 필수 덕목이라 할 수 있다. 시청자 마인드로 단순히 즐기는 차원을 넘어서 콘텐츠의 장·단점을 분석하고 비평할 수 있는 시각을 가지고 있어야 한다. 특히 글로벌 프로듀서 및 디렉터로 활동하기 위해서는 다른 문화에 대한 충분한 이해와 학습 그리고 외국어 역량도 요구된다.

02 미디어 콘텐츠 사업 - 미디어 마케터

미디어 마케터는 채널과 콘텐츠의 마케터이자 브랜드 매니저라 할 수 있다. 채널과 콘텐츠 브랜드에 대한 전략 수립과 실행을 통해 그 가치와 영향력을 극대화하는 직무라고 생각하면 된다.

주요 업무

첫째, 콘텐츠(프로그램) 마케팅을 통한 시청률 극대화를 위해 **콘텐츠별 마케팅 전략을 수립하고 실행하**는 것을 들 수 있다. 이를 위해 방송 전 프로그램의 인지도와 선호도를 높이기 위한 프로모션 전략을 수립하고 실행한다. 또한, 채널과 각 콘텐츠의 특성에 맞춘 디지털, 캠페인, 이벤트 등의 프로모션을 비롯해 **협찬과 부가사업, 제휴사 협업** 등의 업무를 기획하고 운영한다. 이와 같은 콘텐츠 마케팅 커뮤니케이션을 통해, 경쟁력 있는 채널 브랜드를 구축하는 데 기여한다.

둘째, 채널 브랜드 마케팅으로 개별 콘텐츠뿐만 아니라, **채널의 브랜드 파워를 강화할 수 있는 다양한 마케팅 전략을 수립하고 실행**한다. 채널 캠페인 기획 및 실행을 통해 채널 브랜드의 방향성을 제시하고 이끌며, 브랜드 연계 마케팅 및 사업 활동 기획을 주도하는 것이다.

셋째, 빠르게 변화하는 온라인, 모바일 환경에서 채널과 콘텐츠의 디지털 마케팅 전략을 수립하고 실행하는 '디지털 마케팅'을 담당한다. 빅데이터 분석과 자체 플랫폼 관리를 통해 방송뿐만 아니라 온라인·모바일 플랫폼에서도 경쟁력 있는 채널·콘텐츠의 이미지를 구축하고 관리하는 브랜드 매니저의 역할을 한다.

자격조건

'마케팅적 사고'를 함양하기 위해서는 일상에서 시청자의 니즈와 문화 트렌드를 파악하고자 하는 **호기심과 통찰력**이 필요하다. 또한, 효과적인 마케팅 전략 수립 및 실행을 위한 **기획력**, 유관부서와의 시너지를 내기 위한 **커뮤니케이션 능력**, 그리고 새로운 일에 도전하고자 하는 **열정**이 필요하다.

03 미디어솔루션 사업 - 광고영업(상품기획)

광고영업(상품기획) 직무는 CJ ENM의 방송 및 온라인·디지털, 글로벌 등 광고상품에 대한 폭넓은 이해력을 바탕으로 광고주의 니즈에 맞는 광고상품을 개발, 제안하여 궁극적으로는 자사의 수입(매출)을 확보하는 역할을 담당한다.

주요 업무

첫째, 광고주나 대행사 등의 거래처의 니즈에 맞는 **자사 광고상품을** 제안한다. 대부분의 거래처는 마케팅 담당자 또는 유관부서 종사자들로, 이들은 항상 새로운 상품의 홍보 및 마케팅 전략 등에 대해 고민한다. 따라서 거래처의 니즈를 정확하게 파악하고 CJ ENM이 보유한 마케팅 상품 중 광고주에게 필요한 상품을 제안하여 마케팅 활동을 유도하는 것이 중요하다.

둘째, 광고주나 대행사 등의 **거래처를 관리한다.** 해당 직무의 모든 업무 진행 및 의사결정 과정에는 거래처와의 원활한 관계가 중요한 요소로 작용한다. 이 때문에 거래처와 항상 좋은 관계를 유지하면서 신속하게 업무를 진행하는 것이 관리 업무의 핵심이다. 지속적인 신규 광고주 개발을 통해 자사 매출을 추가로 확보하는 것도 주요한 업무라 할 수 있다.

자격조건

거래처와 커뮤니케이션을 하고 니즈를 파악하기 위한 노력이 필요하다. 끊임없이 개발되는 자사의 상품들을 이해하고, 제안하고, 수익을 내는 데 필요한 역량을 길러야 한다. 이러한 역량을 갖추기 위해서는 CJ ENM 방송, 온라인·디지털, 글로벌 상품에 대한 이해도가 우선시된다.

더불어, 매체 광고상품 판매에 대한 전반적인 이해(업계, 광고상품, 일반상식 등)가 필요하며 이를 바탕으로 매끄러운 업무 처리를 위한 커뮤니케이션 스킬 또한 중요하다. 따라서 거래처를 만족시키면서 동시에 자사의 수익을 극대화하기 위한 '비즈니스 마인드'를 함양해야 하며, 거래처의 니즈와 자사의 상품을 매칭할 수 있는 '인사이트'가 필요하다. 업무를 이끌어가기 위한 '능동적인 마인드' 또한 중요하다고 할 수 있다.

04 음악 사업

음악 사업 직무로 입사하면 음악 사업 밸류 체인(Value Chain) 내의 다양한 업무를 경험하게 된다. 대표적으로는 아래와 같이 **투자, 제작, 마케팅** 등의 업무를 담당하게 되며 향후 음악 사업 전체를 경험한 전문가로 성장하게 된다.

투자

음악 투자는 다양한 투자 방식을 통하여 글로벌 음악콘텐츠의 **투자, 제작 관리, 유통, 마케팅 업무를 수행**한다. 최고의 음악 콘텐츠를 확보하기 위해 급속도로 변화하는 시장의 트렌드를 학습하고 업계 내 다양한 인적 네트워크(제작자, 아티스트, 작곡가, 프로듀서 등)를 끊임없이 구축한다. 또한, 온리원(OnlyOne)적인 방법으로 최고의 음악 콘텐츠를 확보하기 위해, 다양한 투자모델을 학습하고 개발한다. 음악 투자는 각 콘텐츠의 장단점을 분석하여 적절한 투자모델을 적용한다. 최고의 수익을 내기 위해 온리원적인 마케팅 플랜 수립 및 프로모션 영역 확보를 진행하는 것도 주요 역할이다. 이후 각 콘텐츠에 최적화하여 브랜딩하기 위해 다양한 마케팅 플랜을 수립하고 그에 맞는 프로모션 영역을 확보한다.

제작

음악 제작 업무는 **콘텐츠를 기획하고 수급하는 역할**을 수행한다. 특히 가능성 있는 신인을 발굴하거나 기성 아티스트 혹은 유망 기획사와 협업하여 대한민국 음악 시장에 적절한 콘텐츠를 기획한다.

또한, CJ ENM 내부의 방송, 영화, 공연 사업과 협업하여 드라마, 음악 프로그램, 리얼리티 등의 방송 프로그램과 영화, 뮤지컬 등의 OST 앨범 등을 기획하기도 한다. 더불어, **콘텐츠의 제작 및 관리를 진행하고 콘텐츠의 A&R · 마케팅 전략을 수립, 프로듀서, 작사, 작곡, 편곡가, 비주얼디렉터, 뮤직비디오 감독 등 관련 스태프를 구성하여 제작을 진행**한다.

한편 제작의 경우 예산 및 비용, 일정 등을 관리하고 관련 계약을 진행하거나 콘텐츠의 마케팅과 프로모션을 진행한다. 마케팅, 홍보 담당자와 협업하여 콘텐츠 발매 이전과 이후, 온라인과 오프라인 대(對)소비자, 언론 커뮤니케이션을 진행 및 관리한다.

마케팅

첫째, 음악 마케팅은 음반, 온라인 사이트 등 국내 최고의 음악 비즈니스를 주도하는 **프로모션 마케팅**을 기획하는 업무이다. 또한, 소비자와 소통함으로써 브랜드 가치 창출, 고객 확보 및 매출을 극대화하는 업무를 수행한다.

둘째, **온 · 오프라인으로 마케팅 활동**을 한다. CJ ENM의 각 사업부별로 마케팅 캠페인, 프로모션 기획 및 실행, 이와 더불어 온 · 오프라인 광고 집행 및 외부 광고대행까지도 어레인지하거나 B2B 및 각 매체와 온라인 포털 등과 제휴 마케팅 업무를 진행한다.

자격조건

음악에 대한 진실된 열정 : 음악에 대한 열정을 바탕으로 시장과 산업 전반에 대한 이해도와 사명감이 필수다. 이러한 마인드를 바탕으로 담당한 프로젝트의 리더로서 비즈니스 모델을 설립하고 최종 수익을 책임지겠다는 강한 책임감과 근성을 갖추어야 한다. 이는 '음악에 대한 진실된 열정'이 있어야 하는 일이며, 대한민국 음악 시장의 환경을 파악하고 이에 대응할 수 있는 통찰력 또한 지속해서 키울 필요가 있다.

사업 기획 및 관리 역량 : 빠르게 변화하는 음악 시장을 선도하는 만큼 발 빠른 커뮤니케이션 역량은 물론 사업적인 감각도 필수이다. 조직 내에서 프로젝트 진행을 위해 회사 내부 및 외부의 다양한 파트너들과 업무를 조율하고 이끌어 나가는 커뮤니케이션 능력은 모든 직무에 있어서 필수적인 역량이겠지만, 음악 사업을 수행하기 위해서도 반드시 필요하다.

또한, 시장에 대한 전략, 전술을 수립하고 예산, 비용 및 일정을 효율적으로 관리해 나가는 기획관리 역시 사업의 필수 역량이다. 단순히 음악만 좋아하는 것이 아니라 사업적으로 접근하고 기획 · 관리하는 능력도 중요하게 생각하고 키워야 훌륭한 전문가로 성장할 수 있다.

빠르게 변화하는 음악 시장을 선도하는 창의성 : 음악 시장 환경과 소비자들의 니즈 파악에 능하고, 업계 트렌드를 캐치하며 이를 개척해 나갈 수 있을 만큼 창의적이어야 한다.

05 컨벤션 사업

컨벤션 사업 직무는 크게 두 가지로 구분된다. 첫째는 KCON, MAMA와 같은 글로벌 페스티벌을 담당하는 **글로벌 컨벤션 사업**, 둘째는 라이프스타일을 담당하는 **스타일 컨벤션 사업**이다.

글로벌 페스티벌을 담당하는 컨벤션 사업 직무는 글로벌 인사이트와 기획능력을 바탕으로 ENM 컨벤션 사업 역할을 담당하게 된다. 글로벌 페스티벌과 **ENM 컨벤션 사업의 사업 모델을 기획하고 수익화를 추진**하며 브랜딩ㆍ마케팅 업무를 총괄한다. 또한 **행사를 위한 사전기획**에서부터 시장조사, 전략 수립, 홍보ㆍ마케팅, 사업 실행에 이르기까지 **컨벤션 사업의 A to Z**를 담당한다.

라이프스타일을 주로 전담하는 스타일 컨벤션 사업은 CJ ONSTYLE 같은 라이프스타일 채널의 콘텐츠 IP를 기반으로 온에어, 온라인, 오프라인을 아우른다. 따라서 스타일 컨벤션 사업 직무는 행사를 위한 국내외 시장조사, 사전기획, 전략 수립, 홍보ㆍ마케팅(디지털 포함), 현장 오퍼레이팅까지 A to Z를 담당한다.

스타일 컨벤션의 대표적인 행사로는 '올리브 푸드 페스티벌', 'SIA 아시아', '자동차 페스티벌'이 있으며, 차별화된 온리원적인 신규 페스티벌 기획 및 운영을 통해 국내뿐만 아니라 글로벌 시장을 선도할 컨벤션 사업을 진행한다.

자격조건

글로벌 컨벤션 사업 직무의 필수 역량은 **국내외 컨벤션에 대한 경험, 분석능력, 인사이트**이다. 물론 영어, 중국어 등 어학 능력을 바탕으로 글로벌 트렌드 및 시장을 분석하고 이에 맞는 사업을 기획하고 운영하는 것도 컨벤션 사업의 중요한 역량이다. 또한, 다양한 콘텐츠에 관한 관심과 지식, 마케팅 관련 경험과 트렌드 분석능력은 ENM 컨벤션 사업을 통해 수익을 극대화하기 위해 요구되는 자질이라 할 수 있다.

스타일 컨벤션 사업의 경우, 콘텐츠의 기획 및 제작, 방송과 디지털 커뮤니케이션을 포함한 미디어 마케팅, 언론 홍보, 스폰서십 유치, 사업모델 개발에 이르기까지, **콘텐츠 크리에이터로서 진정한 멀티플레이어의 역량**이 요구된다. 또한, 해당 분야의 사내외 전문가들과 의사소통해야 하는 만큼 탁월한 의사소통능력이 필요하다. 특히 소비자들을 최접점에서 만나 콘텐츠를 선보인다는 점에서 사명감과 서비스 마인드가 요구되며, 현장을 뛰어다니며 업무를 해결할 수 있는 강인한 체력이 필수이다.

06 영화 사업

영화 사업 직무로 입사하는 경우, 영화 사업 밸류 체인 내의 다양한 직무를 경험하게 되며, 주요 직무는 크게 아래와 같다.

기획

CJ ENM의 영화기획은 아시아 No.1 스튜디오로 도약하고 있는 CJ ENM 영화 사업을 기획하고 실행하는 업무이다. 기획개발의 주요 업무는 시장성 높은 영화화 가능 아이템의 발굴과 발굴된 아이템의 영화화를 기획하는 것이다. 크리에이터와의 협업을 통한 영화 시나리오 개발, 유망 신인 감독, 작가를 발굴하는 역할도 담당한다.

배급

영화 배급 업무는 크게 '극장 배급' 업무와 '부가 판권' 업무로 나뉜다. 극장 배급 업무는 완성된 영화를 최적의 시기와 규모로 관객들에게 공급하기 위한 개봉 영화의 스크린 계획 및 관리, 라인업 관리, 매출 관리, 극장 마케팅 등으로 구성된다. 또한 작품의 매출 극대화는 물론 한국 영화시장에서 유의미한 작품으로 기록되도록 시장 상황 및 경쟁 상황을 예측, 분석하며, 이를 바탕으로 연간 포트폴리오 전략 및 계획을 수립하는 업무를 담당한다.

부가 판권의 업무는 극장 외에서 영화를 접하는 모든 상황과 연관되어 있다. VOD, 인터넷 다운로드, 케이블 TV, 공중파, 홈비디오(DVD, 블루레이)로 영화를 접하는 것과 더불어 영화를 바탕으로 만들어지는 공연, 소설, OST 등과 같은 이차적 저작물에 대한 계약·관리까지 진행한다.

글로벌

CJ ENM의 영화 사업에서는 글로벌 업무를 담당하는 경우, 중국과의 협업을 통해 영화의 기획부터 투자, 제작, 배급 및 마케팅까지 한중 합작 영화 밸류 체인의 전 과정 업무를 수행하게 된다.

구체적으로는 시장조사, 시나리오 발굴 및 개발, 오리지널 아이템 기획, 영화 제작뿐만 아니라, 투자 기획 및 계약 진행, 배급 및 마케팅, 정산 및 부가 판권 진행을 포함하여 향후 한중 합작 영화 사업의 안정적 성장을 위한 인프라 구축과 사업 시스템 수립 업무를 수행한다.

자격조건

기획 : 영화를 기획하는 일은 영화라는 대중문화 상품에 대한 이해를 바탕으로 대규모 자본과 관객의 동원이 가능한 시장성 있는 아이템을 발굴하여, 이를 실제 시나리오-영화로 만드는, '무에서 유를 창조'하는 일이다. 따라서 이 업무를 수행하기 위해서는 상업영화에 대한 폭넓은 이해와 지식을 바탕으로 다양한 아이템을 상업적으로 판단할 능력이 필요하다. 또한, 창조적 리더로서 **창의적인 스토리텔링 능력과 의사소통능력, 지구력과 인간에 대한 폭넓은** 이해력이 요구된다.

배급 : 국내 배급 업무는 사내뿐 아니라 외부적으로도 커뮤니케이션이 활발히 이루어져야 하는 업무의 특성상 소통에 대한 이해와 열린 자세가 요구된다. 자료를 수집하고 새로운 정보를 도출하기 위한 데이터 활용 능력 및 분석 능력이 필요하며, 급변하는 콘텐츠 시장 상황에 맞춰 **트렌드를 이해하고 능동적으로 대처하는 마인드**가 요구된다.

부가 판권 업무에서는 매출에 대한 숫자적 이해와 저작권, 계약 체결에 대한 기본적인 이해 능력이 필요하다. 아울러 **최신 트렌드 및 새로운 기술, 장비 등에 관심이 많다면** 다양한 플랫폼에 적극적으로 대처하는 업무에 더 쉽게 적응할 수 있을 것이다.

글로벌 : 한 편의 영화 제작은 콘텐츠에 대한 폭넓은 이해와 창의력에서 시작되지만, 끝까지 완수하기 위해서는 부단한 노력과 강인한 정신력이 필요하며 이는 **영화에 대한 이해와 열정**에서 비롯된다. 또한, 단순한 창작자에 그치지 않고 이를 사업적으로 활용할 수 있는 **날카로운 분석력과 판단력**을 갖춘 전략가의 자질도 필요하다.

하지만 무엇보다도 **중국 문화에 대해 폭넓고 깊이 있는 이해와 지식**이 바탕이 되어야 하며 이를 위해서는 깊이 있는 중국 문화 경험과 유창한 중국어 어학 실력 역시 필요하다.

07 공연 사업

공연장 운영

공연장 운영은 **공연 사업의 안정적인 플랫폼을 구축하는** 직무다. CJ의 통합 공연장의 베뉴(Venue) · 시즌(Season)별 전략적 운영으로 안정적인 플랫폼 구축 및 'CJ THEATER' (통합)브랜드 가치 향상에 기여해야 한다.

이를 위해 공연 프로그래밍, 공간운영, 마케팅, 기술운영, 행정 업무에 이르기까지 **공연장 운영 전반에 걸친 업무를 수행하며**, 서울 지역을 포함한 수도권 공연장과 강한 연대와 지방 유통 네트워크 구축 전략을 통해 **신규 수익 창출에 기여**해야 한다.

공연장 운영은 향후 8개 관까지 확대될 CJ Theatrical Chain의 모든 공간을 기반으로 뮤지컬, 콘서트, 방송 등 CJ ENM 내 다양한 콘텐츠의 전략적인 프로그래밍과 하우스 매니지먼트, 기획, 홍보, 마케팅, 시설관리, 인력관리 등 단순한 공연장 운영을 넘어 **관객과 작품, 그 관계 속의 유기적 매체로서 공간의 의미를 새롭게 창조하는** 일이라 할 수 있다.

이를 위해 공연장을 사용하는 제작진에게는 최적의 공연장 컨디션을 제공하고 관객에게는 차별화된 작품과 최고의 서비스를 제공하는 등, **관객 충성도 제고 및 지속적인 관객개발을 위해 노력**해야 한다.

마케팅

마케터는 경영목표 달성을 위해 작품별 마케팅 방향성 목표와 전략을 수립하고, 마케팅 파트너사와의 소통을 통해 **작품의 홍보 마케팅을 전반적으로 총괄하는 역할**을 수행한다. 이를 위한 마케터의 업무 프로세스는 구체적으로 다음과 같다.

시장분석 : 작품 개요를 바탕으로 한 경쟁작과 시장 분석
마케팅 콘셉트 회의 : 1차 체크리스트를 바탕으로 작품의 주요 키워드와 콘셉트 설정
1차 관객 FGI(Focus Group Interview) 진행 : 마케팅 콘셉트 회의를 통해 설정된 내용으로 관객과의 직접적인 커뮤니케이션
마케팅 기획안 작성 : 콘셉트 회의와 1차 FGI의 결괏값으로 기획안 작성
2차 관객 FGI 진행 : 기획안을 바탕으로 포스터 디자인부터 카피, 캐릭터의 매력도 등 마케팅에 필요한 모든 사항에 대해 관객과의 합일점 도출
마케팅 액션 플랜(Action Plan) : 최종 마케팅 기획안 작성
주요 이벤트 : 제작발표회 + 미디어콜 + 티켓 오픈 + 광고 프로모션 진행 등 세일즈 관리 및 분석

글로벌사업

글로벌 기획은 중국, 일본을 중심으로 한 해외공연 사업을 총괄하는 부서로서, 글로벌 기획인력은 해외 라이선스 공연물 도입뿐만이 아닌 자체기획 및 제작과 공동제작을 병행한 **글로벌 지향 콘텐츠 사업의 계획 및 진행 업무**를 수행한다. 성공적인 업무수행으로 확보된 Success Library를 해외에 라이선싱하여 마켓을 확장하는 동시에 시장지배력을 강화하여 CJ ENM 공연 사업의 가치를 확대하고, 그룹의 미션인 온리원을 실현한다.

자격조건

커뮤니케이션의 달인 : 하나의 작품의 투자기획 단계가 시작되면 적게는 40~50명, 많게는 200명 이상의 이해관계자들과 만나게 되며, 그 과정에는 함께 일하는 수많은 파트너사가 존재한다. 이처럼 투자기획은 수많은 이해관계자와 소통해야 하는, 사람들과 함께하는 업무에 근간을 두고 있기에 '잘 듣는 귀=경청'이 필요하다. 따라서 투자기획을 위해서는 **다양한 생각, 의견을 수용하여, 폭넓은 사고의 틀을 확장하여, 수많은 커뮤니케이션을 원활히 이끌어낼 수 있는 의사소통능력**이 필요하다.

또한 '열정, 창의, 정직'이라는 CJ 핵심가치를 실천할 수 있는 역량은 CJ를 지원하는 지원자라면 필수적으로 갖춰야 할 능력이다. 이러한 기본적 역량 요소 이외에도 평소 **다각적 노력을 통한 우수 콘텐츠의 선별능력, 기본적 리더십, 공연산업 인사이트** 등 부가적 능력이 필요하다.

공연에 대한 열정과 창의력, 대(對) 고객 서비스 마인드 : 운영 부문은 관객 및 제작진, 기술·하우스 스텝 등 **다양한 이해와 요구를 수용할 수 있는 폭넓은 사고력 및 수용력**을 가져야 하며 역시 인재, ONLYONE, 상생이라는 CJ 핵심가치를 실현할 수 있는 역량이 필요하다. 또한, 공연장 운영 시 발생하는 수많은 커뮤니케이션을 원활히 할 수 있는 의사소통능력, 차별화된 프로그래밍을 구축하기 위한 기획력과 창의력, 상황을 정확히 분석, 파악하여 올바른 방향으로 대안을 제시할 수 있는 해결능력 및 리더십이 필요하다. 여기에 기본적으로 **공연을 사랑하는 마음과 대(對) 고객 서비스 마인드**가 바탕에 깔려 있어야 한다.

이 같은 기본적 역량 요소 이외에도 업계 네트워크, 공연장 메커니즘 등 공연장 운영업무에 필요한 지식과 노하우를 가지고 있다면 큰 도움이 될 것이다.

작품의 방향과 키워드를 설정하여 관객과 소통하고 움직일 수 있는 역량 : 공연 사업은 작품의 처음부터 끝까지 관객과 소통하는 고리를 찾아내야 한다. 즉, 내세우고자 하는 작품의 방향성과 키워드를 끊임없이 관객과 연결해야 한다. 이를 위해서는 아래 4가지 역량이 요구된다.

첫째, 시장에 대한 이해가 필요하다. 현재 공연시장은 어떻게 흘러가는지, 경쟁작들은 어떤 것이 있는지에 대한 SWOT 분석이 필요하다.

둘째, 관객 트렌드에 대한 분석이 필요하다. 공연을 보는 관객들, 또는 대중들의 관심사를 꿰뚫어 보아야 한다.

셋째, 트렌드를 구현할 수 있는 장치와 매개에 대한 분석과 행동이 함께 이루어져야 한다. 모든 분석이 끝난 후에는 광고와 프로모션, 이벤트라는 항목으로 작품이 맞물릴 수 있는 매개체와 알맞은 커뮤니케이션 방법을 찾아야 한다.

넷째, 정해진 공연 기간 안에 설정된 목표치를 달성하기 위하여 철저한 스케줄 관리와 다양한 전략 그리고 위기에 대처할 수 있는 보완 전략 또한 수반되어야 한다. 그리고 무엇보다 관객, 즉 수요자의 입장을 늘 고려해야 한다. 공감하고 이해하지 않으면 소통할 수 없기 때문이다.

원활한 글로벌 커뮤니케이션 능력 및 트렌디한 감성 : 공연 사업에서도 글로벌 사업을 담당하고 싶다면 글로벌 어학 역량은 필수 조건이다. 각국의 상황에 맞는 의사소통능력 보유 여부는 성공적인 글로벌 공연 사업을 위한 필수 불가결한 요소라 할 수 있다. 아울러 **전 세계를 아우르는 트렌디한 감성**을 보유하고 있느냐에 따라 콘텐츠 제작에 있어 Success Library의 신규 창출을 위한 소요시간 단축과 작품의 수명이 결정될 것이다.

08 애니메이션 사업

애니메이션 사업 직무로 입사하게 되면 아래의 '애니메이션 마케팅', '투자기획', '캐릭터 사업' 등의 분야에서 커리어를 쌓게 될 것이다.

애니메이션 마케팅

애니메이션 마케팅 직무는 대략적으로 네 가지의 업무를 수행한다. 먼저 '채널 브랜드 마케팅'은 채널의 브랜드 파워를 강화할 수 있는 마케팅 전략 방향을 수립한다. 채널 캠페인 영상 기획, 투니버스 애니메이션 캐릭터를 활용한 온 · 오프라인 브랜드 행사 기획 및 진행 등 브랜드 강화 마케팅을 주도한다.

둘째, '프로그램 마케팅'으로 시청률 제고를 위해 프로그램별 온에어 · 온라인 · 오프라인 마케팅 전략을 수립하고, 방송 론칭 전부터 종영 시까지의 프로그램 인지도와 선호도를 극대화하기 위한 캠페인 · 프로모션을 기획 및 실행한다. 또한, 프로그램의 협찬과 제휴사 관리 등을 담당한다.

셋째, '캐릭터 사업 마케팅'으로 애니메이션 캐릭터에 대한 부가사업 아이템을 알리기 위한 마케팅 계획을 수립하고 실행한다. 또한 MD상품 개발 및 캐릭터 박람회 등 오프라인 홍보 행사를 기획 및 운영한다.

마지막으로 빠르게 변화하는 온라인, 모바일 환경에서 채널과 프로그램의 디지털 마케팅 전략을 수립 및 실행하는 '디지털 마케팅'을 담당한다. 또한, 자체 플랫폼 관리를 통해 온라인 · 모바일 플랫폼의 경쟁력 있는 콘텐츠 · 채널 브랜드를 구축하는 역할을 한다.

투자기획

기획안 및 트레일러 영상으로 글로벌 사업 가능 유무를 판단하여 국내외 투자 작품을 소싱한다. 이후, 주 시장에 따른 가능 수익성 예측 및 투자조건 협상을 거쳐 투자 여부를 결정하고 투자 프로세스를 진행한다. 이때, 논리적이고 합리적인 투자 규모 산정 및 내부 커뮤니케이션을 위한 문서를 작성하게 된다.

이후 투자조건 합의 세부 내용 계약서 작성 및 자금관리를 하게 되며, 이에 따라 투자 자금 집행 및 제작물 관리(스케줄 및 제작 퀄리티 자문 진행)를 진행한다.

캐릭터 사업

해외 애니메이션의 원작사를 대신하여 국내 사업을 주관한다. 해외의 유명 애니메이션이 국내 사업에 적합한지를 판단하고 결정된 애니메이션의 국내 사업권을 확보하여 최적의 국내 라이선시를 선정, 라이선싱 계약을 진행한다. 그리고 계약된 상품에 대해 원작사와 라이선시와의 상품기획, 감수 등의 커뮤니케이션을 중간에서 조율하여 상품이 출시, 유통될 수 있도록 관리한다.

또한, 출시된 상품에 대한 중간 점검(품질 관리, 판매현황 점검 등)을 수행하고 정기적인 로열티 보고와 매출 계획 등 원작사와의 커뮤니케이션 창구 역할을 하며, 한편으로는 원작사의 관리뿐만 아니라 국내 라이선시와의 네트워크를 구축하고 우호 관계를 유지하여 캐릭터 라이선싱 사업을 안정적으로 지속할 수 있도록 국내 사업 관리를 수행한다.

자격조건

채널 브랜드 관리, 콘텐츠 마케팅, 캐릭터 사업 마케팅, 디지털 마케팅 등을 수행하기 위한 필수 역량으로는 '마케팅적 사고'가 있다. 마케팅적 사고란 시청자의 니즈와 문화·트렌드를 파악하는 **통찰력**, 차별화되고 효과적인 마케팅 전략 수립 및 실행을 위한 **기획력**, 유관 부서와의 시너지를 내기 위한 커뮤니케이션 능력, 위기를 돌파할 수 있는 **인성과 열정**을 말한다.

투자작품 소싱 시에는 원활한 커뮤니케이션 및 협상 역량이 요구되며 기본적인 문서작성과 계약서 작성을 위한 합리적이고 논리적인 사고, 수익성 마인드, 정확성 등도 키워나가야 한다.

국내외 제작사의 작품 역량을 파악해야 하고 우수 제작사와의 지속적인 우호 네트워크를 유지하기 위해 노력해야 하며, 애니메이션 시장과 수익구조의 세부적인 현황을 파악하고 있어야 한다. 물론 변화하는 시장을 빠르게 분석하고 신속하게 경쟁사 동향을 파악하는 능력도 중요하다.

수익성 관점의 작품 판단 기준 및 숫자에 근거한 합리적이고 논리적인 협상 기술, 투자제안서 및 계약서 작성의 기본 문장 작성, 수익성 관리 등도 업무에 있어서 요구되는 역량이다.

애니메이션 글로벌 사업에 있어서는 해외 애니메이션의 소싱과 사업권 확보, 커뮤니케이션을 위해서는 글로벌 어학 역량과 문화에 대한 이해도 필수적으로 요구된다. 또한, 애니메이션을 활용한 사업에 대한 이해와 중립적인 입장에서 원작사와 라이선스를 조율하는 자세, 사업 네트워크 구축을 위한 **원만한 대인관계와 먼저 다가가는 자세**가 중요하다.

지금까지 CJ그룹이 제시한 CJ ENM 주요 직무 소개와 자격요건들을 살펴보았다. 이외의 CJ 기업이나 부문별 직무 소개는 해당 사이트에 대부분 자세하게 소개되어 있으니 반드시 사전에 분석하고 정리해 보는 시간을 가져보길 바란다.

11 | CJ ENM 및 자회사 소속 연예인 정보 파악하기

지원기업이나 업무 연관성에 따라 필요하다면 CJ ENM 및 자회사 소속 연예인 정보를 파악해 두는 것이 좋다. 다음은 CJ ENM 관련 아티스트 정보들이다. 아티스트 소속 및 활동상황은 탈퇴, 이적 등으로 정보가 바뀔 수 있으니 시험 전에 최신 정보로 갱신하도록 한다.

01 웨이크원 엔터테인먼트

다비치 : 다비치(Davichi)는 이해리와 강민경으로 구성된 대한민국의 여성 듀오 2인조 걸그룹이다. 그룹명인 다비치는 토박이말인 '다빛이' 또는 '다(모두)+비치다'에서 따온 말로, '세상을 노래로 다 비추겠다'는 뜻을 품고 있다.

조유리 : 2018년 Mnet에서 방영한 《PRODUCE 48》에서 최종 선발돼 걸그룹 아이즈원(IZ*ONE)의 메인보컬로 활동 후 솔로가수이자 배우로 데뷔하였다.

임슬옹 : 2008년 보이그룹 2AM의 멤버로 데뷔 후 가수 겸 배우로 활동하고 있다.

케플러(Kep1er) : 엠넷의 글로벌 걸그룹 오디션 프로그램인 《걸스플래닛999 : 소녀대전》을 통해 선발된 한중일 다국적 걸그룹으로 독일의 천문학자 요하네스 케플러의 이름을 따왔다.

02 빌리프랩 엔터테인먼트

엔하이픈(ENHYPEN) : CJ ENM과 HYBE 엔터테인먼트의 합작 기획사 소속으로 2020년 엠넷의 서바이벌 프로그램 《I-LAND》를 통해 데뷔했다. 대한민국 아이돌 역사상 최단기간 앨범 초동 기준 100만 장이 넘는 판매량을 기록한 가수이다.

03 힙합 레이블 AOMG

DJ 펌킨(DJ Pumkin) : 본명은 김수혁으로 대한민국의 힙합 DJ 겸 프로듀서이다. 현재 AOMG 대표를 맡고 있다.

사이먼 도미닉(Simon Dominic) : 본명은 정기석. 이센스(E SENS)와 함께 힙합 그룹 슈프림팀의 멤버이며, 박재범과 함께 레이블 AOMG의 수장을 맡고 있었다가 2018년 7월 25일 〈Me No Jay park〉 싱글을 통해 대표직을 사임하고 소속 아티스트로 남았다.

그레이(GRAY) : 프로듀서 및 R&B 가수로 본명은 이성화이다. AOMG의 창립 멤버이다.

로꼬(Loco) : 본명은 권혁우로, 엠넷의 힙합 서바이벌 프로그램 《SHOW ME THE MONEY》의 초대 우승자. 엠넷의 도박이나 다름없던 《SHOW ME THE MONEY》를 안착시킨 인기 래퍼로 평가받고 있다.

코드 쿤스트(Code Kunst) : 프로듀서이자 리짓 군즈 크루의 멤버이다. '쿤스트'는 독일어로 예술이란 뜻이다.

우원재(Woo Won Jae) : 솔직한 가사와 유려한 플로우로 힙합 서바이벌 프로그램 《SHOW ME THE MONEY 6》에서 스포트라이트를 받았다. 싱글 앨범 〈시차〉를 통해 데뷔하였고, 제15회 한국 대중음악상 '최우수 힙합&랩 노래', 제7회 가온차트 뮤직 어워즈 '올해의 신인상', 2018 한국 힙합 어워즈 '올해의 힙합 트랙' 등의 상을 거머쥐었다.

펀치넬로(Punchnello) : 래퍼. 《SHOW ME THE MONEY 8》에 출연해 뛰어난 실력을 선보이며 우승했다.

DJ 웨건(DJ Wegun) : 대한민국의 힙합 DJ로 과거 소울컴퍼니에서 라임어택과 같은 'Supa Dupa Duo(수파 두파 듀오)'라는 팀에 있었다.

어글리 덕(Ugly Duck) : 본명은 선주경으로, 래퍼 및 DJ이다.

엘로(ELO) : 본명은 오민택으로, R&B 가수 및 싱어송라이터이다.

후디(Hoody) : R&B가수. 첫 번째 믹스테잎(Mixtape) 〈By Myself〉로 뮤지션의 행보를 시작했다. 후에 래퍼 키디비를 주축으로 한 여성 크루인 Amourette에서 활동하다 AOMG에 영입되었다.

구스범스(Goosbumps) : 2012년 싱글 〈C.I.G.F〉로 데뷔한 DJ 겸 프로듀서로 2020년 AOMG에 영입되었다.

04 하이어뮤직레코즈

차 차 말론(Cha Cha Malone) : 외국인 크루로, 작곡가 겸 프로듀서이자 하이어뮤직(H1GHR MUSIC)의 대표이다.

pH-1 : 하이어뮤직의 창립 멤버이자 소속 래퍼이다. 예명의 'p'는 성씨인 '박'에서, 'H'는 영어 이름인 'Harry'에서, '1'은 이름인 '준원'에서 따왔다.

그루비룸 : 힙합 프로듀서팀으로 붐뱁, 트랩 등 힙합 장르 프로듀싱을 주로 하지만 다룰 수 있는 장르가 넓다. 2017년부터 2년 연속 한국 힙합 어워즈에서 '올해의 프로듀서'를 수상했으며 2021년 역시 노미네이트되어 대중에게 잘 알려져 있는 팀이다.

우디 고차일드(Woodie Gochild) : 《SHOW ME THE MONEY 6》에 출연해 이름을 알렸다. 목소리에 음정 교정 프로그램인 '오토튠'을 깔고 랩을 하는 게 특징이다.

하온(HAON) : 엠넷의 고교 랩 대항전 《고등래퍼 2》에 출연해 철학적인 가사와 음악적 색깔로 주목 받아 우승을 차지했다.

Tip · CJ그룹 베스트 브랜드

- 즐거움 : tvN, Mnet, MAMA, CGV, KCON
- 편리 : 올리브영, CJ ONE, CJ온스타일, CJ대한통운, 클럽나인브릿지
- 건강 : 햇반, 해찬들, 비비고, 백설, VIPS, 뚜레쥬르, 이츠웰, 다시다, 바이오

Tip · CJ FAMILY

CJ그룹
- CJ주식회사

식품 & 식품서비스
- CJ제일제당
- CJ푸드빌
- CJ프레시웨이

물류 & 신유통
- CJ대한통운
- CJ대한통운(건설 · 리조트)
- CJ올리브영
- CJ올리브네트웍스
- CJ ENM(커머스)

생명공학
- CJ제일제당(바이오)
- CJ Feed&Care

엔터테인먼트 & 미디어
- CJ ENM(E&M)
- CJ CGV
- CJ4DPLEX

12 지원 직무별 예상문제 만들기

"지원자 관점이 아니라 실무자 관점으로 사고하라!"

CIT 대비의 가장 효과적인 전략은 해당 직무에 대한 올바른 이해라는 점을 명심해야 한다. 당연한 이야기지만, **지원자가 도전하는 해당 직무의 CIT 맞춤 예상문제를 스스로 예측해야 한다는 것이다.** 직무별로 천차만별인 CIT 예상문제를 어쩌면 해당 지원자만큼 잘 뽑아내는 이도 없을 것이다.

물론 이 책을 읽는 지원자라면 예상문제를 막무가내로 생각하는 대신 창조 플랫폼의 가이드라인에 맞추는 것이 좋을 것이다. 예상문제는 내부적으로 일관성을 가지고 있어야 하며 동시에 논리적이어야 한다. 그리고 이를 위해서는 창조 절차의 모형이 필요하다.

지원 직무별 CIT 대비 예상문제 개발 플랫폼

위 모형에 따라 단계별 순서와 핵심 요소를 반영하여 적합도가 높은 여러 가지 예상문제를 생각해 볼 수 있다. 지원자 스스로 자신의 직무에 맞는 예상문제를 마치 포드시스템처럼 만들어낼 수 있는 것이다. 물론 범위나 가이드라인, 텍스트나 데이터가 제시된다면 그 정보들을 기초 데이터로 활용해야 한다.

1단계(무대 세팅) : 먼저 지원 직무에 대한 분석이 중요하다. 해당 직무에 대한 이해와 전문지식, 정보, 관련 분야 트렌드, 현장실무 미션, 직무능력과 스킬, 자질과 인재상 등을 충분히 검토한다.

2단계(요소 1 + 요소 2 연결) : 직무분석 스테이지 위에 콘텐츠, 프로젝트 기획서, 제안서 등 창조 플랫폼과 문화콘텐츠 분야와 엔터테인먼트 산업 전반 데이터 댐을 연결한다.

3단계(착상) : 전문지식과 프로젝트 형식인 CIT 문제 유형의 콘셉트를 고려한다.

4단계(분류, 설계, 절차) : 해당 직무의 실무자 관점에서 콘셉트에 맞는 실무 지식 및 현장에서 필요한 기획제안서 형식의 예상문제를 개발해 본다.

5단계(결과) : 다양한 예상문제들을 실전처럼 연습한다.

이제 정리해 보자. 지원자가 지원할 계열 및 직무에 입사하기 위해서는 아직 알려지지 않은 CIT의 다양한 예상문제를 실전처럼 풀어보는 것이 좋다. 다만 그 전제로 전문지식이 가미된, 현장에서 필요로 하는 기획제안서 형식의 예상문제일 필요가 있다.

또 하나의 전제 조건이 있다. 기획제안서 형식의 예상문제는 해당 직무의 실무자 입장에서 실행될 수 있는 콘셉트여야 한다는 점이다. 물론 이것만으로 문제가 해결되진 않는다. 콘셉트의 전제 조건도 있다. 직무분석이라는 스테이지 위에 콘텐츠, 프로젝트 기획서, 제안서 등 '창조 플랫폼'과 문화콘텐츠 분야와 엔터테인먼트 산업 전반에서 축적한 '데이터 댐'이 연결돼 있어야 한다는 점이다.

그럼 두 요소가 조합되는 출발점은? 가장 중요한 '연결'의 전제 조건은 지원할 직무에 대한 분석과 이해라는 사실이다.

> **Tip** **'CIT' 완벽대비 4대 체크포인트**
>
> ① 당신은 새로운 콘텐츠를 직접 만들거나 프로젝트 기획을 설계할 수 있는 창조 플랫폼을 활용할 수 있는가?
> ② 당신은 문화콘텐츠와 트렌드 전반의 상식을 폭넓게 지니고 있는가?
> ③ 당신은 지원할 해당 업무와 관련된 기업 내외부 정보, 직무 지식을 충분히 학습했는가?
> ④ 당신은 창조 플랫폼에 문화콘텐츠와 트렌드 전반의 상식과 지원할 해당 업무와 관련된 기업 내외부 정보, 직무 지식의 데이터 재료를 통해 새로운 솔루션을 신속하게 찾아내 정리할 수 있는가?

13 | 지원자 관점을 버리고 심사위원의 관점으로 바꾸어라!

"각종 콘텐츠나 아이디어를 모집하여 심사하는 평가위원이 원하는 답은?"

앞서 언급했듯 창의성 문제나 CIT, 콘텐츠 작품에 대해 심사위원들이 어떻게 심사하는지 알려진 바가 없다. 과연 심사담당자나 심사위원들은 기업들이 주최하는 각종 콘텐츠 공모전이나 아이디어 공모전에서 어떤 작품을 요구하고, 또 어떻게 심사하고 있을까?

기업공모전에서 콘텐츠 및 아이디어를 심사하는 담당자나 심사위원들이 밝힌 좋은 작품의 결론을 한 문장으로 표현하자면 '우리가 제시한 문제를 충분히 검토한 후 자신만의 콘텐츠나 아이디어를 논리적으로 제안한 것'이다.

따라서 이번 기회에 각 분야 담당자들의 이야기를 들어보도록 하자. 먼저 아이디어 분야에선 '주제에 대한 이해'를 강조했다.

롯데 아이디어 공모전 담당자는 "가장 먼저 각각의 회사 소개 페이지에 나와 있는 스토리를 읽어볼 것"을 권했다. 그 후에 "자신이 설정한 핵심 콘셉트 안에서 상상력을 펼치고 얼마나 재치 있고 기발한 아이디어를 제안하는지가 당선 전략이 될 것"이라고 조언했다.

작문이나 사진, 광고, 웹툰 등 콘텐츠 창작 분야 경우는 어떨까? 공통된 메시지는 바로 '차별적인 작품'이었다. 담당자들은 "기존과 다른, 평범한 시각이 아닌 '색다른 시각'의 작품이 중요하다."라고 강조했다.

실제 작문 심사에 대해 K-water 물 사랑 공모전 담당자는 "얼마나 창의적이고 색다른 각도로 물에 관한 내용을 담고 있느냐가 가장 중요한 평가 기준"이라고 밝히기도 했다. 기존과 비슷한 느낌의, 비슷한 모습의 작품들은 좋은 점수를 얻을 수 없다는 것이다.

주제에 대한 참신한 시각과 접근을 강조하는 것은 에이즈 예방 대학생 광고 공모전을 개최하는 한국에이즈예방재단의 심사위원 생각도 마찬가지이다. 이 공모전의 담당자 역시 "그동안 응모작 중 남성용 피임도구 사용에만 초점을 맞춘 아이디어가 많아 다양한 주제의 궁극적인 목적이 드러나지 않은 작품이 많았다."라며 "기획 및 제작을 할 때 궁극적인 목적을 잊지 않는 것이 중요하다."라고 조언했다.

지원자가 얼마만큼의 열정을 가지고 문제를 해결하려 했는지를 평가한다는 심사위원도 있었다. 한 기업의 작문 심사담당자는 "제시된 주제에 대한 평소 관심과 애정에서 통찰력이 나온다."라며 **"좋은 작품은 치열한 자기 생각이 반영돼야 한다."**라고 소개했다.

창의성 테스트에서 좋은 답을 제시하기 위해서는 먼저 입장을 바꿔 생각해 보는 '역지사지(易地思之)' 정신이 필요하다. 출제한 기업의 평가자 관점에서 한 번 생각해 보자.

"CIT 심사위원은 과연 어떤 작품을 원할까?"

한 가지 분명한 것은 창의성이나 통찰력을 평가하는 시험일지라도 정말 기발한 아이디어, 놀라운 통찰력을 기대하기보다 지원자가 **제시된 문제나 직무 내용을 정확하게 이해하고 직접 새로운 아이디어나 콘셉트를 설계하여 자신만의 생각을 논리적으로 설계하여 정리할 수 있는가를** 평가하고 싶어 한다는 점이다.

필자 또한 과거 다양한 콘텐츠와 아이디어 공모전의 심사위원으로 참여한 경험이 있다. 공모전에 도전하여 콘텐츠나 아이디어를 제시하는 것은 참으로 어려운 일이지만, 출품된 작품들을 공정하게 평가하는 것 또한 결코 쉬운 일은 아니다.

심사위원도 인간이다. 작품 수준 차이가 나는 1차 심사는 비교적 구분이 쉽지만, 최종 우수작을 가리는 것은 늘 어려웠다. 이 작품이 저 작품보다 정말 더 나은지 확실하게 장담할 수 없었기 때문이다. 당시의 기준에 따라 결과는 얼마든지 다르게 나올 수 있다. 평가위원들의 선호도나 감성이 개입되기도 한다. 그렇기 때문에 다양한 심사위원들이 모여 이견을 조율하고 토론하여 최선의 합의를 하고자 노력했다.

콘텐츠나 아이디어를 평가하는 게 얼마나 어려운 일인지는 여러 평가실패 일화를 통해 엿볼 수 있다. 무수히 많은 창작물들이 저평가되어 세상에 나오지 못할 뻔한 사례는 흔히 들리지 않던가?

세계적인 판타지 소설 『해리 포터』를 쓴 조앤 롤링도 처음 이 원고를 들고 여러 차례 출판사에 제안했지만, 번번이 출간을 퇴짜 맞았다. 스티븐 스필버그 감독은 미국 USC의 연극영화과 입학 평가 테스트에서 떨어졌다. 빈센트 반 고흐는 살아 있었을 때 아무도 그의 그림을 사는 이가 없었다. 10년 동안 그린 약 900점의 작품 중 친구가 단 한 점을 산 것으로 알려졌다.

크리스마스 캐롤로 현재까지도 많은 사랑을 받고 있는 '루돌프 사슴코'도 당대 최고의 가수 두 명에게 연달아 퇴짜를 맞았다가 겨우 진 오트리에 의해 음반이 나올 수 있었다. 비틀즈는 데카(Decca) 음반사에서 처음 오디션을 진행했을 때 데카의 딕 로우에게 "기타 그룹은 한물갔다."라며 거절당했다.

세계적인 기업 페덱스를 탄생시킨 '자전거 바큇살' 아이디어는 대학에서 리포트로 작성됐지만, 실현 가능성이 없다는 이유로 최하 점수를 받았다. 특히 창업 아이디어의 경우 이것이 저것보다 더 대박을 터뜨린다는 보장은 어디에도 없다. 지금 좋은 아이디어라 해서 10년 뒤에도 좋은 아이디어라고 할 수 없고, 지금 실현 가능성이 약해 저평가된 아이디어가 10년 뒤 대박 아이디어가 될 가능성도 얼마든지 있다.

심사는 가능성을 '예측'하는 일종의 확률 게임이다. 창의성이나 통찰력 테스트는 객관식 시험처럼 똑 떨어지는 점수를 주거나 완벽하게 평가할 수 없다. 필자는 대학 특강 때마다 학생들에게 이야기한다.

"여러분들이 제안한 아이디어나 콘텐츠 작품이 평가에서 탈락했다고 너무 좌절할 필요는 없다. 결과는 심사의 배점 기준, 참석한 심사위원들의 성향과 가치판단 등에 따라 얼마든지 달라질 수 있다. 그러니 필수적인 요소들을 빠짐없이 점검하고 단계적 절차를 밟으며 포기하지 말고 계속 도전하라. 그렇게 열심히 도전하여 매일 1%씩 수상 확률을 높여가면 된다."

확률 게임에서 이기는 법은 확률을 조금씩 높여가는 것뿐이다. 단기적이든 장기적이든 계속해서 심사위원 또는 평가자의 마음을 읽고 최대한 그것에 부응하는 것이다. 그렇다면 무수한 후보를 앞둔 심사위원 또는 평가자의 심리는 대체 무엇일까?

필자가 심사위원으로 참여할 때 느꼈던 몇 가지 심리요소를 소개하고자 한다. 심사위원의 마음을 잘 읽는다면 비록 정답이 없는 유형의 테스트라 해도 명중률을 조금은 높일 수 있을 것이다.

심사위원의 심리요소 첫 번째는 '**마이너스하고 싶은 마음**'이다. 심사는 대개 예심과 본심을 거친다. 이때 심사위원은 예심에서 '좋지 않다고 생각되는' 콘텐츠 작품이나 아이디어를 최대한 빨리 탈락시키고 싶다고 생각한다. 그러니까 심사위원들은 최종단계인 10여 편에서 20여 편 정도의 수상작이 남기까지 최대한 신속하게 '좋지 않다고 생각되는' 작품을 골라내 탈락시켜야 한다는 압박감을 느끼는 것이다.

많은 지원자의 작품을 평가하려면 고도의 집중력과 신중함이 필요하다. 그러나 앞서 말했듯 심사위원도 사람이다. 집중력에는 한계가 있기 때문에 평가 과정에 쓰는 에너지를 효율적으로 관리할 필요가 있다. 심사위원인 이상 집중력과 에너지를 기왕이면 최종으로 남는 수상작 그룹에서 가장 우수한 작품을 정하는 데 쓰고 싶어 한다. 이것은 모든 창의성 관련 테스트 심사위원들의 공통적인 심리라고 할 수 있다.

두 번째 심리요소는 보통 심사위원들이 '**다른 심사위원들도 모두 수긍하는 평가를 내리고 싶어 한다**'는 점이다. 이는 외적으로 확인할 수 있는 요소들인 성의, 분량, 가이드라인, 규격 등이 매우 중요하다는 걸 알려준다. 이와 같은 아주 사소한 기본을 지키지 않으면 심사위원의 첫 번째 심리요소와 두 번째 심리요소에 의해 탈락하기 십상이다. 그러니 시험에 도전하는 이들이라면 심사위원들에게 내 작품이나 아이디어가 떨어질 만하다고 단숨에 평가할 빌미를 주지 않도록 노력하자.

다음으로 가장 중요한 마지막 심리요소이다. 그것은 '심사위원들이 최종 선택작품이나 합격자를 가릴 때는 심사기준표를 최대한 따르고자 한다'는 점이다. 대부분 콘텐츠나 아이디어 심사기준은 한두 가지가 아니며, 보다 다양하고 종합적인 요소들을 기준으로 평가한다. 따라서 '문제의 답만 정확하게 던져 주면 되겠지?', '아이디어만 뛰어나면 되겠지?', 또는 '논리만 완벽하면 되겠지?', '창의적인 요소만 뛰어나면 되겠지?'와 같은 생각은 절대 하지 말아야 한다. 이 모든 요소들이 고르게 매겨져 종합적으로 평가될 가능성이 높다는 사실을 기억하자.

지금까지 소개한 심사위원들의 심리요소를 항목별로 정리해 보면 아래와 같다.

01 심사위원은 예심에서 작품을 재빨리 탈락시키려고 한다.

02 심사위원은 예심에서 많은 에너지를 투입하고 싶어하지 않는다.

03 심사위원은 최종 심사단계에서 최고의 작품을 고르기 위해 에너지를 집중하려 한다.

04 심사위원은 작품 당락 결정에 다른 심사위원들이 모두 수긍하길 원한다.

05 심사위원은 요즘 어디서 본 듯한 작품이나 식상한 내용에 거부감이 강하다.

06 심사위원은 주최사가 제시한 심사기준 항목에 최대한 충실하려고 노력한다.

그렇다면 어떻게 준비해야 명중률을 높일 수 있을까?

먼저 작품이나 아이디어 제안의 첫인상, 첫 느낌이 중요하다. 분량 미달과 같이 가이드라인을 지키지 않거나, 한눈에 봐도 성의가 없는 작품은 즉각 '마이너스' 된다는 사실을 기억하라.

"이 작품은 작품의 출품규격이나 가이드라인조차 지키지 않았네!"
"분량을 다 채우지도 않을 만큼 열정이 안 보이네!"
"디자인이 너무 허접해. 정말 성의가 느껴지지 않아!"

콘텐츠 작품이라면 주어진 여건과 시간 안에 최대한 완성도를 높이는 게 좋다. 기획서나 아이디어라면 심사위원 관점에서 작성되어야 한다. 심사위원들이 적은 에너지를 투입하더라도 지원자의 다양한 핵심역량을 파악할 수 있게 다양한 요소들을 논리적으로 전개해 나가야 한다.

마지막으로 기억해 두어야 할 점은 심사위원은 객관적이고 표준화된 평가 기준을 가지고 있다는 사실이다. 자신의 취향이나 감정적 요소를 줄이고 평가 항목에 따라 결정한다. 평가단계가 높아질수록 평가 기준의 힘 또한 점점 강력해진다.

그러므로 지원자 입장에서는 심사계획안을 사전에 예상하여 테스트에 응시하는 것이 가장 탁월한 전략이라고 할 수 있다. 콘텐츠나 아이디어의 평가 기준은 보통 5개 항목으로 구성되어 있는데, 그 5개 심사요소는 1) 주제(직무) 이해와 연관성, 2) 창의성, 3) 독창성, 4) 논리성, 실현 가능성, 5) 기대효과, 완성도를 기본으로 한다.

14 | 창작콘텐츠의 평가 기준 5가지!

필자는 과거 다양한 콘텐츠 분야나 아이디어 공모전에 대한 대한민국 심사표준안을 만든 적이 있는데, 현재까지도 상당수의 기업과 기관이 이 심사평가 모델을 활용하고 있다. 항목을 이해하는 방법은 간단한데, 창조가 이루어지는 과정의 핵심 요소와 절차가 논리적으로 연결돼 있는지에 대한 평가이다.

항목은 크게 1) 주제(직무) 이해와 연관성, 2) 창의성, 3) 독창성, 4) 논리성, 실현 가능성, 5) 기대효과, 완성도로 나뉜다. 이 심사표준안은 '창조 과정의 패턴모형'에서 만들어졌으니, 이번 기회에 콘텐츠 및 아이디어 기획 창조 프로세스를 다시 한 번 확인해 보자.

콘텐츠 및 아이디어기획 창조 프로세스
무대 → 요소 1 + 요소 2 연결 → 착상 → 분류, 설계, 절차 → 결과

가장 먼저 '무대' 단계에서 주제(직무) 이해와 연관성을 평가하고, 요소 1과 요소 2의 '연결' 단계에서 창의성을, '착상' 단계에서 콘셉트나 솔루션의 독창성을 평가한다. 이어 '분류, 설계, 절차' 단계에서 논리성, 실현 가능성을 확인한 후 '결과' 단계에서 기대효과, 완성도, 가이드라인 등의 수준을 살펴본다.

결과적으로 '창조 과정 전체의 기승전결이 완벽하게 연결되고 수준 높게 작품이나 기획제안으로 구현되었는지'를 파악하게 된다. 심사나 평가의 본질은 결국, '창조 과정 전체'를 얼마나 논리적으로 연결했느냐를 확인하는 일이다. 이를 표로 정리하면 다음과 같다. 아래 제시된 창조 프로세스에 따라 콘텐츠 작품이나 아이디어 기획서를 제작하면 그만큼 5대 심사기준을 통과할 확률이 높아질 것이다.

창조 프로세스 관점의 5대 심사평가 요소

창조 프로세스 5단계 핵심 요소	무대 [1단계]	연결 [2단계]	착상 [3단계]	절차 (분류, 설계) [4단계]	결과 [5단계]
심사평가 5대 요소	주제(직무) 연관성	창의성	독창성	논리성	완성도 (기대효과)
5대 키워드	Why	New	What	How	Effect
5대 평가질문	• 왜 하는 것인가? • 우리와 상관있는가? • 구체적이고 명확한 무대 세팅인가?	• 새로운 것인가? • 창의적인가? • 서로 다른 요소들이 조합됐는가? • '메타포'가 있는가?	• 무엇을 하려는 것인가? • 한마디로 말하면 무엇인가? • 명확한 콘셉트는 무엇인가? • 솔루션은 무엇인가? • 차별성은 있는가? • 독창적인가? • 경쟁력은 있는가?	• 어떻게 하려는 것인가? • 어떻게 적용하는가? • 논리적인 근거는 무엇인가?	• 무엇이 좋은가? • 즉시 사용할 수 있는가?
세부평가 기준	• 상황분석에 충실하고 출제자의 의도를 정확하게 파악하고 있는가? • 문제를 정확하게 이해하고 있는가? • 두루뭉술하지 않게 얼마나 세분화되고 구체적인 문제로 정의하고 있는가? • 주제와 연관성이 있는가?	• 창의적인가? • 새롭고 신선한가? • 기존에 없던 것인가? • 서로 다른 요소가 서로 만나 조합됐는가? • 다른 관점인가? • 혁신적인 인사이트가 있는가?	• 임팩트 있는가? • 독창적인가? • 차별적이며 경쟁력이 있는가? • 명확한 콘셉트가 있는가? • 선행 조사는? • 유사 사례는?	• 논리적인가? • 충분한 자료근거가 있는가? • 구체적인 적용계획이 있는가? • 실현성이 있는가? • 열정, 치열, 노력이 뒷받침돼 있는가?	• 완성도는 높은가? • 디자인 수준은 높은가? • 가이드라인은 준수했는가? • 기대효과는? • 경제성, 즉시 이익의 구체성이 있는가? • 겉으로 드러나는 성의와 태도는 어떤가? • 발표 및 질의응답 준비는 되었는가? • 좋은 이미지(첫인상)인가?
창의인재 사고력	• 문제이해력 • 원인분석력 • 통합적사고력 • 예측적 사고력	창의융합적 사고력	• 아이디어 발상력 • 문제해결력 • 독창적 사고력	논리적 사고력	창조적 사고력

우리는 살면서 언제나 타인의 평가를 받는다. 부모와 자식 간에, 부부(夫婦) 간에, 입사지원자와 면접관 간에, 지원서와 인사담당자 간에, 신입사원과 상사 간에는 평가가 있으며, 이는 개인이 죽고 잊히는 그 순간까지 계속된다.

평가는 필연적으로 앞서 설명한 5가지 핵심 키워드(주제 연관성, 창의성, 독창성, 논리성, 완성도)와 연관되어 있다. 단지 평가 대상이나 방법에 따라 일부에 중점적으로 가산점이 주어지거나, 또는 전체 요소를 고르게 평가하느냐의 정도의 차이만 있을 뿐이다. 5가지 핵심 키워드는 창조가 이루어지는 과정의 필수 요소들이자 필연적인 절차다. 따라서 창조 프로세스와 5가지 평가 기준을 늘 고려하고 확인하여 명중률을 높일 수 있도록 하자.

15 | 어떻게 대비할 것인가? CIT 10계명

1계명 - 지원할 직무와 자격조건을 완벽하게 이해하라

앞서 언급한 바와 같이 CIT 문제의 출발점은 해당 직무이다. 따라서 그룹 홈페이지에 제시된 직무 소개를 완벽하게 숙지하고 있어야 한다. 직무의 전문지식, 실행과정, 콘텐츠 창조, 기획프로젝트, 솔루션 제시 등의 문제가 출제될 수 있기 때문이다.

끊임없이 변화하는 현장에서 미션이 주어지거나 특별한 문제를 발견했을 때, 이를 창의적으로 기획, 제안하고 설득하며 커뮤니케이션하여 성과를 낼 수 있을지 고민하기 위해서는 해당 직무의 사전 지식이 필수이다.

2계명 - 직무 관련 전문지식을 정리하라

지원하는 해당 직무 전반을 수행하기 위해서 반드시 알아야 할 전문지식 혹은 현장의 기업 지식을 정리하여 암기해 두라. 특히 사업 환경, 역사, 성공 사례, 관련된 사업 분야나 관련사와 사람들, 관련 분야의 전문가, 이슈 등을 알아두어야 한다.

3계명 - 창조자 관점, 집행자 관점, 실무자 관점으로 바꾸어라

먼저 입사지원자의 관점을 버려라. 현장에서 직무를 담당하는 실무자, 그 일을 책임지는 사람, 프로젝트와 콘텐츠를 창조하는 이의 관점에서 계속 관찰하라. 그리고 해당 직무의 사람들을 만나 조언을 구하라. 일하는 공간, 업무 절차, 실무에서의 갈등, 현장에서 생기는 사건들을 충분히 상상하고 예측해보라. 현장의 무대를 장악하는 사람으로서 일을 관망하라. 문제를 풀어 답을 찾는 사람과 없는 문제를 새로 창조하는 이의 관점은 완전히 다르다.

우리는 문제를 푸는 관점에만 익숙하다. 직접 무대를 세팅해 데이터와 정보를 조합하여 새로운 걸 창조하는 기회가 많지 않기 때문이다. 창조자의 마인드로 바꿔라. 창조자 관점으로 세상을 바라보라. 그래야 창조할 수 있다.

4계명 – 벼락치기 시대는 끝났다. 꾸준히 도전하여 새로운 것을 스스로 창조하라

창의성과 통찰력은 지식과 정보로 길러지지 않는다. 새로운 것을 창조하는 과정에서 저절로 자라는 것이다. 따라서 보이지 않는 무대를 읽고 정보와 데이터의 관계를 파악해 연결하고 보이지 않는 시간의 절차를 장악해야 한다. 그 안에서 창의와 통찰이 살아 숨 쉰다. 창조하는 과정은 프로젝트다. 끊임없이 프로젝트를 시도하고 창조하라.

5계명 – 다양한 문화콘텐츠 분야의 공모전에 도전하라

주변에서 가장 쉽게 도전해 볼 수 있는 프로젝트가 바로 '공모전'이다. 광고, 디자인, 영상, 웹툰, 콘텐츠, 아이디어, 마케팅, 창업 등 거의 모든 분야에서 창조적인 작업을 직접 수행할 수 있다. 공모전은 상금도 스펙도 주지만 무엇보다 당신을 창조적인 '프로젝트형 인간'으로 바꿔줄 것이다.

6계명 – 공연, 전시, 영화 등 다양한 장르의 문화를 즐겨라

CJ그룹이 다른 기업과 다른 점 중 하나는 '문화'와 '콘텐츠' 관련 계열사들이 존재한다는 점이다. 따라서 미디어 콘텐츠, 음악 콘텐츠, 영화, 공연, 애니메이션, 컨벤션 등 문화콘텐츠 분야와 엔터테인먼트 산업 데이터 댐을 평소에 구축해 두어야 한다.

시대의 문화 트렌드와 직무능력을 중요하게 여기는 기업문화에 적응하기 위해 평소 공연, 전시, 영화 등 다양한 장르를 즐기면 문화적 소양을 키우는 데 큰 도움이 될 것이다.

7계명 – 여행, 경험, 다양한 책을 즐겨라

우리는 앞서 창조의 플랫폼을 익혔다. [무대 → 연결 → 착상 → 절차 → 결과]의 플랫폼을 통해 만나는 '요소 1'과 '요소 2'의 값은 여행, 경험, 독서의 데이터 축적을 통해 더욱더 풍성한 아이디어를 쏟아낼 것이다.

8계명 – '연결'과 '관계'에서 새로운 아이디어를 찾는 훈련을 계속하라

우리는 지금까지 더 많은 정보, 더 다양한 지식을 습득하고자 노력했다. 그러나 현대 사회는 다르다. 정보와 지식의 데이터베이스는 인공지능이, 검색엔진이, 그리고 유튜브가 대신하고 있다. 이제 세상이 우리에게 요구하는 것은 정보와 정보 사이, 데이터와 데이터 사이에 숨어 있는 것을 찾아내는 '진짜' 통찰력이다.

9계명 – 꾸준히 글을 써라

모든 테스트에는 글쓰기 기술이 필요하다. 특히 서술형 시험의 기본은 글쓰기를 바탕으로 한다. 글쓰기 능력은 하루아침에 키울 수 없다. 평소 도전할 직무와 관련된 키워드를 정해 논술을 자주 써 보고 기획서나 제안서를 글로 표현하여 논리적으로 작성하는 훈련을 계속하라.

10계명 – 매 순간 창조 프로세스로 사고하라

매 순간 창조하라. 창조하기 위해서는 시대의 무대를 읽어야 한다. 보이지 않는 직무 환경과 무대를 발견해야 한다. 무대를 읽었다면 무대 위에 있는 다양한 정보와 데이터를 연결시켜라. 그리고 새로운 아이디어, 독특한 콘셉트, 확실한 솔루션을 찾아내 실현시켜라. 창조 프로세스 전 과정을 장악하고 연출하라.

Tip CIT 답변 정리 시 유의점

- 출제된 문제 의도와 동떨어진 엉뚱한 발상으로 튀지 마라!
  예 믿음과 사랑으로 참으면 위기를 극복할 수 있다.
- 문제의 핵심요지와 작성 가이드라인을 정확하게 인지하라!
  예 키워드, 주어진 도구나 환경, 가용기간, 10년 뒤
- 질문 자체를 잘못 이해하여 엉뚱한 답을 쓰지 마라!
  예 금연 캠페인과 흡연 에티켓 캠페인은 전혀 다른 주제!
- 문제의 기본 전제 조건을 부정하는 자기주장을 하지 마라!
  예 고령화 문제를 해결할 아이디어를 찾으라는 질문에 '이 문제는 세월이 흐르면 해결되니 시간이 고령화 문제의 솔루션이라고 제시하는 답변(출제자 의도나 가이드라인을 반박하는 것이 발상의 전환이나 창의성은 아니다.)'
- 어떤 질문이든 답을 정리할 때는 반드시 지원업무 연관성, 구체적인 주장과 근거, 솔루션과 콘셉트, 기대효과, 자신만의 생각이나 발전 방향을 고려하라(자신의 아이디어가 무조건 좋다는 주장을 반복하는 것은 옳지 않음).

16 | CIT 준비를 위한 콘텐츠

▌추천 콘텐츠 1 『생각의 탄생』

CIT를 분석하면서 필자의 머릿속에 떠오른 책이 한 권 있다. 로버트 루트번스타인이 쓴 『생각의 탄생』이다.

이 책은 레오나르도 다빈치, 아인슈타인, 파블로 피카소, 마르셀 뒤샹, 리처드 파인먼, 버지니아 울프, 제인 구달, 스트라빈스키, 마사 그레이엄 등 역사 속에서 뛰어난 창조성을 발휘한 사람들이 과학, 수학, 의학, 문학, 미술, 무용 등 분야를 막론하고 공통적으로 사용한 13가지 발상법을 생각의 단계별로 정리하고 있다.

어쩌면 CIT 전형을 처음 개발한 사람들이 이 책을 주요 참고자료로 삼았을지 모른다는 생각이 들 정도로, 이 책은 다양한 콘텐츠를 다루고 창조적 작업 속에 벌어지는 사고력을 다루고 있다. 특히 현상을 파악하는 추상과 패턴, 유추 등 책에 소개된 생각 도구는 테스트에서 큰 도움이 될 것 같았다.

실제로 이 책은 역사상 가장 위대하다고 손꼽히는 천재들이 자신의 창작 경험을 통해 '생각'에 대해 어떻게 생각했으며 또한 생각하는 법을 어떻게 배웠는지 구체적으로 설명해 준다. 저자는 그들의 발상법을 '관찰', '형상화', '추상', '패턴인식', '패턴형성', '유추', '몸으로 생각하기', '감정이입', '차원적 사고', '모형 만들기', '놀이', '변형', '통합' 등 13단계로 나누어 실제 다양한 콘텐츠 창조 사례와 탄생과정을 추적하며 논리정연하게 설명할 뿐만 아니라 직관과 상상력을 갈고닦아 창조성을 발휘하는 방법 또한 구체적으로 제시한다.

만약 CIT 전형을 준비하는 이들이 "지금 당장 무엇을 해야 하느냐?"라고 내게 묻는다면, 우선 이 책을 읽어보라고 권하고 싶다.

① 관찰 : 일상의 가치를 재관찰할 때 놀라운 통찰이 찾아온다.

② 형상화 : 상상 속에서 사물을 그리는 능력이 세계를 재창조한다.

③ 추상화 : 추상화는 중대하고 놀라운 사물의 본질을 드러내는 과정이다.

④ 패턴인식 : 패턴 속의 패턴을 찾아내면 새로운 생각을 할 수 있다.

⑤ 패턴형성 : 가장 단순한 요소들이 결합해서 복잡한 것을 만든다.

⑥ 유추 : 유추를 통해 서로 다른 사물이 어떻게 닮았는지 찾아낸다.

⑦ 몸으로 생각하기 : 몸의 감각은 창의적 사고의 도구가 된다.

⑧ 감정이입 : '자신이 이해하고 싶은 것'이 될 때 가장 완벽한 이해가 가능해진다.

⑨ 차원적 사고 : 2차원에서 3차원으로, 혹은 그 역방향으로 사고의 폭을 넓힌다.

⑩ 모형 만들기 : 세계를 이해하려면 실제의 본질을 담은 모형을 만들어봐야 한다.

⑪ 놀이 : 창조적인 통찰은 놀이에서 나온다.

⑫ 변형 : 사고의 변형은 예기치 않은 발견을 낳는다.

⑬ 통합 : 느끼는 것과 아는 것의 통합으로 감각의 지평을 확장한다.

▎추천 콘텐츠 2 『트렌드코리아』 시리즈

서울대 소비자학과 김난도 교수와 서울대 소비트렌드 분석센터는 매년 한 차례 경제사회 전반의 트렌드와 전망을 분석해 담은 『트렌드코리아』를 출간하고 있다. 특히 다음 연도에 떠오를 것으로 전망되는 소비 트렌드 변화를 10가지 키워드로 정리한 책이니 트렌드 분석 기업과 콘텐츠 기업에 지원하려는 취업준비생에겐 필독서라고 할 수 있다.

CIT 문제가 소비자 트렌드 정보와 마케팅 이슈를 다루거나 직무에 창의적인 솔루션을 제안하기 위한 시장 환경 분석 위주로 출제될 것을 고려한다면, 『트렌드코리아』 시리즈가 매년 제시하는 키워드들은 반드시 참고해 볼 필요가 있다. 최근 몇 년간 소개됐던 대표적인 트렌드 키워드를 살펴보자.

알파세대 : 2010년 이후 출생자들을 통칭하는 말이다. 이들은 태어날 때부터 디지털에 익숙한 세대로 인공지능과 자연스럽게 대화하고 아무렇지도 않게 코딩 프로그램을 다룬다. 기술 친화 세대인 알파세대는 새로운 기술과 상품을 받아들이는 데 거리낌이 없고 직접 창조자(크리에이터)가 되어 자신의 능력을 판매하기도 한다. 소비자이자 생산자인 것이다. 이제는 MZ세대에 이어 알파세대를 사로잡는 것이 중요한 시장 전략이 되고 있다.

오피스 빅뱅 : 팬데믹 이후 일하는 방식은 폭발적으로 변화했다. 회사의 발전을 위해 개인을 희생하는 것이 용인되던 시대에서 자신의 발전에 저해가 된다면 가차 없이 회사를 떠나는 시대가 되었다. 이직이 자유로운 만큼 동영상 사이트에는 '퇴사 브이로그'가 속속 올라오고 있으며, 언제 어디서든 자유롭게 일할 수 있는 '디지털 노마드'를 꿈꾸는 게 이상하지 않다. 자신의 성장을 중요시하는 사람들에 의해 노동시장은 지금 이 순간에도 약동하고 있다.

뉴트로 : 새로움(New)과 복고(Retro)를 합친 신조어로 복고를 새롭게 즐기는 경향을 말한다. 과거에 유행했던 디자인이 그대로 사용되기보다는 현대에 맞게 재창조된 상태를 뉴트로라고 부른다.

옛날을 그리워하면서 유행했던 아이템들을 다시 꺼내는 것이 과거의 향수를 느끼는 것이라면, 같은 과거의 것이라도 밀레니얼 세대는 처음 접하는 문화들을 조합해 신상품과 마찬가지로 새로운 느낌을 주고 있다. 마치 시간을 돌려놓은 듯한 물건들과 소품, 인테리어로 새로운 감성과 경험을 창조하고 있다.

팬슈머 : 주어진 대안 중에서 선택하는 것만으로는 성에 차지 않고 직접 투자와 제조 과정에 참여해 상품과 브랜드, 나아가 스타를 키워내고자 하는 신종 소비자를 '팬슈머'라고 한다. 상품의 생애주기 전반에 직접 참여하며 '내가 키웠다.'는 뿌듯함에 상품을 적극적으로 지지하고 구매하지만 동시에 간섭과 견제도 한다. 크라우드 펀딩, 서포터 활동, 연예인과 인플루언서에 대한 지지와 비판 등 팬슈머가 영향을 끼치는 영역은 갈수록 확대되고 있다.

▌추천 콘텐츠 3 〈문화콘텐츠진흥원 사이트〉

문화콘텐츠진흥원(www.kocca.kr) 사이트에는 콘텐츠 산업 동향과 정보를 제공하는 자료와 간행물이 무수히 존재한다. 문화콘텐츠진흥원은 콘텐츠 전 분야를 아우르는 총괄 진흥기관으로서 콘텐츠산업 육성을 위한 종합지원체제를 구축, 콘텐츠강국 실현을 위해 2009년 5월 17일 설립된 문화체육관광부 산하 특수법인으로, 위탁집행형 준정부기관으로 지정되어 있다.

먼저 사이트 상단 '콘텐츠지식' 카테고리에는 정기간행물, 연구보고서, 산업통계, 해외시장 동향 분석, 세미나 자료 등 최신 국내외 콘텐츠 산업정보가 소개돼 있다.

정기간행물 : 콘텐츠산업 전반에 걸친 현안을 집중적으로 분석함으로써, 현업 및 정책 담당자의 신속 정확한 의사결정을 지원하며, 산업 지원과제 도출과 제도적 해결방안을 제시하는 현안 지향형 연구보고서이다.

최신자료로 「Next K-pop 시대의 개막」, 「콘텐츠산업의 생성형 AI 활용 이슈와 대응 과제」, 「콘텐츠산업의 ESG 경영 현황」, 「글로벌 경쟁력 강화를 위한 K-콘텐츠 세제지원 방안」 등이 게시되어 있다.

연구보고서 : 한국콘텐츠진흥원이 발간한 국내외 콘텐츠산업 관련 법, 제도, 정책, 기술, 산업동향 등 각종 이슈에 대한 연구보고서이다. 「웹툰 작가 실태조사와 웹툰 사업체 실태조사」, 「애니메이션 제작인력 표준용역 계약서 개발연구보고서」, 「애니메이션 이용자 실태조사」, 「음악 이용자 실태조사」, 「만화이용자 실태조사」 등 다종다양한 보고서가 게시되어 있다.

국내산업정보 : 「콘텐츠 산업 통계조사」, 「반기별 콘텐츠 산업 동향분석」 등의 정보를 소개하고 있다.

해외산업정보 : '해외 통계정보', '위클리 글로벌', '해외콘텐츠산업동향', '글로벌마켓리포트', '특화보고서' 등을 확인할 수 있다.

세미나자료 : 각종 세미나자료를 확인할 수 있다. 가령 「게임콘텐츠 해외 활동 개척을 위한 신흥시장 오픈 포럼」 자료집, 「코로나19 이후 콘텐츠를 말하다」 발제 자료, 「콘텐츠산업포럼」 발제 자료집, 「콘텐츠산업 결산과 전망 세미나」 자료집 등을 무료로 다운로드 받을 수 있다.

PART 2

CIT 대비 예상문제 및 작성가이드

01 | 문화콘텐츠 창조 유형 예시 문제

01 UCC 영상 플롯 구상

제시한 햇반 신제품 브랜드 또는 주제(키워드)에 대해 새로운 형식이나 요소를 결합하여 창의적인 콘셉트를 기획한 후 UCC 영상의 플롯을 기획하여 구성해 보시오.

특제한 주제나 키워드들을 제시하고 이를 바탕으로 '홍보 UCC 콘텐츠'를 기획해야 한다면 가장 먼저 '창조 프로세스 플랫폼'과 데이터 댐을 떠올려 보자. 창조 모형에 데이터 댐 정보 요소들을 조합해 보면 콘셉트 발상이 그렇게 어렵지 않게 느껴질 것이다.

가령 제시어로 햇반 신제품 브랜드나 키워드가 제시됐다고 가정해 보자. 먼저 메모지를 준비하여 좌우 아래 세 칸을 나눈 후 아래 칸은 이 영상의 기본 전제 조건을 기록한다. 제시된 주제나 키워드, 가이드라인이 있을 경우 적어두는 것이다.

그 다음 위 왼쪽 칸에는 UCC 영상에서 꼭 전달해야 할 메시지, 홍보 요소, 주장, 설명 등을 정리한다. 이어 오른쪽 칸에는 다양하고 독특한 자신만의 스킬이나 새로운 형식, 다른 분야 사례 등을 기록하며 창의적인 콘셉트를 개발해 본다.

햇반 신제품 UCC 영상 창조 패턴의 원리 ①

[요소 1]	[요소 2]
• 햇반 신제품 소개 홍보 • 신제품의 정보, 특징, 차별점, 타깃 • 이미지와 디자인 • 건강 요소와 개발 이슈 • 사용법	? (데이터 댐 활용)
[무대 세팅] 햇반 신제품 홍보, 젊은 층 타깃, 유쾌, 통쾌, 재미, 완성도	

기본적인 전제 조건의 무대 세팅과 문제가 정의되었다. 이제 창조 과정의 패턴 원리를 적용해 우측면을 공략하면 된다.

가령 '?' 대신에 자신이 갈고 닦아온 뮤직비디오 제작 스킬 등을 넣어 보는 식이다(문화콘텐츠 데이터 댐 참조). 그럼 주최사가 홍보하고 싶은 핵심메시지를 음악과 가사에 담아 뮤직비디오 영상으로 표현하는 콘셉트가 나온다.

햇반 신제품 UCC 영상 창조 패턴의 원리 ②

[요소 1]	[요소 2]
• 햇반 신제품 소개 홍보 • 신제품의 정보, 특징, 차별점, 타깃 • 이미지와 디자인 • 건강 요소와 개발 이슈 • 사용법	• 뮤직비디오 • 개발 스토리텔링 • 다큐멘터리 • 먹방, 블라인드 테스트 • 동양화 애니메이션 • 뮤지컬 • 모래아트 • 퀴즈 대결 • 고객들의 창의적 레시피 아이디어 경연 등
[무대 세팅] 햇반 신제품 홍보, 젊은 층 타깃, 유쾌, 통쾌, 재미, 완성도	

이렇게 창조 과정의 플랫폼을 기반으로 메모지 위에 3가지 전제 조건 요소들을 모두 세팅해 하나로 착상하고자 한다면, 방향과 의도에 적합한 창의적인 영상제작 방향이나 콘셉트에 대한 아이디어, 기획 방향이 머릿속에서 훨씬 쉽게 떠오를 것이다.

제시된 키워드의 이미지나 특성을 이용하여 광고 제작 콘셉트를 기획 후 제안해 보시오(안전벨트, 에어백, 자물쇠와 열쇠, 가방, 천사, S, 어머니 등 이미지).

'CJ대한통운 이미지 광고' 기획에 도전한다고 생각해 보자. 우선적으로 해야 할 일은 창조 플랫폼을 떠올려 창조에 필요한 핵심 요소와 단계를 정리하는 것이다. 창조 프로세스 모형 하단 칸에 'CJ대한통운 이미지 이해, 역할과 기능을 창의적으로 알리는 광고 메시지, 공감, 기발, 완성도'라는 전제 조건의 무대를 세팅해 둔다.

왼쪽 칸에는 CJ대한통운에 대한 이미지와 텍스트에 대한 분석과 주최사가 알리고 싶어 할 핵심메시지를 분석해 기록한다.

CJ대한통운 광고 스토리보드 창조 패턴의 원리 ①

[요소 1]	[요소 2]
• CJ대한통운 긍정 이미지 • CJ대한통운 역할과 기능 • CJ대한통운 특장점 • CJ대한통운 텍스트 및 로고 이미지 분석 • 보이지 않는 우리 물품 지킴이	? (데이터 댐 활용)
[무대 세팅] CJ대한통운 이미지 이해, 역할과 기능을 창의적으로 알리는 광고 메시지, 공감, 기발, 완성도	

이렇게 문제 정의가 이루어졌다면 창조 패턴의 원리를 적용해 오른쪽 칸에 제시된 키워드나 그 특징들을 찾아내 조합시켜 나가면 된다. 조합에 사용되는 키워드에 따라 머릿속에 떠오르는 콘셉트가 달라질 것이므로 보다 신선하고 독창적인 방향을 찾아나가면 된다.

CJ대한통운 광고 스토리보드 창조 패턴의 원리 ②

[요소 1]	[요소 2]
• CJ대한통운 긍정 이미지 • CJ대한통운 역할과 기능 • CJ대한통운 특장점 • CJ대한통운 텍스트 및 로고 이미지 분석 • 보이지 않는 우리 물품 지킴이	• 든든한 백 • 에어백 • 슈퍼맨 • 수호천사 • 안전벨트 • 비밀번호(패스워드) • 자물쇠 • 놀이터에서 신나게 혼자 노는 아이를 저 멀리서 지켜보는 엄마 등
[무대 세팅] CJ대한통운 이미지 이해, 역할과 기능을 창의적으로 알리는 광고 메시지, 공감, 기발, 완성도	

오른쪽 칸에 임의의 키워드를 넣다 보면 '창조 패턴의 원리'에 따라 광고의 콘셉트가 훨씬 쉽게 떠오르게 될 것이다. 키워드에서 파생되는 이미지로 뻗어 나갈수록 제시어를 활용한 브랜드의 이미지를 메타포로 착상시켜 기발한 광고 콘셉트를 개발할 수 있다.

안전벨트나 에어백, CJ대한통운 로고가 새겨진 비행기가 조합된 이미지가 떠오르기도 하고, 가슴에 슈퍼맨처럼 CJ대한통운 로고를 단 '택배맨' 캐릭터를 개발해 물품들을 머리 위에 들고 1초 만에 지구 반대쪽까지 초스피드로 날아가는 모습을 상상할 수도 있다.

놀이터에서 신나게 혼자 노는 아이를 저 멀리서 지켜보는 엄마의 모습과 CJ대한통운이 조합된 이미지 등 다양한 콘셉트를 떠올려 창조 프로세스 과정을 그대로 제작 기획서로 정리해 보자.

답안예시

"세상에서 가장 안전한 CJ대한통운 콘셉트 광고기획!"

국내 물류배송이나 택배서비스 경쟁이 치열하다. 국토교통부가 조사한 자료에 따르면 국내 택배회사 TOP 5가 택배 점유율의 85% 이상을 점유하고 있다. 이 중 국내 택배 시장의 절반가량을 점유하고 있는 CJ대한통운이 1위를 차지하고 있다.

CJ대한통운은 큰 스케일의 자체 대량 화물수송이나 철도 연계 화물수송에 강점을 보이는 물류회사이다. 따라서 '빠른 수송'에 그치지 않고 가장 안전한 서비스라는 '믿음'의 기업브랜드 아이덴티티 구축이 필요하다.

이에 맞춰 단순히 '속도'를 넘어 '안전과 신뢰'를 각인시키는 광고디자인 콘셉트를 기획하면 어떨까? 엄마, 안전벨트, 에어백 등의 키워드는 '안전'과 관련이 있다. 이 키워드를 대한통운 이미지와 연결하면 엄마가 운전할 때 유아가 있는 경우 카시트(유아보호용 장구)나 안전벨트 등 보호 장구를 제대로 사용해 아이들의 안전을 지킨다는 스토리가 만들어진다.

엄마가 아이를 뒷좌석 카시트에 앉히고 안전벨트를 꼼꼼히 채운다. 아빠는 그 옆에 수제 생일케이크를 투명 에어백에 넣은 뒤 안전벨트를 채운다. 할머니, 할아버지에게 가는 시골길에서도 아이와 케이크는 미동 하나 없다. 이후 할아버지는 활짝 웃으며 아이를 기쁘게 안고 할머니는 선물을 받는다. 행복한 3대 가족 모습 위로 다음과 같은 광고카피가 소개된다.

'가장 소중한 선물 가장 안전한 배송서비스, CJ대한통운'

위와 같은 광고 콘셉트는 물류시장에서 1위를 차지하고 있는 CJ대한통운을 단순한 기술적인 우위보다 공감을 전달하는 '믿을 수 있고 안전한 서비스기업' 이미지로 다가설 수 있도록 도울 것이다.

자신이 사는 동네나 고장, 도시의 전설, 역사적 사건, 인물, 장소 등을 제시하고 그 테마를 스토리텔링으로 기획하여 플롯을 제안하라.

스토리텔링은 알리고자 하는 요소나 정보를 재미있고 생생한 이야기로 만들어 전달하는 방법이다. 제시된 주제와 관련하여 실제 일어날 수 있는 사례 혹은 상상력을 동원해 '발단 – 전개 – 위기 – 절정 – 결말' 등 구성과 등장인물, 사건, 배경 등을 조합하여 짜임새 있는 이야기로 엮어내는 것이다.

대개 스토리텔링에서 제시되는 요소는 소재, 브랜드, 사물, 역사적 인물, 사건 등이다. 어떤 정보나 메시지를 전달하는 방법은 다양하다. 주로 설명문 형식, 논문, 기획서, 광고이미지, 그래프, 카드뉴스, 인포그래픽 등 여러 가지 형식으로 정보를 전달할 수 있는데, 이와 달리 스토리텔링은 철저하게 재미나 사건, 기승전결 등을 포함하는 이야기 형식을 차용하는 것이다. 스토리텔링의 형식은 동화든 소설이든 허구를 가미하든, 실제 경험담이든 크게 상관이 없다.

스토리텔링 기법의 가장 핵심은 소재에 대한 창의적인 스토리 구성, 흥미와 전달성, 대중성, 활용성 등으로, 이렇게 탄생한 스토리는 영화나 게임, 다양한 영상작품, 연극무대, 뮤지컬 등으로 확장하여 다양한 미디어를 통해 제작될 수 있다.

다음 스토리텔링의 요건들을 알아두도록 하자.

♦ 제시된 주제의식이 잘 반영돼야 한다.
♦ 들어가야 할 핵심정보들이 포함돼야 한다.
♦ 이야기의 서사 구조가 잘 나타나야 한다.
♦ 이야기는 어디서 보거나 들은 듯한 것이 아닌 참신하고 독창적인 내용이어야 한다.
♦ 작품의 기승전결(발단 – 전개 – 위기 – 절정 – 결말) 구조가 탄탄해야 한다.
♦ 이야기의 핵심은 재미! 흥미로운 이야기여야 한다.
♦ 문장이 간결하고 완성도가 높아야 한다.
♦ 이야기가 흐지부지 끝나선 안 된다.

스토리텔링을 잘 활용하려면 주제를 파악하는 능력, 상상력을 통해 이야기를 구상하는 능력, 이야기를 글로 표현하는 능력이 필요하다.

스토리텔링 창조 패턴의 원리

[요소 1]	[요소 2]
• 자신이 사는 동네나 고장 • 도시의 전설 • 역사적 사건 • 인물 • 장소 등 (CJ그룹과 관련된 상품, 작품, 소재, 브랜드, 사물, 인물, 사건 등)	• 실제 일어날 수 있는 사례 혹은 상상력을 동원해 '발단 – 전개 – 위기 – 절정 – 결말' 등 구성과 등장인물, 사건, 배경 등을 조합

[무대 세팅]
재미있고 생생한 이야기로 만들어 전달하는 무대

대표적인 스토리텔링 사례를 살펴보자. 강원도 태백시 구문소동 구문소 마을에는 연못이 있다. 구문소(求門沼)는 '구멍이 있는 연못'이라는 뜻이다. 이 연못에는 전설이 내려오는데 이 전설을 구체적인 이야기로 만들면 다음과 같다.

옛날, 구문소라는 연못에서 낚시를 하던 어떤 사내가 물에 빠져 용궁으로 잡혀갔다. 용왕은 사내를 고문했다.
"너는 왜 물고기를 잡느냐?"
사내는 문초를 당하며 말했다.
"입에 풀칠할 것이 없어 물고기를 잡을 수밖에 없었습니다."
사내의 하소연에 용왕은 낚시꾼에게 떡을 주고 다시 세상으로 내보냈다. 사내는 자식을 위해 주머니에 떡을 넣어 왔으나 돌아와서 확인하고 보니 딱딱해져 있었다. 하는 수 없이 굳은 떡을 쌀독에 넣어 뒀는데 이 쌀독에서 끊임없이 쌀이 쏟아져 나와 사내의 가족은 부자가 됐다.

이 스토리에는 **등장인물과 사건, 배경**이 존재한다. 또한, 현실과 상상력을 결합한 '발단 – 전개 – 위기 – 절정 – 결말' 등의 **구성**도 있다. 이 스토리 구성 요소들이 연결되어 완성된 이야기가 탄생한 것이다. 스토리는 다양한 문화콘텐츠 산업으로 확장할 수 있다. 연극, 뮤지컬, 영화(애니메이션), 캐릭터산업, 게임 등으로 확장된다. 실제로 이 마을은 용궁을 활용한 마을 디자인과 캐릭터를 만들었고, 용궁전설을 역할극으로 재현해 마을을 찾은 어린이가 직접 배우가 되는 기회도 제공하는 등 용궁전설을 활용한 관광 체험사업을 진행했다.

04 웹툰 원작 드라마 콘셉트 기획

다음은 CJ ENM에서 방송된 웹툰 원작 드라마들이다. 관심 있는 드라마의 사례를 분석하여 연관성 있는 소재나 주제에서 테마를 선정하고 웹툰 원작 드라마 콘셉트를 기획하여 제안해 보시오.

방송기간	제목	채널	원작
2022년	《우울한 하루》	OCN	팀 겟네임의 웹툰 《우울한 하루》
	《내과 박원장》	TVING	장봉수의 웹툰 《내과 박원장》
2021년	《유미의 세포들》		이동건의 웹툰 《유미의 세포들》
	《간 떨어지는 동거》	tvN	나의 웹툰 《간 떨어지는 동거》
	《나빌레라》		HUN, 지민의 웹툰 《나빌레라》
2020년	《경이로운 소문》	OCN	장이의 웹툰 《경이로운 소문》
	《루갈》		릴매(Rel.mae)의 웹툰 《루갈》
	《메모리스트》	tvN	재후의 웹툰 《메모리스트》
2019년	《쌉니다 천리마마트》		김규삼의 웹툰 《쌉니다 천리마마트》
	《타인은 지옥이다》	OCN	김용기의 웹툰 《타인은 지옥이다》
	《빙의》		김홍태, 후렛샤의 웹툰 《빙의》
2018년	《계룡선녀전》	tvN	돌배의 웹툰 《계룡선녀전》
	《애간장》	OCN	김희란, 김병관의 웹툰 《애간장》
	《은주의 방》	Olive	노란구미의 웹툰 《은주의 방》
	《톱스타 유백이》	tvN	미소의 웹툰 《파라다이스》
2017년	《구해줘》	OCN	조금산의 웹툰 《세상 밖으로》
	《멜로홀릭》		팀겟네임의 웹툰 《멜로홀릭》
	《부암동 복수자들》		사자토끼의 웹툰 《부암동 복수자 소셜클럽》
2016년	《싸우자 귀신아》	tvN	임인스의 웹툰 《싸우자 귀신아》
	《치즈인더트랩》		순끼의 웹툰 《치즈인더트랩》
2015년	《슈퍼대디 열》		이상훈, 진효미의 웹툰 《슈퍼대디 열》
	《호구의 사랑》		유현숙의 웹툰 《호구의 사랑》
2014년	《미생》		윤태호의 웹툰 《미생》
	《닥터 프로스트》	OCN	이종범의 웹툰 《닥터 프로스트》

웹툰은 **웹(Web)과 카툰(Cartoon)의 합성어**로, 종이책 만화를 단순히 웹상에서 보는 것에 그치지 않고 각종 멀티미디어 효과를 동원해 제작된 인터넷 만화를 말한다. 즉, 단순히 만화책을 스캔(Scan)해 그대로 게재하는 온라인상의 만화가 아니라 **영상과 음성더빙, 플래시 기법 등을 활용할 수 있는 영상 애니메이션**을 뜻한다. 이를 통해 PC나 스마트폰에서 등장인물들의 대사, 배경음악 등이 흘러나와 만화영화

나 만화비디오를 보는 느낌을 줄 수도 있다.

특히 **웹툰 원작 드라마**는 우리시대 문화콘텐츠 중에서도 가장 활발한 분야 중 하나로, 성공한 웹툰이 드라마를 넘어 영화, 게임으로 확장돼 다양한 영역에서 성공을 만들어 내는 사례가 흔히 나타나고 있다. 따라서 **문화콘텐츠 기업에 지원하기 위해서는 웹툰과 드라마에 대한 기본 이해가 필수**이다. 그중에서도 특히 CJ ENM에서 방송된 웹툰 원작 드라마의 구체적인 사례들을 파악해 두는 것이 좋다(대표적으로 tvN에서는 《미생》, 《치즈인더트랩》, 《싸우자 귀신아》, 《쌉니다 천리마마트》 등이 사랑을 받았다). 더 나아가 웹툰 원작 드라마의 경향이나 특징까지 분석해 두면 입사시험이나 면접전형 등에서도 유리할 것이다.

제시된 문제 유형처럼 "관심 있는 드라마의 사례를 분석하여 연관성 있는 소재나 주제에서 테마를 선정하고 웹툰 원작 드라마 콘셉트를 기획하여 제안해 보시오."라는 질문에 대응하는 답안을 정리해야 한다면, 평소에도 웹툰에 대한 정보는 물론 웹툰 원작 드라마 작품들의 트렌드, 웹툰 원작 드라마의 정보 및 성패 요인 등을 두루 파악하고 있어야 한다.

준비를 충실히 마쳤다면 종합적인 웹툰 원작 콘텐츠 정보 무대 위에서 이슈나 문제를 정의하고 트렌드나 대중의 니즈, 아직 실험되지 않는 독창적인 콘셉트를 도출하여 새로운 제안을 할 수 있다. 콘셉트 도출은 그저 머리에서 번쩍 나오는 것을 정리하는 게 아니다. 논리적인 과정과 설득적인 구조가 필요하다. 짧은 시간 내에 창의적이고 논리적ㆍ설득적인 콘셉트를 개발하려면 창조 프로세스 패턴 원리를 적용하는 것이 좋다.

웹툰 원작 드라마 기획 콘셉트 창조 패턴의 원리

[요소 1]	[요소 2]
• 평소 웹툰에 대한 정보와 웹툰 원작 드라마 작품과 트렌드, 웹툰 원작 드라마 성패 요인 분석, CJ ENM에서 방송된 웹툰 원작 드라마 정보와 성패 요인 등 문제 정의	• 새로운 트렌드 이슈 • 대중의 새로운 니즈 • 기존에 실험되지 않는 소재나 영역과 결합

[무대 세팅]
관심 있는 드라마의 사례를 분석하여 연관성 있는 소재나 주제에서 테마를 선정하고, 웹툰 원작 드라마 콘셉트를 기획하여 제안

웹툰 혹은 웹툰 원작 드라마의 '컬처코드(Culture Code)'는 '쉽고 대중적인 즐거움'이다. 기발하고, 코믹하고, 재미난 구성, 개성 넘치는 독창적인 아이디어와 결합해서, 독특한 이야기나 신나는 스토리를 엮어 공감할 수 있게 세상을 재창조해야 한다.

모든 콘텐츠가 그러하듯 웹툰이나 웹툰 드라마 역시 대중의 공감대, 재미, 감동이 살아 있는 작품에 높은 점수를 준다. 이런 전제 조건 무대 위에 다양한 웹툰과 웹툰 원작 드라마의 경향과 성패 요소를 정의한 후 지금 현재 우리 시대의 이슈나 대중의 니즈, 실험성 등을 결합하여 콘셉트를 제안하면 훨씬 더 논리적이고 설득력 있는 제안서를 정리할 수 있다.

답안예시

OCN에서 2020년 방영된 《경이로운 소문》은 장이 작가의 동명 웹툰을 원작으로 한다. OCN 개국 이래 드라마 최고 시청률을 기록했을 정도로 큰 사랑을 받았다. 2021년 TVING에서 공개된 《유미의 세포들》은 이동건 작가의 동명 웹툰이 원작이다. 한국 드라마 최초로 실사와 3D 애니메이션을 결합한 이 작품은 평범하게 살아가는 현대인의 현실적인 모습을 잘 보여줬다는 평을 받고 있다.

결은 좀 다르지만, tvN에서 2018년 방송했던 로맨스 오피스 드라마 《김비서가 왜 그럴까》는 정경윤 작가의 로맨스 소설이 원작인데 웹툰과 드라마로 만들어져 큰 인기를 모았다.

웹툰 원작 드라마 하면 가장 먼저 떠오르는 작품은 《미생》이다. tvN 드라마 《미생》은 누적 조회 수 10억 건을 넘겼던 윤태호 작가의 웹툰을 원작으로 해 흥행에 성공한 대표적인 사례이다. 이 작품은 '평범한 샐러리맨의 치열한 일상이 주는 울림'이라는 원작의 정서와 묘미를 제대로 살려내 큰 사랑을 받았다. 드라마적 완성도가 뛰어나다고 평가받은 《미생》의 강점은 역시 디테일과 현실감이라고 생각한다.

《미생》을 기획한 CJ ENM의 이재문 PD에 따르면 드라마 각색 과정부터 원작의 캐릭터, 스토리, 에피소드를 철저히 분석, 드라마로 만드는 데 가장 적합한 방안을 고민하고, 보조 작가진이 직접 무역회사의 인턴 생활을 해가며 사실성을 높였다고 알려져 있다.

《미생》이 성공했던 또 하나의 이유는 인턴 세계를 다루었다는 점이다. 기존 한국 오피스 드라마에서 볼 수 있는 설정은 대부분 재벌 2, 3세 남자 주인공과 신입 여성 직원의 로맨스 혹은 회사의 명운이 걸린 대기업 간 암투 정도였다. 그러나 《미생》에선 정직원이 되기 위한 인턴들의 공감할 수 있는 희로애락과 정글과 같은 직장 안에서의 도전과 응전의 모습이 리얼하게 그려졌다.

이런 측면에서 최근 오피스 드라마는 다양한 형태로 분화되는 느낌이다. 젊은이들의 스타트업 현장을 다루는 드라마가 많아졌고, 오피스를 중심으로 삶의 무게를 버티며 살아가는 부장 직급의 아저씨와 거칠게 살아온 한 파견직 여성 사원이 서로를 통해 삶을 치유하는 과정을 그리기도 한다.

이제 시청자들은 백마 탄 왕자를 만나는 뻔한 스토리보다 자신의 현재 상황과 꿈, 욕망을 반영하면서도 스스로 문제를 극복하여 성취해 나가는 이야기에 더 공감하고 있다. 즉, 현재 시청자들의 상황과 처지, 욕망을 그대로 반영하고 있는 리얼리티(Reality)와 현실에서 성공하고 꿈을 이뤄내는 판타지(Pantasy) 요소가 잘 조합되는 드라마의 콘셉트가 필요하다.

이런 콘셉트에 이름을 붙인다면 리얼하면서 판타지를 가미한 '리얼타지(Real-tasy)'라고 할 수 있다. 리얼타지 콘셉트의 오피스 드라마를 기획한다면 어떤 아이디어가 좋을까? 대중은 이미 기업, 학교, 검사나 변호사, 방송국, 청와대, 병영, 신문사, 광고회사, 출판사, 대학 등 수많은 오피스 드라마를 만나왔다.

그러나 여전히 대중의 호기심이 남아있는 곳, 도전과 응전이 살아 있는 곳, 온갖 편견과 억압을 이겨내고 가치를 창조해나가는 곳을 찾아보자면, '엔터테인먼트 기획사 오피스'가 아닐까?

세계적인 뮤지션 스타 방탄소년단(BTS)의 스토리를 생각해 보자. "방탄소년단이라는 그룹명에는 방탄이 총알을 막아내는 것처럼, 살아가는 동안 힘든 일을 겪는 10대와 20대의 편견과 억압을 막아내고 자신들의 음악과 가치를 지켜내겠다는 의미를 담고 있다. 2017년 빅히트 엔터테인먼트는 방탄소년단의 공식 로고를 교체하면서 과거와 미래를 아우르는 개념으로 의미를 확장시키고, 'Beyond The Scene'의 준말로 의미를 추가했다. 이는 매 순간마다 청춘의 장면들을 뛰어넘는다는 의미를 가지고 있다."

만약 엔터테인먼트 기획사 오피스라는 무대에서 BTS가 탄생하는 과정을 그려내는 웹툰이나 드라마 스토리가 있다면 분명 '리얼타지'라고 부를 수 있을 것이다. 위 작품이라면 국내 시청자들뿐만 아니라 K팝의 영향력과 함께 글로벌 시장으로 진출할 수 있는 확장성을 지니는 기획이 될 것이다.

05 웹소설 등장인물 캐릭터 구상

웹소설 작가인 당신은 다양한 등장인물의 캐릭터를 구상하고 있다. 이때 등장인물들을 상상하여 각기 다른 개성적인 캐릭터(4명 이상)를 창조하여 소개해 보시오.

웹툰과 함께 최근에는 인기 웹소설을 원작으로 하는 드라마들도 많이 만들어지고 있다. 웹소설을 원작으로 한 웹툰이나 드라마가 만들어지기도 하고 영화나 게임으로 재탄생하기도 한다. 이러한 **웹소설**은 문화콘텐츠 중에서도 '스낵컬처(Snack Culture)'라고 불리는데, 과자를 먹듯 짧은 시간 안에 쉽게 즐길 수 있기 때문이다.

웹소설은 스마트폰이나 태블릿PC를 이용해 언제 어디서나 소설을 읽을 수 있을 뿐만 아니라 재미, 상상력을 기반으로 하기 때문에 다양한 계층과 연령대의 대중들에게 큰 사랑을 받고 있다.

웹소설도 소설이다. 소설의 기본 구성 요소는 '배경, 인물, 사건'이고, 이 중에서 인물을 만들기 위해서는 먼저 배경과 사건, 이야기가 필요하다. 그리고 그 공간에서 이야기를 만들어 갈 적합한 캐릭터들은 대개 상상력이 창조해 낸다.

도깨비와 도깨비 신부의 판타지 로맨스라면 남녀 주인공 캐릭터가 필요할 것이고, 전쟁하는 시대가 무대라면 군인 캐릭터가 필요할 것이다. 조선 시대 왕실의 권력 암투를 다루는 사극이라면 왕과 신하들의 캐릭터를 상상해 내야 한다.

이렇게 캐릭터가 잡히면 그 캐릭터를 분석해 그림으로 그려보고 성격, 특징과 관련된 키워드를 적는다. 살아온 환경, 외모, 나이, 직위, 재력, 재능과 능력, 말솜씨, 꿈과 목표, 좋아하는 것과 싫어하는 것, 내성적과 외향적, 아픔과 상처, 연애, 가치관 등이 캐릭터를 만들어 낸다. 단어도 괜찮고, 문장도 괜찮고, 캐릭터를 표현할 수 있는 연관되는 상징도 좋다.

짧은 시간 내에 많은 키워드가 떠오를수록 그 캐릭터는 구체적이고 생동감 있는 캐릭터가 된다. 마치 현실에 존재하는 듯한 입체적인 캐릭터일수록 독자들에게 어필하고 공감을 살 가능성이 높다.

후나하시 가즈오의 『시나리오 작법 48장』에 따르면 전형적인 인물로 6가지 캐릭터 유형을 다음과 같이 소개하고 있다.

첫째 개방적이고 사교적인 성격, 둘째 비사교적이며 고지식한 성격, 셋째 맹렬한 노력가이며 완고한 성격, 넷째 화려하며 질투심이 많은 성격, 다섯째 민감하며 지나치게 내성적인 성격, 여섯째 자신에 넘치고 자기중심적인 성격이다.

그렇다면 캐릭터를 창조하는 데 도움이 되는 노하우는 없을까? 다음 4가지 방법을 알아두면 좋다.

삼국지 캐릭터 분석 : 소설 『삼국지』는 캐릭터 보물창고다. 우리가 잘 아는 캐릭터로는 유비, 관우, 장비와 제갈공명, 조자룡이 있다. 조조, 손견, 손책, 손권, 주유, 노숙, 사마의, 원소, 동탁, 여포 등 수많은 등장인물은 각자의 개성을 가지고 있다.

무수한 캐릭터들이 수많은 의사결정을 내려 역사를 창조해 낸 것이다. 따라서 『삼국지』 캐릭터를 이해하고 벤치마킹한다면 새로운 캐릭터 창조가 훨씬 쉬울 것이다. 실제로 『삼국지』와 관련된 내용은 많은 대기업 창의성 문제에 등장하기도 했다.

사상체질(사주명리학) : 작가들 중에는 사주명리학을 연구하는 이들이 상당히 많다. 창작품의 중심을 이루는 캐릭터들을 창조할 때 사주명리학을 활용하는 것이다. 이유가 뭘까? 바로 사주명리학에는 인간군상의 전형적인 캐릭터 유형이 숨어 있기 때문이다. 세상 만물을 음과 양으로 나누는 '음양론'에, 목화토금수(木火土金水)로 나누는 '오행론'이 더해져 '음양오행론'으로 한 사람의 타고난 운명을 다룬다.

가령 태양인, 태음인, 소양인, 소음인 등과 같은 '사상체질론(四象體質論)'에 따른 분류를 통해 캐릭터 유형과 삶의 방식을 설계할 수 있다. 인간군상의 유형에 패턴이 있고 이 패턴을 이해하면 작품에서 수많은 인물의 각기 다른 삶을 훨씬 쉽게 창조할 수 있다.

MBTI 성격유형 검사 : 최근 인터넷을 기반으로 유행하고 있는 마이어스–브릭스 유형 지표(Myers–Briggs Type Indicator)는 캐서린 쿡 브릭스(Katharine C. Briggs)와 그의 딸 이사벨 브릭스 마이어스(Isabel B. Myers)가 카를 융의 성격유형 이론을 근거로 개발한 성격유형 선호지표이다.

융의 심리유형론은 인간행동이 그 다양성으로 인해 종잡을 수 없는 것 같이 보여도, 사실은 아주 질서정연하고 일관된 경향이 있다는 데서 출발한다. 인간행동의 다양성은 개인이 인식(Perception)하고 판단(Judgement)하는 특징이 다르기 때문이라고 봄에 따라 16가지의 인간의 성격유형이 만들어졌다. 인간의 심리성격 유형을 파악해 두면 캐릭터 창조에 큰 도움이 된다.

에니어그램(Enneagram) : 에니어그램은 사람을 9가지 성격으로 분류하는 성격유형 이론 중의 하나로 가슴형, 머리형, 장형(행동)에서 9가지로 세분화되어 있다. 에니어그램 역시 작가들이 캐릭터를 창조하는 데 활발하게 이용하고 있는 이론 중 하나이다.

에니어그램 유형을 통해 창조한 각 유형은 절대 섞이지 않는 고정된 점을 가지고 해당 유형의 인물이 할 말과 행동, 그리고 하지 않을 말과 행동을 정하고 그 인물이 성장과 퇴보하는 상황에서 말과 행동도 예측할 수 있어 각 인물에게 고유의, 그리고 변하지 않는 개성을 부여하기 유리하다.

그러나 위 4가지 방법을 이용하면서 반드시 기억해야 하는 것은 '콘텐츠에 등장하는 인물이 그저 전형적인 캐릭터에 머물러서는 안 된다는 점'이다. 캐릭터에 반드시 매력을 입혀 보다 드라마틱하고 대중과 함께 희노애락을 느끼며 서로 공감하고 사랑하고 점점 빠져드는 인물로 탄생시켜야 한다. 좋은 웹소설이나 드라마에는 필연적으로 매력적인 캐릭터가 있다. 그만큼 캐릭터의 비중이 높다.

일반적으로 매력적인 캐릭터는 이중적인 성격을 가진 경우가 많다. 특정 분야에서 두각을 드러내면서도 좋아하는 사람 앞에서는 바보가 되는 캐릭터도 있고 슈퍼맨과 같은 파워를 가지고 있으면서도 순수함과 슬픔을 간직하고 있어 인간적인 연민을 느끼게 하는 캐릭터도 있으며, 천재이면서 소시오패스인 캐릭터도 있다.

캐릭터 창조 패턴의 원리

[요소 1]	[요소 2]
• 삼국지 캐릭터 분석 • 사상체질(사주명리학) • MBTI 성격유형 검사 • 에니어그램(Enneagram)	• 매력적인 캐릭터 • 이중적인 성격 • 입체적인 인물의 다양한 연관 키워드

[무대 세팅] 웹소설 등장인물들을 상상하여 각기 다른 개성적인 캐릭터를 창작

가령 삼국지의 주요 캐릭터를 MBTI로 분석한 예들이 있는데 찾아보면 다음과 같다. 캐릭터 창조라는 관점에서 재미로 읽어보자.

유비(누구보다 친절한 ISFP 캐릭터) : ISFP는 동정심과 수줍음이 많은 따뜻한 마음의 소유자이다. 이들은 마음 깊은 곳의 감정을 쉽게 드러내지 않으며 말수가 적고 겸손함을 띠기 때문에 흔히 온순한 인간형으로 보인다. ISFP형의 주 기능은 '감정 기능'이다. ISFP는 대상에 대해 분석하고 가능성을 따져보고 계획하기보다는 자신의 느낌을 중요시한다. '이끌림'이 이들을 움직이게 하는 원동력이 되므로, 이들은 자기가 좋아하는 일을 만나면 몇 배의 효과를 낼 수 있다.

조조(천부적인 조직 구축력이 있는 ENTJ 캐릭터) : 새로운 지식에 관한 관심이 끝없으며 지적인 자극을 주는 참신한 아이디어에 항상 눈을 반짝인다. 조조가 수적으로나 질적으로 가장 많은 인재를 두었던 이유도 여기에 있을 것이다. 그러나 이 유형의 사람들은 새로운 것에 매료되어 현실의 소소한 문제들을 지나쳐 버리거나 성급하게 일을 처리하려다 난항에 부딪치는 우를 범하기도 한다.

관우(가장 믿을 수 있는 친구 ENFJ 캐릭터) : 이들은 일하는 데 있어 인간 자체에 가장 치중하며 우선권을 둔다. 자신이 존경할 만하다고 여기는 인물이나 제도 혹은 이념이 있으면 이를 이상화해서 맹목적인 충성을 보이기까지 한다.
특이한 카리스마적 기질이 있어 다른 사람들의 협동심을 이끌어 내며, 스스로도 거기에 동참하는 것을 즐긴다. 그리고 동정심과 동료애가 많아 다른 사람의 말을 귀 기울여 듣는다.

제갈량(명료하게 사고하고 효과적으로 응용하는 INTP 캐릭터) : 이들에게 있어 직위나 계급, 다른 사람들의 지지에 의한 권위는 별 의미가 없다. 이들은 외부적인 권위보다는 자신 내부에서 일고 있는 사유, 자연의 법칙이나 우주의 움직임 등에 집중하기를 좋아한다. 그리고 이에 대한 호기심은 이들을 움직이게 하는 원동력이 된다.

장비(실천하는 행동파 ESFP 캐릭터) : 활동적이며 주변에도 생기를 부여한다. 이들은 특별한 악조건이 아니면 언제나 먹고 마시고 즐기는 분위기를 추구하며 주변 사람들에게 예측불허의 자극을 제공하기도 한다. 다른 유형에 비해 고통이나 불안을 잘 참아내지 못한다. 남과 더불어 활동하기를 좋아하므로 혼자서 해내야 하는 과업을 주게 되면 중도에 포기하거나 자신을 잃고 마는 경우가 많다.

문화콘텐츠 분야에서 일하기 위해서는 문화콘텐츠의 핵심 요소인 캐릭터에 대한 이해도가 높아야 한다. 이에 따라 평소 캐릭터의 특징과 장단점을 잘 포착해 내야 한다. 자신이 직접 새로운 캐릭터들을 창조해 낼 수 있다면 금상첨화다. 전형적인 캐릭터를 매력적인 캐릭터로 재탄생시켜야 하는 경우도 있거니와 여러 개성적인 캐릭터 사이의 연결과 조화를 공감할 수 있도록 설계해야 할 때도 있기 때문이다.

웹툰, 웹소설, 드라마, 뮤지컬, 영화, 게임 등 거의 모든 문화콘텐츠는 매력적인 캐릭터가 작품의 성패를 좌우한다. 그렇기 때문에 작가나 드라마 PD가 아니더라도 캐릭터의 이해를 넘어 창조해낸 경험은 직무에 도움이 된다.

06 문화콘텐츠 개인방송 시나리오

당신은 곧 문화콘텐츠와 관련된 개인 유튜브 방송을 해볼 생각이다. 한 달 내에 방송을 오픈한다고 가정하고 채널 기획안을 정리해 보시오.

유튜브와 아프리카TV와 같은 동영상 공유 플랫폼은 트렌드를 리드하는 문화콘텐츠의 대표 아이콘이다. CJ ENM의 디지털콘텐츠 영역에서 일하기 위해서는 **동영상 공유 플랫폼과 디지털 콘텐츠, 인기 크리에이터에 대한 정보가** 필요하다. 당연히 해당 사항은 관련 직무들에서도 꾸준히 질문되고 있다.

예를 들어 "① 본인이 생각하는 향후 디지털콘텐츠 및 디지털 플랫폼의 발전 방향성에 대해 사례를 들어 구체적으로 작성하고, ② CJ ENM의 콘텐츠를 디지털로 확장시키기 위한 전략(디지털 콘텐츠 기획 포함)을 구체적으로 작성해 보시오."라는 프로젝트 유형의 자소서 질문은 CIT에서도 직무 카테고리별로 출제될 수 있다. 그리고 이런 프로젝트 기획문제는 디지털콘텐츠에 대한 현장 정보들이 많을 수록 유리하다.

우선 세분화된 직무 관심 영역의 지식과 정보가 필요하다. 키즈 콘텐츠 영역도 있고 청소년 콘텐츠, 노인층 콘텐츠 등 카테고리가 명확하고 사례들이 구체적일수록 현실적인 상황분석과 솔루션을 제시할 수 있다. 키즈 콘텐츠라면 애니메이션 또는 캐릭터, 완구, 교육 사업으로 확장될 수 있고 인기 크리에이터나 기존 교육사업 플랫폼과 제휴할 수도 있다. 키즈 인기 캐릭터는 애니메이션으로, 웹툰으로, 완구나 제품모델로, 뮤지컬이나 교육콘텐츠로 확장이 가능하다.

평가자 입장에서는 지원자의 관심 영역과 시청경험, 실제로 좋아하는 콘텐츠 채널명이 구체적으로 제시될 때 신뢰도가 높아진다. 따라서 명확한 카테고리 설정 안에서 구체적인 경험과 데이터를 바탕으로 상황과 문제를 분석한 후 방향성이나 전략을 제시하면 논리적이고 설득력 높은 아이디어가 탄생할 확률이 높아진다.

지금부터 한 달 내에 유튜브 채널을 오픈한다고 가정했을 때 '방송기획안 작성'을 위한 체크포인트를 살펴보자. 실제로 새로운 채널을 개설하기 위해 확인해야 할 핵심 요소와 전체 창조 프로세스를 알아두는 것이 좋다.

♦ 채널명은 무엇으로 할 것인가?
♦ 채널의 목적은 무엇이며 핵심 타깃은 누구인가?
♦ 목적을 이룰 수 있는 구체적인 계획은 무엇인가?
♦ 다른 채널들과 다른 콘셉트 차별화 전략은 무엇인가?
♦ 정말 기존에 없던 새로운 것, 완전히 다른 것, 압도적으로 뛰어난 솔루션인가?
♦ 시청자들에게 무슨 가치를 줄 수 있는가?
♦ 한 달 내 채널 운영을 위한 주간별 준비 계획은 무엇인가?
♦ 채널의 강점과 매력은 무엇인가?

이런 질문을 메모한 후 그 답을 정리해 기획안으로 만들면 짧은 시간 내에 효과적인 답안을 작성할 수 있다. 채널의 목적은 구체적인 시청자 타깃을 정해 그들에게 재미, 정보, 감동, 위로 등 필요한 가치를 주는 것이다. 목적이 명확하지 않으면 촬영과 편집 등 많은 시간적 · 물질적 투자에 지쳐 중도에 포기하기 쉽다. 조회 수가 늘지 않으면 누구나 좌절감을 느끼기 때문이다.

꾸준히 규칙적으로 영상물을 올리며 브랜드 파워를 높이려면 자신이 잘하는 것, 잘 아는 것, 좋아하는 것, 경험한 것, 재미있게 할 수 있는 것을 선택하는 것이 좋다. 자신이 오래 지속적으로 콘텐츠를 제작할 수 있는 분야가 성공확률도 높은 데다 일관된 콘텐츠를 올려야 시청자들이 채널의 정체성을 알 수 있다. 구체적인 채널 성공 전략까지 단계별 계획을 수립해 제시한다면 더 좋은 인상을 남길 수 있다.

▶️ 채널 성공을 위한 단계별 계획(예시)

1단계 : 브랜드 인지, 키워드와 썸네일(Thumbnail) 이미지를 통한 적극적인 브랜드 노출
2단계 : 관심을 가지도록 기억에 남기기, 일관성 있는 콘텐츠와 지속적 규칙적 영상 업데이트
3단계 : 방문 유도, 구독 유도, 재미와 유용한 정보, 차별성 제시
4단계 : 브랜드 충성도 확보, 시청자들과 유대, 공감, 지속적인 관계 맺기

▶️ 구글이 직접 말하는 '유튜브 성공 원칙 10가지'

공유성 : 시청자가 다른 사람에게 공유할 만한 콘텐츠여야 한다.
대화 : 시청자에게 직접 말을 거는 콘텐츠를 만들어야 한다.
상호작용 : 시청자들의 참여를 유도할 수 있는 방법을 고민해야 한다.
일관성 : 아이디어에 강력하고 반복적인 요소가 있어야 한다.
타깃팅 : 어떤 콘텐츠를 만들든, 명확한 시청자를 타깃팅해야 한다.
지속 가능성 : 시청자가 좋아하는 동영상을 지속적으로 제작할 수 있어야 한다.
검색 가능성 : 사용자가 검색이나 관련 동영상을 통해 내 동영상을 찾을 수 있도록 해야 한다. 내 영상의 핵심 키워드를 넣는 것이 좋다.
접근성 : 모든 콘텐츠는 신규 시청자도 충분히 즐길 수 있는 것이어야 한다.
공동작업 : 다른 유튜브 크리에이터와 함께 작업할 여지가 있어야 한다.
아이디어 얻기 : 크리에이터의 순수한 열정이 기반된 자신의 관심 분야에서 자신만의 유니크한 콘텐츠인가를 생각해야 한다.

시청자가 참여하고 소통하는 트렌드 폴 콘텐츠 채널 기획안

디지털콘텐츠의 트렌드는 하루가 다르게 변하고 있다. 그 변화 중 하나가 시청자들이 직접 참여하고 소통하고 제작하는 것이다. 예를 들어 '릴레이 스토리텔링'이 있다. 시청자들이 바통을 넘겨받아 이야기를 만들어내는 형식이다. 때론 이야기가 산으로 가기도 하지만 각자의 독특한 상상력이 만나 판타지가 됐다가 멜로드라마가 됐다가 공포영화가 되기도 한다.

한문철의 '교통사고 몇 대 몇' 채널에는 교통사고에 대해 시청자들이 직접 판결에 참여하는 코너가 있다. 한 시사 프로에는 시청자들의 의견을 1번과 2번으로 나눠 묻는다. 단순히 시청하는 것을 넘어 시청자가 채널 콘텐츠에 참여하는 것이다.

따라서 트렌드 이슈에 관심 있는 1030세대들을 주 타깃으로 시청자들이 직접 앙케이트에 참여하여 선호도를 조사하여 발표하는 채널을 기획해 보고자 한다. 시청자가 참여하고 소통하는 '트렌드 폴(POLL) 콘텐츠' 채널이다.

트렌드 폴 콘텐츠는 연인에게 꼭 받고 싶은 선물, 가장 많이 시켜먹는 배달음식, 싫어하는 직장상사 타입 등 선호투표나 앙케이트를 기획하여 시청자들이 직접 참여하여 베스트 1~5위를 만들어내는 참여형 콘텐츠다. 트렌드에 민감하게 반응할 수 있으며 시청자들과 함께 콘텐츠를 만들기 때문에 유대, 공감, 지속적인 관계 맺기에도 유리하다.

1개월 플랜으로 1주 차 채널구축 → 2주 차 이슈분석 및 트렌드 폴 기획 → 3주 차 데모 콘텐츠 제작과 '폴(POLL)' 제시 → 4주 차 시청자와 함께 만드는 콘텐츠 시스템 구축 순이다. 장기적으로, 또 지속적으로 콘텐츠를 생산할 수 있으며 채널의 정체성도 명확하다. 이후 '트렌드 폴(POLL)' 시스템을 마케팅이나 비즈니스 모델로 구축하여 부가적인 신비즈니스 모델로 발전시킬 수 있다.

07 시(詩) 창작

다음은 한국인이 가장 아끼고 사랑하는 대표적인 시들의 일부이다. 당신은 제시된 시를 참고하여 가족을 주제로 '카피' 같은 시를 창작해 보시오.

♦ 나태주 시인의 「풀꽃」

자세히 보아야 예쁘다 / 오래 보아야 사랑스럽다 / 너도 그렇다.

♦ 정현종 시인의 「방문객」

사람이 온다는 건 / 실은 어마어마한 일이다 / 한 사람의 일생이 오기 때문이다.

♦ 장석주 시인의 「대추 한 알」

저게 저절로 붉어질 리는 없다 / 저 안에 태풍 몇 개, 천둥 몇 개, 벼락 몇 개

♦ 안도현 시인의 「너에게 묻는다」

너에게 묻는다 / 연탄재 함부로 발로 차지마라 / 너는 누구에게 한 번이라도 뜨거운 사람이었느냐

고대 철학자 아리스토텔레스는 "모든 예술의 창조 근원은 바로 메타포(Metaphor)이다."라고 말했다. 모든 콘텐츠 창조의 첫 출발점이 '메타포'이고 콘텐츠 창조 업무에 관심이 있다면 반드시 메타포를 이해해야 하는 이유이다.

영화《일 포스티노(Il Postino)》에는 이런 대사가 나온다.

로사부인 : 말 좀 해봐라. 뭐라고 하던?

베아트리제 : 메타포?

로사부인 : 메타포로 뭘 했는데?

베아트리제 : 얘길 했어요. 내 머리는 나비의 날갯짓 같다고 했어요. 당신의 미소는 장미요. 땅에서 움튼 새싹이요 솟아오르는 물줄기입니다. 그대 미소는 부서지는 은빛 파도이며……

《일 포스티노》는 곳곳에 메타포에 관한 이야기가 나올 정도로 메타포를 위한 영화다. 메타포는 우리말로 '은유'다. 하나의 '무대' 위에 서로 다른 '요소 1'과 '요소 2'를 연결해 셋을 하나로 '착상'시키는 관계의 미학이며 삼위일체라는 창조성과도 깊은 연관이 있다. 즉, [무대 → 요소 1 + 요소 2 연결 → 착상 → 분류, 절차, 계획 → 결과]라는 창조 프로세스의 핵심단계에 속한다.

권영민의 『한국현대문학대사전』에서는 은유에 대해 다음과 같은 멋진 정의를 내린다.

"은유는 리처즈(L. A. Richarde)가 말하는 원관념(Tenor)과 보조관념(Vehicle)의 결합으로 등가(等價)의 섬광적인 조명을 일으켜 새로운 의미를 형성하게 된다. 그러므로 은유법은 시적 통찰의 중심 방법으로 시의 내면적 관련성의 근본적 과정으로 볼 수 있다."

원관념, 보조관념, 결합, 등가, 섬광적인 조명, 새로운 의미, 시적, 통찰 등의 단어에서 보듯 메타포는 창조적이고 예술적인 콘텐츠의 핵심 요소다. 메타포(은유)는 모든 예술의 출발점으로 시는 물론이거니와 영화, 광고, 디자인, 소설 등 모든 장르에서 활용된다.

CIT 예상 질문으로 '시'와 관련된 창작을 뽑은 이유는 간단하다. 시와 관련된 문제가 나올 것이라기보다는 CIT를 대비하기 위해 시의 본질은 이해하고 있어야 한다는 당위론적 문제의식 때문이다.

콘텐츠 창작 분야에서 메타포는 떼려야 뗄 수 없는 존재이다. 웹툰이나 웹소설, 드라마, 영화, 뮤지컬, 게임 등 스토리텔링이나 광고, 디자인, 카피 등 모든 장르의 씨앗은 메타포이다. 제시된 시를 메타포로 분석해 보자.

나태주 시인의 「풀꽃」은 예쁘고 사랑스러운 '무대' 위에 '당신'과 '풀꽃'을 세워 '연결', 하나로 '착상'시킨 창조 프로세스다. 정현종 시인의 「방문객」은 한 인간 삶 전체의 '무대' 위에 '눈에 보이는 사람'과 '눈에 보이지 않은 시간과 공간의 관계를 담은 사람'을 세워 하나로 '착상'시킨 창조 프로세스다.

장석주 시인의 「대추 한 알」은 한 붉은 대추의 '무대' 위에 '보이는 대추'와 '보이지 않은 시간과 공간 속에 담겨진 자연의 태풍, 천둥, 벼락'을 올려 하나로 '착상'시킨 창조 프로세스이고, 안도현 시인의 「너에게 묻는다」는 '열정적인 삶'이라는 '무대' 위에 '당신'과 '연탄재'를 세워 '연결', 하나로 '착상'시킨 창조 프로세스다.

시는 모두 다르지만, 시가 창조되는 창조 프로세스는 크게 다르지 않다. 모든 콘텐츠는 다르지만 콘텐츠가 창조되는 프로세스는 다르지 않다. '무대'를 통찰하여 서로 다른 세계를 그 무대 안에 세우고 하나로 '착상'시키는 작업이다. "모든 예술의 창조 근원은 메타포(Metaphor)"라고 말한 아리스토텔레스의 이야기는 바로 이런 의미다.

가족 주제 시 창조 패턴의 원리

[요소 1]	[요소 2]
• 가족 • 엄마의 모습이나 특징 • 아빠의 모습이나 특징 • 할머니의 모습이나 특징 • 할아버지의 모습이나 특징 • 형, 누나, 동생의 모습이나 특징	? (데이터 댐 연결)
[무대 세팅] 독창적인 '요소 2'의 특징을 연결시킨 공통점(메타포)	

여러분이 만약 시인이라면 어떤 '무대' 위에 '무엇'과 '무엇'을 세워 '연결'하고 하나로 '착상'시킬 것인가? 창조 프로세스 세팅을 통해 여러분도 짧은 시간 내에 얼마든지 창조적인 시를 쓸 수 있다. 이번 기회에 여러분들도 시 한 편을 창작해 보는 것은 어떨까?

두근두근 메타포

한번은 필자가 창의성 특강을 진행하며 동일한 문제를 초등학생들에게 내본 적이 있었다. 먼저 시를 보여주고 시가 창조되는 프로세스와 시 속에 숨어있는 메타포를 설명한 후 지금 여러분이 시인이 되었다고 가정하고 즉시 시를 한 편 써 보라고 주문한 것이다.

주어진 시간은 단 10분. 다음은 초등학생들이 10분 만에 창작한 시들이다. 아이들의 시는 그 자체로 한 편의 멋진 카피다. 천진난만하고 창의적인 아이들의 시를 감상해 보자.

두근두근 할아버지

고☆☆

두근두근
할아버지가 읽는다.
책을
두근두근
할아버지가 읽는다.
신문을
두근두근
할아버지가 읽는다.
내 마음을

급한 엄마

김☆☆

우리 엄마는 시험에 늦은 사람 같다.
왜냐하면 그만큼 급하기 때문이다.
우리 엄마는 번개 같다.
왜냐하면 그만큼 빠르기 때문이다.

우리 아빠는 지구

김☆☆

우리 아빠는 지구 같다.
지구는 계속 돌지만
사람들은 모른다.
아빠도 우리를 위해서
가족을 위해
계속 생각을 하시지만
나는 모른다.

08 음악 창작

당신은 교육용 음악 프로그램을 기획하고 있다. 제시된 멜로디에 맞춰 '순국선열'을 기리는 노래를 작사해 보시오.

음악 창작 분야는 언제든지 CIT 문제로 나올 수 있다. 주어진 데이터를 활용하여 일반적인 창작 형태의 문제를 만들거나 음악 관련 직무에서 활용되는 아이디어 설계, 사업기획서, 섭외제안서, 커뮤니케이션 메일을 작성하는 등 다양한 형식의 문제가 출제될 수 있다. 가장 기본적인 창작 유형은 멜로디를 제시한 후 이를 활용하여 어떠한 주제나 키워드에 맞는 노래를 작사하는 형식이 될 것이다.

모든 창조 작업은 연결과 절차의 플랫폼이 있고 그 플랫폼에 투입될 재료나 데이터가 있어야 한다. 문제에 예시 또는 보기 등을 활용해 미리 재료나 데이터가 주어지거나, 혹은 수험자가 처음부터 끝까지 자유롭게 데이터나 자료를 선택해 창작할 수 있도록 허용할 수도 있다.

실제로 삼성그룹의 창의성 면접 문제들을 살펴보면 전제 조건들이 주어지는 경우가 많다.

✏️ 삼성그룹 창의성 면접 문제유형

01 보기) '무편집 방송' : 이것을 콘텐츠, 미디어, 힐링, 디지털, 마케팅 등의 키워드를 통해 자신의 관점을 정리하여 발표해 보시오.

02 30년 후 휴대폰 패러다임이 어떻게 변할까를 예측 정리하여 발표해 보시오.

03 보기) 높이나 위치, 촉각 등 : 앞선 보기 요소를 이용해 맞벌이 부부들이 아기를 키울 때 도움이 될 20년 뒤 기술을 상상해 보시오.

04 사례) 보복 운전 뉴스 : 보복 운전 방지를 위한 새로운 시스템을 생각해 정리한 후 발표 토론해 보시오.

05 보기) 흰옷을 좋아하는 사람이 음식을 흘려서 먹는 습관 때문에 흰옷을 입지 못한다. : 몇 년 뒤 이 사람이 만약 맘대로 흰옷을 입게 됐다면 어떤 기술이 개발된 덕분일지 생각해 보시오.

06 예시) 안내방송을 통해서도 블록체험장의 고가한정품의 분실률이 떨어지지 않고 있다. : 이런 상황에서 가용한 보기의 도구를 활용해 창의적인 해결방안을 제시해 보시오.

이처럼 대개 창의성과 관련된 기업 입사시험의 경우는 주어진 시간이 길지 않고 스마트폰이나 인터넷을 사용하기 어렵기 때문에 **평가의 용이함을 위해 가이드라인을 제시하는 경우가 많을 것으로 판단**된다.

앞서 제시된 문제에서 주어진 핵심 키워드는 '제시된 멜로디'와 '교육용 음악 프로그램', '순국선열'이다. 핵심 키워드를 파악했다면 이제 키워드에 대한 구체적인 정보를 세밀하게 정리할 수 있어야 한다.

무대 : 교육용 음악 프로그램에 어울리는 창의적인 음악을 창작

요소 1 : '제시된 멜로디' 활용. 음원 장치를 통해 멜로디를 반복하여 들으면서 형식, 리듬, 느낌, 특징 등 카테고리를 분류하여 메모

요소 2 : '순국선열'에 대한 기본적인 상식 정리

이러한 정보들을 빠르게 창조 플랫폼과 연결해 보아야 한다. 창조 프로세스 과정을 플랫폼 모형으로 정리해 보면 다음과 같다.

가사 창조 패턴의 원리

[요소 1]	[요소 2]
• '제시된 멜로디' 활용. 음원 장치를 통해 멜로디를 반복하여 들으면서 형식, 리듬, 느낌, 특징 등 카테고리를 분류하여 메모	• '순국선열'에 대한 기본적인 상식 정리 • 스토리텔링으로 메모
[무대 세팅] 교육용 음악 프로그램을 기획에 어울리는 창의적인 음악으로 창작 (초중고 청소년 타깃 설정)	

이제 필요한 것은 '순국선열'에 대한 상식을 풀어내는 것으로, 해당하는 정보를 보다 다양하게 알고 있는 것이 도움이 된다. 물론 시험장에서는 알고 있는 지식과 정보 내에서 스토리를 풀어내야 한다.

예를 들어 이렇게 스토리를 정리해 볼 수도 있겠다.

"오늘은 순국선열의 날. 국권 회복을 위하여 헌신·희생하신 순국선열의 독립정신과 희생정신을 후세에 길이 전하고 위훈을 기리는 날이다! 우리 국민 중에는 어릴 때부터 모든 공식행사에 참석할 때마다 늘 순국선열에 대한 묵념을 하면서도 '순국선열'이 어떤 의미인지 잘 모르는 분들도 있다.

'순국선열(殉國先烈)'은 일본의 국권 침략과 지배에 반대하거나 이에 대항하여 독립운동을 벌인 분 중 안타깝게도 1945년 8월 15일 광복을 지켜보지 못하고 돌아가신 분들을 말한다.

우리가 대부분 알고 있는 유관순 열사와 안중근 의사, 이봉창 의사, 윤봉길 의사 모두 순국선열이라 할 수 있다. 이와는 달리 순국선열과 같은 활동을 했으며 생존하여 광복의 기쁨을 누린 분들을 '애국지사'라고 칭한다.

특별히 유관순 열사처럼 비폭력으로 저항한 분을 '열사'라고 부르고, 안중근 의사, 이봉창 의사, 윤봉길 의사처럼 총칼이나 폭탄 같은 무력으로 항거하다가 의롭게 죽은 사람을 '의사'라고 부른다.

오늘 순국선열의 날에는 역사 속 우리 영웅들의 숭고한 희생을 다시 한 번 되새겨보는 시간이 되었으면 좋겠다."

이로써 기획에 어울리는 '무대'에 제시된 멜로디와 '순국선열'에 대한 스토리를 조합하여 교육용 음악 프로그램 가사를 정리할 수 있게 됐다. 가사는 한 편의 시를 쓰듯 멜로디와 어울리는 리듬, 대구, 반복성, 중독성 등을 고려하여 창작할 수 있도록 한다.

02 | 직무별 프로젝트 유형 예시 문제

01 제작 PD

당신이 만들고자 하는 프로그램의 주제를 설정 후, 프로그램의 전체적인 방향과 내용을 정리하여 기획 안을 작성해 보시오.

제작 PD는 기획 - 구성 - 섭외 - 촬영 - 편집 - 종합편집 - 방송의 과정을 거쳐 프로그램을 제작해야 한다. 따라서 CJ ENM이 보유하고 있는 주요 채널들의 아이덴티티와 그 가치를 표현하고 있는 프로그램들을 충분히 이해하고 있어야 한다.

특히 CJ ENM 프로그램 중 대중의 사랑을 받았던 작품들과 현재 주목받는 작품은 무엇인지 파악하고 이후 새로운 트렌드를 예측, 한발 앞서 아이디어 제안서처럼 콘셉트를 구상하는 것은 큰 도움이 된다. 프로그램 기획안은 제작 PD라는 직업을 꿈꾸기 시작하면서 수없이 상상하고 고민했던 아이디어를 펼쳐내는 것이다. 몇몇 분들이라면 입사를 준비하는 과정에서 자신이 만들고 싶은 다양한 프로그램 기획안을 써 보았을 수도 있다.

따라서 시험에서는 평소 정리해 놓은 기획이나, 제작 PD가 되었을 때 만들어 보고 싶었던 프로그램을 정리하되 CJ ENM의 특정 채널을 미리 상정해 두고 제안서를 작성하자. 그래야 CJ ENM 채널의 성격과 주요 시청자 타깃이 조화를 이루면서도 기존 프로그램들과 차별적인 콘셉트로 정리할 수 있기 때문이다.

또한, 프로그램은 시대의 트렌드를 적극적으로 반영해야 한다. 어느 시대나 통용되는 의미 있는 프로그램의 기획안보다는 지금의 대중에게 다가갈 수 있는 톡톡 튀는 감성과 독창성이 있는 프로그램이 입사시험에서는 훨씬 더 좋은 평가를 받을 것이다.

따라서 기획안 작성법과 같은 제작 PD의 필수 업무능력은 평소에 충분히 훈련해 두도록 하자. 기획안은 제목, 기획 의도, 방송 · 편성시간, 제작 형식, 내용 등으로 정리되며, 주어진 시간과 분량 안에서 프로그램 성격과 내용을 단숨에 전달할 수 있는 제목을 떠올리는 것은 물론, 명확한 기획 의도와 콘셉트를 전달할 수 있어야 한다.

02 디지털콘텐츠 제작 PD

시장에서 유행하는 인플루언서 및 크리에이터들의 콘텐츠 특징을 분석한 후 한 콘텐츠를 정해 강약점과 개선 방안을 정리해 보시오.

1인 콘텐츠 제작이 활발해지고 다양한 영상 플랫폼이 나타나는 시대의 흐름에 맞춰 기업들도 디지털 콘텐츠에 관심을 기울이게 되었다. 그중 대표적인 게 영상 콘텐츠로, 방대한 콘텐츠를 가진 방송국들이 자체 채널을 만들어 영상을 편집해 올리기 시작했다.

CJ ENM은 디지털 스튜디오인 'tvN D'를 중심으로 디지털콘텐츠 사업을 전개하고 있다. 각 채널을 모두 합해 월평균 조회수 약 20억 회를 기록하고 있다. 여타 국내 방송국 채널과 비교해도 탁월한 성과다. 눈에 띄는 점은 방송분을 편집해 클립을 올리는 비슷한 성향의 채널을 넷으로 분리했다는 것이다. 네 채널은 놀랍게도 이용자 통계에서 차이를 보이는데, '샾잉'은 여성 이용자가 더 많고, '디글'은 남성 이용자가 더 많다. 그에 맞춰 '디글'은 썸네일에 유행하는 '밈(Meme)'을 넣어 유입을 늘리고, '샾잉'은 일어나지 않을 일을 자유롭게 상상하는 단어인 '상플'에서 착안해 '두 드라마의 주인공이 만난다면?' 같은 콘텐츠를 선보이는 식으로 이용자를 만족시키고 있다. '개인 맞춤형 서비스'를 원하는 현대 소비자의 욕구를 면밀하게 잡아챈 것이다.

디지털콘텐츠를 제작하려면 먼저 현 시장에서 수요가 있는 인플루언서, 크리에이터들을 파악해 두고 그들의 특징과 장단점을 분석해 보는 것이 좋다. 따라서 평소 디지털콘텐츠, 유튜브 채널 콘텐츠 분석 등을 통해 인기 요인이나 실패 요인을 판단할 수 있는 감각을 키워야 한다.

인플루언서 콘텐츠를 정해 강점 및 약점과 개선 방안을 정리한다면 이후에 가장 중요한 절차는 해당 콘텐츠의 콘셉트와 내용을 제시하고 시대와 미디어, 대중 타깃의 트렌드에 접촉되는 장점과 약점을 분석한 후 그 기반 위에 더 나은 개선점과 아이디어를 제시하는 것이다. 즉, 공감할 수 있는 분석을 토대로 아이디어를 제시해야 한다.

CJ ENM 채널의 브랜드 인지도를 제고하고 각 채널이 갖고 있는 창의적 아이덴티티를 구축하기 위해 시각디자인 및 영상디자인을 통해서 온·오프라인 마케팅 및 온에어 프로모션을 전개해야 하는 것이 브랜드디자인 직무이다. 이러한 현장의 직무를 원활하게 진행하기 위해서는 다양한 제작 소프트웨어 툴을 활용할 수 있어야 한다. 대표적으로 각 파트에 적용되는 디자인작업 툴은 포토샵, 일러스트레이터, 파이널컷프로, 애프터이펙트, 아비드, 3DMAX, C4D, MAYA 등이다. 따라서 앞에서 언급한 디자인 툴에 대한 정보와 지식, 스킬이 준비돼 있어야 하며, 특히 각각 툴의 활용성과 장단점을 파악해 둘 필요가 있다.

답안예시

- **포토샵** : 브러시 툴로 부드럽고 사실적인 컬러링이 가능하다. 비트맵은 확대하면 이미지가 깨져 보이지만 픽셀 하나하나의 색감 차이로 디테일한 작업을 할 수 있다.
- **일러스트레이터** : 벡터 방식으로 명확하고 깔끔한 이미지를 표현한다. 벡터 이미지는 아무리 늘려도 이미지가 깨지지 않아 편집 디자인, 로고, 패키지, 인쇄물 등에 주로 사용된다.
- **파이널컷프로** : 직관적인 툴을 사용하기 때문에 사용이 쉬워 초보자들도 쉽게 접근 가능하고 반영구적으로 사용 가능하지만 맥에서만 실행된다. 튜토리얼이 적다는 것도 단점으로 꼽힌다.
- **애프터이펙트** : 영상이나 이미지 합성, 3D그래픽, 모션그래픽, 영상 편집, 이미지 제작 및 편집, 오디오 등의 기능이 모두 담겨 있는데, 이 중에서도 가장 탁월한 기능은 모션그래픽, 비주얼이펙트, 콘텐츠 합성이다.
- **아비드(AVID)** : 키보드 단축키를 모두 본인에 맞게 커스터마이징 할 수 있다. 비디오, 오디오 작업을 분리해서 시퀀스 작업을 할 수도 있다.
- **3DMAX** : 모델링, 애니메이션, 렌더링 등등 많은 기능을 지원하고 있어 3D 애니메이션이나 VFX, 게임 등(주로 엔터테인먼트 분야)에 활용하기 유용하다.
- **C4D** : 모션그래픽 제작에 특화되어 있으며, 영화나 광고, 애니메이션에서 삽입되는 CG나 VFX(특수효과)를 만들 수 있다.
- **MAYA** : 겹쳐 쌓을 수 있고 기록이 가능하고 애니메이션화할 수 있는 디포머(Deformer) 기능이 있다. 캐릭터의 움직임을 간결하게 제어할 수 있는 역운동학(Inverse Kinermatics) 기능이 있다. 많은 수의 형태혼합(Blend Shape)을 제어할 수 있는 페이션 애니메이션 기능, 피부조직을 완벽하게 표현할 수 있는 개별적인 기능, 캐릭터의 어떤 특성이라도 표현할 수 있고 미세한 조율도 지원하는 기능, 통합된 음향일치 시스템, 오브젝트에 스티치된 표현이 계속 그대로 남아 있게 하는 기능 등이 있다.

미디어 마케터로서 CJ ENM 채널과 특성에 맞춘 캠페인 프로모션을 기획하여 제안해 보시오.

미디어 마케터는 채널이나 프로그램의 인지도와 선호도를 높이기 위한 다양한 프로모션 전략을 수립하고 실행하는 직무이다. 마케터는 프로그램 기획에서 프로그램 자체의 특성과 강점, 고객, 시청자 등 채널에서 대중의 니즈까지 이어지는 모든 연결요소를 파악하고 있어야 한다. 물론 시대의 이슈나 트렌드에도 민감하게 반응해야 하고 다양한 미디어 연관 주체들 간에 소통을 강화하는 커뮤니케이션 능력 또한 요구된다. 모든 영역의 빅데이터 분석과 자체 플랫폼 관리를 통해 방송뿐만 아니라 온라인·모바일의 창의적인 프로모션 전략이 나올 수 있기 때문이다. 디지털, 이벤트, 캠페인 등 프로모션 영역은 물론 협찬과 부가사업, 제휴사 협업 등의 업무까지 다양하다. 따라서 각종 미디어별 특성을 알고 활용하는 스킬도 필요하다.

다양한 마케팅 프로모션 중에서도, 시청자들에게 브랜드의 긍정적인 이미지를 구축할 수 있는 대표적인 방법이 바로 '캠페인'이다. 캠페인은 디지털 영역이나 이벤트 등 마케팅의 모든 요소가 집약되어 있다. 위와 같은 문제가 제시되는 것은 마케터에게 필요한 문화트렌드를 파악하고 통찰력과 창조성을 기반으로 시청자들과 커뮤니케이션할 수 있는 전략이 있는지를 평가하기 위함이다. 따라서 답을 정리할 때 CJ ENM의 채널 정보와 연관성 높은 기업PR 메시지, 시대의 트렌드와 대중의 공감스토리 통찰이 잘 조합되는 기획을 만들어 낸다면 좋은 평가를 받을 수 있을 것이다.

미디어 캠페인 프로모션 기획 창조 패턴의 원리

[요소 1] • CJ ENM의 채널정보와 특징 • 연관성 높은 기업PR 메시지	[요소 2] • 시대 트렌드와 대중의 공감스토리 통찰
[무대 세팅] 채널이나 프로그램의 인지도와 선호도를 높이기 위한 창의적인 캠페인 프로모션 전략 무대	

CJ ENM은 2020년에 tvN, 엠넷, OCN 등 자사가 보유한 16개 채널의 방송 화면을 통해 '착한 거리두기 캠페인'을 전개했다.

코로나 시대에 국민과 소통하려는 '#착한_거리두기' 캠페인은 방송 화면 상단에 항상 노출되는 채널 로고를 변형해 생활 속 거리두기 참여를 독려하는 캠페인이다. 기존 채널 로고의 알파벳 간격이 서로 자연스럽게 벌어지는 애니메이션 효과와 함께 #착한_거리두기 문구가 노출되는 방식이었다. 방송을 보는 시청자들이 생활 속 방역과 건강 지키기에 대한 환기와 실천을 유도하는 캠페인의 의미를 직관적으로 알아볼 수 있도록 24시간 화면으로 보이는 채널 로고에 변형을 준 것이 특징이다.

CJ ENM 채널 시청 시 반복적으로 등장하는 영상으로 CJ ENM의 자체 PR 영상인 '힘내라 대한민국' 편을 선보이기도 했다. tvN의 대표 문구인 "즐거움엔 끝이 없다"를 활용해 "즐거움엔 끝이 없지만 코로나 19엔 끝이 있다"는 카피를 창조시켰다. "위험을 극복해 나가는 영화 속 히어로가 우리 안에 있으니까"는 영화 채널에 걸맞은 OCN이 전달했고, "서로에게 힘을 전하는 응원의 목소리는 멈추지 않는다."는 Mnet이, "모두가 마주 앉아 맛있는 식사를 함께할 그날까지"는 Olive가 소개했다.

기업의 기존 슬로건과 각 채널의 특성을 메타포로 결합하여 국민들에게 긍정과 희망의 메시지를 전달하는 기업 캠페인 전략인 셈이다. '#착한_거리두기' 캠페인과 '힘내라 대한민국' 캠페인은 긍정적인 효과를 거두었다. 이러한 성과를 바탕으로 연관성 있는 대국민 캠페인을 꾸준히 지속시킬 필요가 있다.

CJ ENM은 2020년을 시작으로 매년 연말 '비저너리'와 그 선정 기준이 되는 엔터테인먼트 스트림 핵심 키워드를 발표할 계획이다. 문화콘텐츠 영역에서 각자의 분야에서 독창적인 행보로 업계 트렌드를 선도한 인물이 선정되는데, 대한민국 코로나 팬데믹 위기 극복 과정에서 생활 속에 긍정적인 역할을 한 분들이나 스토리를 소개하는 '당신이 비저너리' 캠페인을 이어 전개해 나갈 수 있다.

05 미디어 편성

시간대와 프로그램의 성격, 시청률 관련성에 대해 '복잡계 이론'을 반영하여 설명해 보시오.

편성 업무의 경우 제작, 마케팅, 홍보, 송출, 온라인, 브랜드디자인(OAP), 콘텐츠 구매, 광고영업, 매체 등 거의 모든 부서와 업무가 긴밀히 연결되어 있다. 특히 **시청률 분석과 리서치를 바탕으로 변화하는 시청 행태 및 시청자 니즈를 파악하는 능력**이 필수이다.

편성의 핵심 구성 요소라면 '24시간대 편성 범위', '드라마, 오락, 영화 등 다양한 장르의 방송 콘텐츠', '시청률과 시청자 분석력' 등이라고 할 수 있다. 이 중 시간대와 시청자 연관성, 시청률 조사 방법 등에 대해서는 일정 수준의 기본 지식을 가지고 있어야 한다.

새벽은 노년층, 오전은 주부층, 오후는 청소년층, 저녁은 가족층, 밤은 장년층 등과 같이 시간과 주 시청자층의 연관성이 있다는 게 일반적인 평가다. 시간대와 주 시청자층의 관계는 시청률에 지대한 영향을 끼친다.

시청률 조사방법론도 알고 있어야 한다. 우리나라에서 대표적인 시청률 조사기관으로는 '닐슨코리아'와 'TNMS 멀티미디어' 등을 꼽을 수 있다. 이들 기관은 대체로 **기초 조사 → 패널 선정 → 피플미터 (People Meter) 조사 기기 설치 → 폴링(Polling) 수집 → 1분 단위 시청 데이터 산출 → TV 프로그램 및 광고 모니터링 → 프로그램 및 광고 시청률 데이터 병합 → 시청률 제공** 순으로 시청률을 집계해 발표하고 있다.

시청률 조사는 TV가 있는 모든 가구를 대상으로 조사하는 것이 아니라 모집단을 대표하는 표본가구를 만들어 시행한다. 보통 표본가구는 지역이나 TV 대수, 가구 구성원의 수, 성별, 나이 등을 고려하며, 가족 구성은 다시 TV를 시청할 때마다 자신의 고유번호를 입력해서 구별될 수 있도록 한다.

이외에 많은 사람이 궁금해 하는 '순간 시청률'은 초 단위 분석을 하는 것이 아니라, 1분 단위 시청 데이터 평균 산출을 기반으로 한다. 즉, 순간 시청률은 한 순간의 데이터 값이 아니라 어느 구간 시청률의 평균값인 셈이다.

앞선 예상 질문에 대한 답안을 정리하기 위해서는 편성에 대한 기초 지식 외에도 질문에 포함된 상식이 필요하다. 미디어 편성 관련 직무 지식과 함께 '복잡계' 이론에 대해서도 어느 정도 알고 있어야 한다는 것이다. 이처럼 세상을 이해하고 해석하는 다양한 이론이나 상식은 평소 다양한 독서를 통해 알아두면 좋다.

복잡계 이론(Complex System Theory)은 '완전한 질서나 완전한 무질서를 보이지 않고, 그 사이에 존재하는 계로서, 수많은 요소로 구성되어 있으며 그들 사이의 비선형 상호작용에 의해 집단 성질이 떠오르는 다체문제(多體問題, Many-body Problem)'로 정의된다. 파악하기 힘든 영역인 이유는 관계를 맺고 얽혀 있기 때문이다. 한마디로 말하면 '**부분을 안다고 해서 전체를 알 수 없다**'는 것이다.

주식시장, 박테리아와 꿀벌, 사회 현상은 단편적인 지식, 정보, 부분의 현상으로 전체를 파악하기 어렵다. 뇌세포 하나를 분석하는 것은 쉽지만 신경망으로 서로 연결된 뇌세포 집단인 뇌의 메커니즘을 모두 이해하는 것은 어려운 이유와 같다.

이처럼 프로그램이 인기 있을지 예측하는 것은 어렵다. 기존의 시청률 조사의 모델링만으로는 한계가 있거니와 다양한 채널과 다른 시장 OTT 플랫폼까지 연결되어 날이 갈수록 분석이 어려워지고 있기 때문이다. 그렇기에 복잡계는 시청률을 사전에 예측하는 게 어렵다는 사실을 인정하고 현실의 복잡함을 그대로 반영하자는 아이디어이기도 하다.

따라서 '복잡계 이론'의 메시지를 통해 단순히 우리가 기본적으로 파악하는 시간대와 프로그램의 성격, 시청률 관련성에 대해 분석하는 것에 그치지 않고 다양하고도 넓은 무대의 요소들을 제시하여 함께 연결고리를 찾는다면 좋은 답안이 될 수 있을 것이다.

가령 시간대와 프로그램의 성격, 시청률과 함께 작가, 감독, 시나리오, 주연과 조연, 연기력, 경쟁채널, 경쟁채널 시간대 편성, 편성시간대의 파격(월·목 또는 주 1회 2시간 편성 등), '유튜브, 아프리카 TV, 트위치, 웨이브, 넷플릭스' 등 OTT 플랫폼과 경쟁 보완 관계, 시청자층의 잠재적 선호도 사전 분석이 점점 중요해지고 있다는 점을 강조할 수 있다.

06 매체 기획·영업

플랫폼 사의 니즈와 CJ ENM 프로그램(채널)의 성공적인 공급을 위한 전략적 판단을 기반으로 마케팅을 최적화하여 CJ ENM의 수익을 극대화하는 프로그램(채널) 공급 계약을 위한 제안서를 작성해 보시오.

매체 영업 · 기획 직무는 전략, 영업, 마케팅 등의 업무를 유기적으로 진행해야 하는 업무를 수행한다. 이런 업무 수행 능력을 평가하기 위해 제안서 작성은 기본 중의 기본이라 할 수 있다. 프로그램(채널) 공급 계약을 위한 제안서를 작성하는 문제는 기본적인 직무 지식과 제안 스킬과 관련되어 있다.

사실 이 문제는 기발하고 창의적인 솔루션을 찾아내려는 의도보다는 실제 실무 현장에서 일할 때 플랫폼 사의 니즈와 CJ ENM 프로그램(채널)을 충분히 파악하고 있는지, 성공적인 공급을 위한 전략적 판단, 즉 설득적인 경쟁요소를 찾아내 그것을 논리적으로 제시하여 설득할 수 있는지를 판단하려는 것이다.

논리적이고 설득적인 제안서 작성을 위해서는 절차 구성이 중요하다. 따라서 다음과 같은 핵심 요소 점검과 순서로 제안서를 구성해 볼 수 있다.

01 미디어 플랫폼 시장 환경 · 동향, 제도 · 규제, 시청자 니즈 제시

02 제안할 고객사인 유료방송 플랫폼 사와 시청자의 니즈 · 변화 등의 분석

03 CJ ENM 프로그램(채널)의 특징과 차별성, 시기적 이슈, 수익 창출 공동 이익을 위한 시장 예측과 목표 수립

04 제도나 규제 등 정책적 이슈 점검 및 구체적인 공급 절차와 계약 체결 방법 제시

05 CJ ENM 프로그램(채널)을 통한 고객사의 수익, 브랜드, 만족도 효과 예측

이런 직무 문제형 제안서를 작성하기 위해서는 당연히 제안할 고객사인 유료방송 플랫폼 사들의 정보와 CJ ENM 프로그램(채널)들의 정보를 폭넓게 알고 있는 것이 유리하다.

당신이 CJ ENM 채널에서 본 드라마 중 가장 영상미가 높다고 생각하는 작품 하나를 선택하여 카메라 감독의 관점에서 분석해 보시오.

카메라 감독은 카메라 렌즈, 컬러, 특수효과를 포함한 영상제작의 모든 기술적인 측면을 이해해야 한다. 시청자들이 공감하는 시각적 요소를 카메라에 담아내는 전문가이기 때문이다. 특히 프로그램 성격에 맞는 전문적 카메라 운용 능력뿐만 아니라 편집, 음향, 조명 등 방송 및 영상물 제작 전반에 대한 이론과 실기에 대한 이해가 필요하다. 또한 카메라 감독은 세트장이나 로케이션 현장에서 연출 감독, 조명 감독, 미술 감독 등과 협업을 통해 시청자들에게 보다 정확하고 흥미를 유발할 수 있는 시각적 영상을 제공하게 된다. 즉, 하나의 아름다운 화면을 위해 촬영, 미술, 조명, 연출 감독이 끝없이 커뮤니케이션해야 한다.

종종 방송 프로그램이나 드라마의 뛰어난 영상미가 화제가 되기도 한다. 카메라 감독의 예술적 감각과 미장센이 작품에 엄청난 영향을 미치기 때문이다. 그러므로 미장센, 오마주, 클리셰 같이 현장에서 많이 사용되는 기본적인 촬영 용어들은 다시 한번 숙지해 두는 것이 좋다.

미장센(Mise-en-Scnène) : 장면 속에 무언가를 배치한다는 뜻의 프랑스어로, 인물이나 사물, 조명 등의 모든 시각적 요소를 배열하는 기법이다. 드라마에서는 하나의 프레임 안에 여러 요소를 기획하고 배치하는 것으로서 조명의 밝기나 의상의 컬러, 소품 배치, 배우의 움직임, 카메라의 각도 등 모든 것들을 세팅하는 작업을 의미한다.

오마주(Hommage) : 경의 표시나 헌정을 의미하는 용어로, 다른 작품의 장면이나 특정 감독, 혹은 배우나 예술가를 떠올리게 하는 요소를 넣어서 존경하는 사람의 재능과 업적을 기리는 것을 의미한다. 때로는 작품의 연출 스타일을 따라 하거나 한 장면을 그대로 차용, 혹은 모방하기도 한다.

클리셰(Cliche) : 본래는 활자를 넣기 좋게 만든 연판(鉛版)을 일컫는 인쇄 용어이다. 작품에서 나오는 의례적인 문구나 기법 또는 전형화된 모형을 뜻한다. 진부한 장면이나 뻔한 줄거리, 뻔한 대사가 나오거나 전형적인 수법, 표현 및 전개 등의 식상한 내용을 의미하지만, 일부러 클리셰를 활용하는 경우도 많다.

야외 로케이션이라면 자연을 활용한 영상미가 중요해진다. 장소와 위치, 자연광, 렌즈 종류 등에 따라 영상미는 완전히 달라질 수 있기 때문이다. '영상미'라고 하면 생각나는 작품은 2018년 tvN의 수목드라마 《남자친구》이다. 박보검과 송혜교가 주연한 이 드라마의 첫 회는 쿠바에서 찍은 해외 로케이션 촬영으로 구성되었다. 쿠바에서 호텔사업을 시작하게 돼 직접 방문한 송혜교와 여행을 온 박보검과의 만남으로 이야기가 전개된다.

이 둘이 만나 함께 바라보는 쿠바 말레콘비치(El Malecón)의 석양은 따스하고 푸근하고 황홀한 아름다움이었다. 촬영 감독 관점에서 사랑스럽고 낭만적인 배우 송혜교와 박보검의 모습을 빛나는 말레콘비치의 석양과 함께 담은 영상은 그 자체로 한 편의 예술작품이라고 생각하지 않았을까?(쿠바에서의 드라마 해외 로케이션 촬영은 《남자친구》가 최초라고 알려져 있다.)

촬영감독 지원자라면 가장 인상 깊었던 드라마 장면을 제시한 후 촬영에 대한 자신만의 철학과 다양한 기술적인 촬영 기법 이론을 통해 장면을 분석하면 좋은 평가를 얻을 수 있을 것이다.

08 광고영업(상품기획)

CJ ENM이 운영하는 방송 채널과 채널의 시청자 타깃을 분석하여 광고주의 특성을 예상한 뒤 제안 이
메일을 작성해 보시오.

광고영업이나 광고상품 기획 분야는 우리에게 가장 낯설지 않은 직무 중 하나일 것이다. 채널이나 프로그램에 광고를 유치하는 업무이기 때문이다.

비록 방송 광고의 전문성이 요구되겠지만 광고영업이 아주 색다른 것만은 아니다. 광고 세일즈의 주요 설득 상대는 광고주나 광고대행사 등으로, 자사 프로그램이나 상품의 특징과 시청자층을 정확하게 파악하는 것이 중요하다.

> **01** 자사 채널 및 프로그램, 콘텐츠의 신뢰성과 특징, 장점
> **02** 핵심 시청자층 분석과 광고 니즈
> **03** 광고주나 광고대행사

위 세 요소가 하나로 결합한 포지셔닝을 통해 제안 콘셉트가 결정된다. 자사 채널, 혹은 특정 프로그램이나 콘텐츠 등 제안 형태는 다를 수 있을 것이다.

주요 거래 상대는 마케팅 담당자 또는 유관 부서 종사자들이다. 이들은 항상 새로운 상품이나 서비스의 홍보 및 마케팅 전략 등에 대한 고민이 있다. 따라서 이들 거래처의 니즈를 정확하게 파악하고 CJ ENM이 보유한 마케팅 상품 중 광고주에게 필요한 광고상품을 기획하여 제안해 마케팅 활동을 지원하는 것이 좋다.

최근의 광고는 단순히 매체의 힘이나 인맥으로 광고를 유치하는 것이 아니라, 실제 마케팅 성과와 기대에 바탕을 둔다. 따라서 영업하는 광고의 상품이 왜 좋은지 충분한 근거에 기반한 데이터를 제시할 수 있어야 한다.

논리적이고 설득적인 광고제안서 작성을 위해서라도 절차 구성은 매우 중요하다. 따라서 다음과 같은 핵심 요소 점검과 순서로 제안서를 구성해 볼 수 있다.

> **01** 대중과 트렌드 이슈, 자사 채널 및 프로그램, 콘텐츠의 신뢰성과 장점
> **02** 광고주나 광고대행사의 마케팅 포인트 분석 및 광고 솔루션 제시
> **03** CJ ENM 프로그램(채널)의 시청자 계층 분석 및 광고 전달 효과 분석
> **04** 광고주에게 필요한 적합한 광고상품을 기획하여 제안(절차, 기간, 비용 등)
> **05** CJ ENM 프로그램(채널)을 통한 광고 마케팅 기대 효과 예측

광고영업에 지원한 이상 CJ ENM 프로그램(채널)의 주요 고객인 광고주나 광고대행사들을 파악해 두는 것이 좋다. 다음 답안 예시는 CJ ENM이 광고페이지에 소개한 제안서 안내 글을 인용한 것이다. 아래 정보를 기억해둔다면 제안서 이메일 서두에 활용할 수도 있다.

답안예시

1. CJ ENM은 강력한 콘텐츠 IP와 매체 파워를 통해 국내 및 글로벌까지 아우르는 폭넓은 시청자층을 확보하고 있습니다.

2. 이러한 차별화된 시청자 경쟁력을 바탕으로 빅데이터를 활용한 마케팅 컨설팅, 광고 크리에이티브 및 방송 · 디지털 콘텐츠 기획, 미디어 플래닝 실행 등 광고주의 마케팅 활동 전반에 걸친 체계적이고 전문화된 마케팅 솔루션을 제공하고 있습니다. CJ ENM은 2019년 기준 1,000여 개 광고주의 마케팅 성과를 극대화하는 데 기여하였습니다.

3. 콘텐츠 포맷, 송출 플랫폼 및 광고 소재와 특성에 따라 최적화된 마케팅 콘텐츠를 브랜드 캠페인 목표와 예산에 맞게 선택하여 원하는 오디언스(Audience)에 손쉽게 도달할 수 있습니다. 또한, CJ ENM은 TV – 디지털 – 글로벌 – 오프라인 캠페인의 사전 · 사후 성과를 통합적으로 관리하고 있으며, 이를 통해 더욱 강화된 ONE–STOP 솔루션을 활용할 수 있습니다.

4. CJ ENM이 제공하는 솔루션은 광고 '노출 효과' 분석을 기본으로 브랜드 및 광고 인식과 관련된 커뮤니케이션 효과 분석까지 제공함으로써 브랜드 장단점 및 향후 마케팅 전략까지 진단해볼 수 있습니다.

09 광고사업 전략

광고사업 전략 기획에 맞는 프로모션 아이디어를 한 가지 제시하고 이를 기반으로 제안서를 작성해 보시오.

광고사업 전략 담당자라면 끊임없이 생각해야 한다. 새로운 미디어솔루션을 찾아내는 것이 핵심 업무이기 때문이다.

- ♦ 왜 현장에서 이런 데이터가 산출될까?
- ♦ 이러한 데이터는 왜 아직 없을까?
- ♦ 이 데이터와 저 데이터를 연결해 결합해 보면 어떨까?
- ♦ 어떠한 데이터를 확보하는 것이 가장 유용할까?
- ♦ 소비자들의 행동은 어떻게 변화하고 있는 것일까?
- ♦ 소비자 그룹에 따른 콘텐츠 소비 유형은 어떻게 변하고 있을까?

광고사업 전략의 직무는 시장 분석을 통해 방향과 길을 제시하는 업무라고 볼 수 있다. 따라서 일반 광고영업 파트보다는 회사의 지속 성장을 위한 비전 전략과 프로젝트 기획적인 측면이 강하다. 이벤트, 프로모션, 콘텐츠 기획, 캠페인, 패키지 등은 물론 신규 사업과 비즈니스 전반에서 통찰과 비전을 찾아 제시할 수 있어야 한다.

광고사업 전략을 담당하기 위해서 요구되는 능력은 다음과 같다.

- ♦ 데이터솔루션(데이터 수집 및 분석 능력)
- ♦ 사업에 대한 이해를 바탕으로 각 사업의 전략 수립 및 리뷰, 미래 성장을 위한 리소스를 정의하고 확보하는 역할
- ♦ 유관 부서들과의 원활한 커뮤니케이션
- ♦ 호기심과 통찰력
- ♦ 신규 사업에 대한 적절성 검토, 신규 수익모델 개발, 보유 상품 가치 증대, 클라이언트 설득 논리 개발 등

이런 전략적 사고를 통해 당사가 보유한 상품 및 캠페인 기획·개발, 콘텐츠 기획·개발, 캠페인 운영 최적화, 클라이언트 성과 입증에 활용될 수 있도록 다각적인 지원을 할 수 있어야 한다. 앞선 예상 질문에 따라 광고사업 전략 직무에 필요한 역량을 보여줄 수 있는 제안서를 정리할 수 있다면 좋은 평가를 받을 것이다. 또한, 미디어솔루션은 시장에 관한 관심과 사업에 대한 이해, 풍부한 데이터 수집 및 분석 능력을 바탕으로 하므로 기획서에 근거가 되는 데이터를 최대한 제시하도록 하자.

최근 미디어들은 다양한 분야에서 '미디어 어워드'를 선정해 시상하고 홍보 캠페인을 통해 대중과 소통하고 있다. 미디어 어워드란 이름 있는 단체나 언론사, 미디어사가 우수한 기업, 브랜드, 지자체 등을 뽑아 시상하는 것이다. 이른바 '어워드 마케팅'이다. 국내에서는 일간지와 스포츠지, 주요 미디어 상당수가 어워드 사업을 진행하고 있다.

씽굿 100대 굿 공모전 발표…대한민국 공모전 대상 선정

공모전 전문미디어 '씽굿'이 월간 공모전 매거진과 함께 좋은 공모전 모델을 발굴하고 우리 사회 및 기업 전반에 공모전 프로그램을 더 활성화시키기 위해 '씽굿이 뽑은 대한민국 100대 공모전'을 발표하고 '씽굿 대한민국 공모전 대상'을 개최한다.

씽굿은 국내 유일의 대한민국 공모전 대상(좋은 공모전 프로그램 선정)을 통해 공모전을 시행하는 주최사(기업, 공공기관)와 응모자를 이어주는 가교 역할을 담당, 공모전을 지식교류와 산학협동 · 인재확보 프로그램으로 발전시켜 나가는 데 기여하겠다는 목표를 세우고 있다.

'씽굿 대한민국 공모전 대상'은 논문, 마케팅, 광고, 기획 · 아이디어, 디자인 공모전을 포함한 10개 부문에서 선정된 '씽굿 대한민국 100대 공모전'을 대상으로 네티즌들의 설문 조사와 전문가 추천 등을 통해 선정하게 된다.

선정된 '대한민국 100대 공모전'은 '아이디어와 혁신(Idea & Revolution)'을 콘셉트로 지난 한 해 동안 개최된 공모전을 대상으로 논문, 마케팅, 기획/아이디어, 디자인, 광고, 건축/인테리어, UCC/영상, IT/기술, 대장정/해외탐방, 체험/참여 등 각 부문별로 10개 내외의 공모전을 선정했다. 기준은 ① 지난 1년 간 씽굿사이트에 등록된 공모전 ② 지원자 조회 수 베스트 ③ 상시적, 횟수가 높은 공모전 ④ 공모전 및 주최사 인지도 등이다.

현재 논문 부문에서는 '중소기업 연구논문 및 체험리포트 현상공모' 외 13개가 선정되었으며, 마케팅 부문은 '아모레퍼시픽 대학생 마케팅 공모전' 외 10개, 광고 부문은 'KT&G 상상마당 마케팅리그 & 광고공모전' 외 10개, 기획 · 아이디어 부문은 '국민연금 대학생 아이디어 공모전' 외 12개가 선정되었다.

디자인 부문의 경우 '삼성생명 대학생 Digital Fine Arts' 외 14개, 건축 · 인테리어 부문은 'SK건설 학생 건축 공모전' 외 8개, 영상-UCC 부문은 '★컨버스 셀프 동영상 공모전' 외 12개, IT/기술 부문은 'Steel University KOREA Challenge' 외 6개가 100대 공모전으로 선정되었다.

이밖에 대장정/해외탐방 부문에서는 'LG 글로벌 챌린저' 외 7개가, 체험/참여 부문은 '영삼성 열정 운영진' 외 8개가 100대 공모전으로 선정되었다. 신규 공모전 부문은 '국정홍보처 대학생 정부광고 공모전' 외 16개가 선정되었다. 설문 참여는 씽굿 홈페이지에서 진행 중이며 참여자 중 추첨을 통해 게임기(1명), USB메모리카드(부문별 1인, 11명), 컨버스 운동화 교환권(부문별 1인, 11명), 월간 공모전 매거진 1년 정기구독권(부문별 1인, 11명) 등 소정의 경품을 제공한다.

앞선 사례처럼 CJ ENM이 탄생시키거나 연결되는 한류작품, 드라마, 영화, 아이돌, 문화리더 등을 다양한 문화콘텐츠 카테고리별로 분류한 뒤 대중과 함께 좋은 인재와 우수한 작품을 선정하고 전파시킨다면 문화콘텐츠 전반의 리딩기업이 될 수 있다.

CJ ENM은 오랜 세월 문화콘텐츠 분야에서 충분한 공신력을 쌓아왔다. 이런 미디어 브랜드 가치는 문화콘텐츠 분야의 기업이나 상품의 신뢰성을 제공할 수 있다. CJ ENM에서 보유한 문화콘텐츠 분야의 전문 심사위원단 및 내 · 외부 전문 평가단을 통해 국내 최고의 문화콘텐츠 기업과 브랜드를 선정하여 시상하고 함께 공동 마케팅을 전개한다면 새로운 비즈니스 모델을 설계할 수 있을 것이다.

주요 선정 대상은 문화콘텐츠와 관련된 기업, 단체나 공공기관, 지자체, 상품, 브랜드 등으로, 매년 1~2회 개최하여 문화콘텐츠 산업의 저변을 넓히는 데 CJ ENM이 기여해 나갈 수 있도록 한다.

10 음악투자·제작

드라마와 음악이 융합하여 탄생한 OST 앨범은 대중들의 큰 사랑을 받고 있다. CJ ENM 드라마 OST 앨범의 인기 비결을 분석하여 정리하고 CJ ENM 소속 가수 한 명을 선택하여 OST 앨범 제작을 기획해 보시오.

음악 사업에서 투자나 제작은 음악콘텐츠를 상품으로 기획하거나 제작하여 수익을 창출해 내는 업무를 맡는다. 투자업무는 국내외 음악 시장 전반의 흐름을 꿰뚫고 있어야 하고 뮤지션, 콘텐츠에 대한 새로운 정보들도 빠르게 입수해야 한다. 또한 음악콘텐츠의 투자 전략뿐만 아니라, 제작 관리, 유통, 마케팅 업무 등을 두루 섭렵해야 예측이 가능하다. 항해선(航海船)의 전망대를 떠올려 보자. '투자'인 이상 수평선 너머를 보아야 한다. 단순한 투자자가 아닌 음악 트렌드 메이커가 되어야 한다.

음악제작 업무는 현장에서 음악콘텐츠를 기획하고 실제로 제작하는 역할이다. 신인 혹은 기성 아티스트를 재차 발굴하는 것에서부터 프로듀서, 작사, 작곡, 편곡가, 비주얼디렉터, 뮤직비디오 감독 등 관련 스태프를 구성하여 콘텐츠를 창조하거나 CJ ENM 내부의 방송, 영화, 공연 사업과 협업하여 드라마, 음악 프로그램, 리얼리티 등의 방송프로그램과 영화, 뮤지컬 등의 OST(오리지널 사운드트랙) 앨범 등을 기획하기도 한다.

CJ ENM은 OST의 강자다. 실제로 2019년도에는 tvN, OCN, 엠넷 등 ENM 계열 채널을 통해 방송된 드라마 OST 삽입곡을 담은 앨범 '더(The) OST'가 2장의 CD로 출시되기도 했다.

첫 번째 CD에는 tvN《인현왕후의 남자》속 덕환의 '지금 만나러 갑니다'와 tvN《미생》속 이승열의 '날아', tvN《오 나의 귀신님》속 박보영의 '떠난다', tvN《몬스타》속 제이레빗의 '선잠'이 실렸으며, 두 번째 CD에는 tvN《또 오해영》속 정승환의 '너였다면', tvN《도깨비》속 크러쉬의 '뷰티풀', 에일리의 '첫눈처럼 너에게 가겠다', OCN《보이스》속 김윤아의 '목소리', tvN《알함브라 궁전의 추억》속 에일리의 '이즈 유' 등이 수록됐다.

앞선 OST 앨범의 면면을 보면 누구나 기억할 수 있을 정도로 유명한 곡들이다. CJ ENM 채널이 드라마 OST의 최강자라 해도 손색이 없는 이유는 CJ ENM 채널이 내부의 드라마와 음악 방송, 영화, 공연 사업 등 협업이 가능하며, 이 분야 최고의 전문가들이 모여 문화콘텐츠를 기획할 수 있는 리더 그룹이기 때문이다.

그렇다면 OST의 인기 비결은 무엇일까? 이는 시각적 드라마 요소와 청각적 음악 요소가 만나 만들어 내는 시너지 효과 때문이라고 할 수 있다. 뮤직비디오보다 완성도 높은 드라마 또는 드라마 스토리와 그 스토리 및 시각적 요소와 잘 조화된 최고의 음악은 상승 작용을 할 수밖에 없을 것이다.

전문가들은 "드라마 OST는 스토리의 극적인 요소와 연출자의 의도, 보는 이의 감성을 연결시켜 주는 매개체 역할을 한다. 어느덧 자기도 모르게 감정 몰입에 충실해진 시청자의 머릿속에는 해당 장면과 함께 특정 인물의 멜로디가 강하게 각인된다. 가수를 나중에 보게 될 때 이러한 요소가 상호 작용해 두 배의 감동과 희열을 맛보게 되는 셈이다."라고 분석한다. 시각과 청각 두 감각적 요소가 시청자들의 감성에 훨씬 더 잘 어필할 수밖에 없다는 것이다.

여기에 OST에 강한 스타 가수들의 등장도 음반 시장 발전에 한몫을 했다. 에일리와 정승환, 김윤아, 백지영, 허각, 린, 거미, 윤미래 등은 대표적인 OST 가수들이다. 드라마 OST는 가요계에서 '황금알'로 평가받고 있는데, 특히 해외 한류 드라마 열풍에 돛을 달아주는 역할이 바로 드라마 OST이기도 하다. CJ ENM 소속 아티스트로는 하현상, 임슬옹, 다비치, 이하이, 로꼬, 김재환, 로이킴, 조유리, 사이먼 도미닉 등 자기 색깔이 강하고 매력적이기 때문에 OST 앨범에 적합한 가수들이 많다. 다비치의 경우 이미 수많은 OST에 참여해 장르를 가리지 않고 다양한 작품을 발표했다. 드라마《아가씨를 부탁해》의 OST 'Hot Stuff'는 강렬한 사운드의 댄스곡으로 큰 사랑을 받았다.

그룹 아이즈원(IZ＊ONE)의 메인보컬이었던 조유리는 데뷔 후 드라마《브람스를 좋아하세요?》에서 첫 OST 'My Love(마이 러브)'를 선보이기도 했다(필자 개인적으로는 SG워너비의 김진호를 좋아한다. 늘 온 마음으로 부르는 그의 노래를 사랑한다. 선 굵은 드라마의 OST로 그의 노래를 들을 수 있길 희망한다).

따라서 콘셉트 제안서는 CJ ENM 소속 가수들의 개성과 드라마 특징을 조합하여 정리하면 된다. 여기에 히트곡을 만드는 대표적인 국내 작곡·작사가들의 이름과 이력까지 한 줄로 꿰고 있다면 금상첨화이다. 앞선 예상 질문의 포인트는 독창적인 제안보다는 지원자의 음악투자·제작 직무 전반에 대한 이해도와 음악제작 크리에이티브, CJ ENM 소속 가수들에 대한 상식적 정보들을 파악하고 있느냐를 평가하는 데 있다는 사실을 기억했으면 좋겠다.

Tip 국내 대표 히트곡 작곡 · 작사가

- 박진영 : 원더걸스 'Nobody', 2PM 'Heartbeat', 트와이스의 'SIGNAL', 'What is Love?' 등
- 지드래곤 : 빅뱅의 '거짓말', '하루하루', 솔로곡 '무제', 'Heartbreaker' 등
- 피독 : 아이돌 그룹 방탄소년단의 프로듀서. 방탄소년단의 히트곡인 'DNA', 'Fake Love', 'IDOL', 〈MAP OF THE SOUL〉의 타이틀곡 '작은 것들을 위한 시' 등
- 김이나 : 대한민국 대표적인 작사가로 가수 아이유의 히트곡 '좋은 날', '잔소리', 브라운아이드걸스 'Abracadabra' 등
- 장범준 : 버스커버스커의 데뷔곡 '벚꽃엔딩', 드라마 《멜로가 체질》의 OST '흔들리는 꽃들 속에서 네 샴푸향이 느껴진 거야' 등
- 지코 : 그룹 블락비 출신으로 '난리나', 'HER' 등 블락비 앨범과 '아무노래', 'Artist' 및 자신의 솔로 앨범 수록곡 다수
- 조영수 : SG워너비 '내 사람', 이승철 '그런 사람 또 없습니다', 홍진영 '사랑의 배터리', 허각 '언제나', 이기찬 '미인', 오렌지캬라멜 '마법소녀' 등

이외에도 그룹 2PM의 '준호', 방탄소년단 'RM', (여자)아이들 '소연' 등이 작곡가로 활발히 활동하고 있다.

생각해 보기

당신이 평소 좋아하는 작사, 작곡가와 CJ ENM 소속 가수를 매칭시킨다고 가정하고 서로의 특징을 분석해 앨범 콘셉트를 기획한 후 제안서를 작성해 보자.

11 음악마케팅

당신이 음악마케팅 담당자라고 가정하고, 다양한 SNS 중에서 하나를 선택하여 그 SNS 매체에 적용할
수 있는 마케팅 기획서를 작성해 보시오.

음악마케팅은 음악이나 음원 서비스라는 상품을 고객들에게 제공하기 위해 **음반 숍, 온라인 사이트에**서 온 · 오프라인 마케팅, 홍보, 광고 집행 활동과 캠페인, 프로모션을 집행하는 일을 담당한다. 또한 각 매체와 온라인 포털 등과 제휴하여 마케팅 활동을 펼칠 수도 있는데, 음악과 고객 니즈를 분석해 서로 연결하는 것이 핵심이다.

마케팅이라는 직무 특성상 '마케팅 전략'에 대한 전공지식을 다시 한 번 익혀두는 것도 좋다. 기본적으로 마케팅 프로세스는 3C → STP → 4P로 세팅되어 있는데, 이는 창조 프로세스와 크게 다르지 않다. 모든 프로젝트 사고에는 핵심 요소들의 연결과 시간적 분류, 절차, 설계 과정이 조합되는 하나의 사건이 숨어 있다.

3C : 고객, 기업, 경쟁자
STP : 시장세분화, 타깃팅, 포지셔닝
4P : 제품(콘텐츠), 가격, 유통, 프로모션

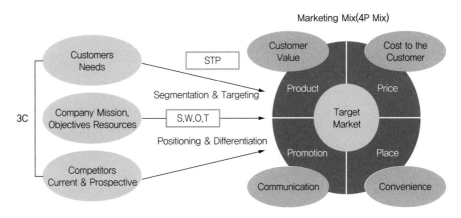

3C4P 마케팅 프로세스 모형

음악마케팅에 지원하기 위해서는 당연히 음악에 대한 애정과 열정이 필요하다. 음악콘텐츠가 고객에게 전달되는 전 과정을 이해하고 고객의 니즈와 선호도 조사, 구매의 편리성까지 이해하고 있을 때 창의적인 마케팅 기획이 나올 수 있기 때문이다.

예상문제는 음악마케팅과 SNS 매체의 조합에서 창의적인 솔루션을 찾을 수 없는지를 묻고 있다. 따라서 음악콘텐츠를 효과적으로 홍보하기 위해 특정 SNS 매체와 연결해 보는 프로모션 또는 이벤트 기획을 생각해 볼 수 있다.

🎵 음악이 페이스북에 풍덩 빠지면?

요즘 스마트폰으로 대중은 다양한 SNS 활동을 즐기고 있다.

2022년 기준 전 세계 SNS 활동자 순위는 1위 페이스북(Facebook) 29억 명, 2위 유튜브(YouTube) 23억 명, 3위 왓츠앱(WhatsApp) 20억 명, 4위 페이스북 메신저(Facebook Messenger) 13억 명, 5위 인스타그램(Instagram) 12억 명, 6위 위챗(WeChat) 12억 명 등이다. 유튜브를 제외하면 주로 이미지나 텍스트 중심으로 활동한다.

그렇다면 SNS와 음원을 결합하여 마케팅 효과를 기대할 순 없을까? 빅데이터와 인공지능을 통해 SNS의 이미지나 텍스트 키워드와 연관된 음원이 흘러나오게 할 수 있다. 바로 드라마 OST와 같은 효과를 SNS에 적용해 보는 것이다. 예를 들어 페이스북에서 페친의 멋진 풍경 사진을 볼 때 자동으로 이미지에 어울리는 음원 일부가 소개되는 식이다. 음악이 SNS를 만나면 새로운 시장이 열릴 수 있다.

12 컨벤션 사업 직무

언택트 사업이 사회 전 영역에 확대되고 있다. 비대면의 장단점을 파악하고 이를 CJ ENM 컨벤션 사업에 적용할 수 있는 창의적인 솔루션을 제안해 보시오.

컨벤션 사업 담당자는 **행사를 위한 사전 기획에서부터 시장 조사, 전략 수립, 홍보 · 마케팅, 사업 실행에 이르기까지 컨벤션 사업 전 과정을 맡는다.** CJ ENM이 보유한 다양한 콘텐츠를 활용한 컨벤션 사업은 아이디어와 영감과 결합하면 앞으로 무한한 발전 가능성이 있다.

이 예상 질문에 답변하기 위해서는 가장 먼저 다음과 같은 CJ ENM 컨벤션 사업들을 두루 파악하고 있어야 한다.

KCON(Korea Convention) : CJ그룹이 2012년부터 매년 개최하고 있는 세계 최대급 K-Culture 페스티벌이다. K-POP, K-드라마, K-무비 등 문화콘텐츠와 IT, 패션, 뷰티 등 첨단 · 제조업까지 '한류의 모든 것'을 테마로 컨벤션과 콘서트를 결합한 최초의 K-Culture 페스티벌이다. 한 나라의 인기 문화콘텐츠를 중심으로 나라 전체에 대한 페스티벌 모델을 제시한 것은 KCON이 최초로 알려져 있다.

MAMA(Mnet Asian Music Awards, 마마 혹은 엠에이엠에이) : CJ ENM의 주최로 진행되는 대한민국 최대 음악 시상식이다. 시상식이 처음으로 개최된 1999년에는 현재의 이름이 아닌 엠넷 주최의 뮤직비디오 시상식인 'M.net 영상 음악 대상'이었다. 또한, 같은 기업의 케이블 음악 채널 KMTV에서는 '코리안 뮤직 어워드'라는 이름으로 시상식을 매년 개최하고 있었다. 그 후 2000년부터는 M.net 뮤직비디오 페스티벌로 명칭을 바꾸어 시상식을 개최하였다.

SIA(Style Icon Asia Awards) : 스타일 아이콘 아시아 어워즈는 CJ ENM의 주최로 진행되는 시상식으로, 한 해 라이프스타일의 새로운 패러다임을 제시한 스타일 아이콘을 선정한다. '스타일 아이콘 어워즈(Style Icon Awards)'라는 이름으로 2008년 10월 30일 처음 선을 보였고, 2009년 11월 11일 2회, 2010년 11월 17일 3회, 2011년 11월 3일 4회, 2012년 10월 25일 5회, 2013년 10월 24일 6회가 개최되었으며, 2014년 10월 28일 7회가 개최됐다. '스타일 아이콘 아시아(Style Icon Asia)'로 이름을 바꾼 후 2016년 3월 15일 8회가 페스티벌 형식으로 개최됐다.

올리브 푸드 페스티벌 : 올리브 푸드 페스티벌은 2013년 이태원에서 시작하여 2014년, 2015년 여의도까지 3년 동안 2039 트렌드 세터의 입맛을 사로잡으며 새로운 푸드 라이프스타일을 제안해 왔다. 이 페스티벌은 음식과 즐거움을 결합한 '푸드 엔터테인먼트'를 지향하고 있다.

쿠킹 쇼, 음악, 영화 그리고 콘서트까지 다양한 즐길 거리를 마련하여 관객들의 오감을 만족시키고 있다. 더 나아가 세계인들과 K-Food의 가치 그리고 문화를 공유하는 축제의 장이다.

XtvN 자동차 페스티벌 : XtvN의 전신이었던 남성 전문 채널 XTM은 2016년 개국 12년을 맞이해 국내 최초 자동차 페스티벌 '맥시마이트(MAXIMITE)'를 개최했다. 이 행사는 자동차 옥션과 페스티벌, 콘서트가 어우러지게 되며, '더 벙커', '탑기어 코리아', '슈퍼레이스' 등 자동차 엔터테인먼트 콘텐츠에 대한 독보적인 노하우를 구축해 새롭게 선보이는 페스티벌이었다.

컨벤션 사업에서 '언택트 솔루션'은 앞으로도 꾸준히 연구되어야 할 과제다. 보고 듣고 만지는 컨벤션 사업의 특징을 증강현실(AR)과 가상현실(VR)의 컴퓨터 그래픽 기법으로 극복할 수 있을까? 한 예로 '2020 나훈아 온라인 콘서트'는 새로운 실험의 성공적인 모델을 제시하기도 했다. 국가 간 화상 정상회담의 완성도 역시 점점 높아가는 추세이다.

이처럼 컨벤션 사업에서도 화상 서비스와 인공지능, 컴퓨터 그래픽 기법, 가상체험의 기술적 연결이 필요한 시대가 됐다. CJ ENM 컨벤션 사업과 최첨단기술을 접목한다면 앞으로 온·오프로 선택의 폭을 넓힐 수 있을 것이다.

13 영화기획

당신은 새로운 영화를 기획하고 있다. 아래 〈보기〉는 CJ ENM와 함께 한 신인 시나리오 작가들이다. 이들 중 신인 시나리오 작가 한 명을 섭외한다고 가정하고 영화기획 콘셉트를 제시한 후 시나리오 제안을 위한 이메일을 작성해 보시오.

> **보기**
>
> 송현주 작가의 「자기만의 방」, 오현후 작가의 「악인들과의 인터뷰」, 심남선 작가의 「스트리밍」, 이은희 작가의 「별이 된 남자」, 고준석 작가의 「경계인」, 김현탁 작가의 「시체지게 아저씨」, 김석영 작가의 「마취」, 이성은 작가의 「요괴전 : 신목의 검」
>
> – 이상, 〈CJ ENM의 신인 영화 작가를 육성하는 제3회 '오피치(O' Pitch)' 선정 작가들〉

영화기획의 핵심 업무는 영화 전반을 기획하는 일이다. 영화 콘셉트나 아이템을 개발하는 일에서부터 작가나 유망 신인 감독을 발굴하고 시나리오를 개발하여 영화로 만드는 작업을 진행한다. 과거에는 뛰어난 감독이나 시나리오 작가에 의해서 영화가 만들어졌지만, 현재는 영화를 만들기 전에 철저한 시장조사를 통해 시대, 대중에게 필요한 영화를 기획하고 있다.

영화기획은 말 그대로 '영화 창조 설계자' 혹은 '영화 프로젝트 디자이너'라고 할 수 있다. 따라서 대중과 시대를 읽는 통찰력, 영화시장을 읽는 안목, 창의성, 시나리오를 평가하는 능력, 신인 작가나 감독을 발굴하는 능력, 커뮤니케이션 능력 등 전 방위적 능력이 필요하다.

제시된 예상 질문은 크게 1) CJ ENM 관련 신인 시나리오 작가 선택, 2) 영화기획 계획, 3) 핵심 콘셉트 혹은 기획 의도 제시, 4) 시나리오 공모 참가 요청, 5) 제안요청 안내 이메일 정리로 구성되어 있다. 앞서 소개된 신인 작가들은 '오피치(O' Pitch)' 출신이다. 오피치는 영화 작가의 데뷔를 지원하기 위한 행사로 CJ ENM의 창작 지원 프로그램 '오펜'의 일환이다. 오펜에 선정된 작가에게는 '창작지원금', '창작 공간', '전문가 멘토링 및 특강', '현장 취재 지원', '비즈매칭' 등 다양한 기회를 제공한다.

이처럼 여러 정보들을 활용해 시장의 니즈를 분석한 후 영화기획의 '콘셉트'를 정한다. 영화의 기획 의도와 매칭되는 신인 작가에게 시나리오를 요청할 수 있다.

답안예시

📩 **여름 극장가 공포영화 기획 '시나리오 제안' 요청 이메일**

수신 _ ○○○ 시나리오 작가님 귀하

안녕하세요. 작가님.

CJ ENM에서는 여름 극장가에 선보일 새로운 영화를 기획하고 있습니다. 작년 여름 극장가에는 《멘》, 《놉》, 《스크림》 등의 영화가 개봉해 호평을 받았습니다. 최근 국내 공포영화로는 사람으로 자유자재 변신하는 악마를 다룬 영화 《변신》, 엑시스트와 액션을 결합한 《사자》, 전 세계에 'K-좀비' 열풍을 일으킨 《부산행》의 속편 《반도》 등이 대표적입니다.

여름 극장용 공포영화는 그 자체로 하나의 장르입니다. 그러나 전 세계 바이러스 위기와 이슈 대작 상황에서 지난 여름 공포영화를 찾아보기 힘들었습니다. 대중의 수요는 있지만 한 해의 휴식기를 가질 수밖에 없었다고 판단할 수 있습니다.

이에 따라 다음 여름 공포영화 시장을 위해 블록버스트 급이면서 기존에 시도되지 않은 새로운 장르의 공포영화를 기획하게 되었습니다. 기성 영화와는 다르면서 독창적인 여름 공포물이 우리 영화의 기획 의도입니다.

이런 기획 의도에 우리 기획팀은 작가님이 가장 어울리는 시나리오 작가라는 판단을 내렸습니다. 작가님의 작품세계는 과거와 현재, 과학과 미신, 현실과 비현실을 이중적으로 결합시킨 메타포 공포장르를 추구하여 기존 공포와 다른 창의적인 이야기를 제시하는 데 탁월하다고 판단이 됩니다.

저희 영화제작팀의 기획 의도에 가장 맞는 장르의 좋은 작품을 내고 계시는 작가님께 시나리오를 제안드립니다. 아래 제안서를 꼼꼼하게 검토하여 주시고 회신 부탁드리겠습니다.

14 영화투자·배급

CJ ENM이 투자·배급한 작품 중 영화 한 편을 선택하여 그 투자·배급의 성공 또는 실패에 대해 분석해 보시오.

영화투자 · 배급은 **영화가 극장 등 영화시장에서 성공할 수 있도록 흥행전략을 짜고 실행하는 업무이다.** 영화의 다양한 판권 수익전략을 설계하고 계약을 담당하기도 한다. 이러한 업무를 잘 수행하기 위해서는 시장 상황과 트렌드를 읽을 수 있는 분석적 시각과 인사이트가 필요하다.

앞선 예상문제에 대비하기 위해서는 먼저 CJ ENM의 투자 또는 배급과 관련된 대표적인 영화들을 파악해 두어야 한다. 최근 주요 영화로는 《명량》, 《국제시장》, 《검은 사제들》, 《공조》, 《군함도》, 《남한산성》, 《1987》, 《궁합》, 《그것만이 내 세상》, 《탐정 : 리턴즈》, 《공작》, 《고산자, 대동여지도》, 《국가 부도의 날》, 《극한직업》, 《사바하》, 《기생충》, 《나쁜녀석들 : 더 무비》 등이 있다.

이 중에서 역시 주목할 만한 영화는 봉준호 감독의 《기생충》이다. CJ ENM은 제92회 아카데미(오스카) 시상식 작품상과 감독상 등 4관왕의 주역인 영화 《기생충》의 투자배급사이다. 《기생충》으로 인해 CJ ENM은 콘텐츠 경쟁력 향상을 위한 프리미엄 콘텐츠 제작이 증가하고 해외수출로 인한 해외 매출액이 전년 동기 대비 급증한 것으로 알려져 있다.

물론 이익 측면에서 만족할 만한 정도는 아니라는 평가도 있다. 한 언론에 따르면 "2018년 CJ ENM에서 《그것만이 내 세상》, 《탐정 : 리턴즈》, 《공작》, 《국가부도의 날》 등에 이어 2019년도에 《극한직업》, 《사바하》, 《기생충》, 《엑시트》, 《나쁜 녀석들 : 더 무비》 등을 배급해 흥행했지만, 영업이익률은 감소했다."라고 전해진다.

이처럼 영화투자 · 배급의 성공사례와 실패사례 및 원인과 해결책뿐만 아니라 현장에서 매출의 추이분석, 흥행과 영업이익률의 관계까지 이해하고 있다면 영화투자 · 배급 직무에 대한 다양한 질문에 훨씬 더 좋은 답을 정리해 낼 수 있을 것이다.

따라서 영화투자 · 배급 업무에 관심이 있다면 CJ ENM 영화사업의 투자 · 배급 작품 현황에서 매출과 영업이익 등 전반을 분석해 볼 필요가 있다. 특히 현재 수익구조의 문제나 수익개선 방향, 비전을 함께 고민한다면 시험을 대비하는 데도 큰 도움이 될 것이다.

CJ ENM의 영화 중 한중 합작 영화 사업의 성공 사례와 원인을 분석하여 정리해 보시오.

CJ ENM의 영화글로벌 담당은 주로 '한중 합작 영화' 전략을 맡는다. 중국과의 협업을 통해 영화의 기획부터 투자, 제작, 배급 및 마케팅까지 밸류 체인(Value Chain) 전 과정의 업무를 수행하는 것이다. 밸류 체인의 주요 요소는 1) 시장조사, 2) 시나리오 발굴 및 개발, 3) 오리지널 아이템 기획, 4) 영화제작, 5) 투자기획 및 계약, 6) 배급 및 마케팅, 7) 정산 및 부가 판권 진행, 8) 한중 합작 영화사업 성장을 위한 인프라 구축과 사업 시스템 구축 등 다양하다.

직무에서 보듯 '한중 합작 영화' 전략을 담당하다 보니 중국 영화시장 및 중국 문화, 중국인의 영화 니즈 숙지는 물론 중국 현장 경험, 유창한 중국어 등이 요구된다. 여기에 영화 콘텐츠와 영화사업 전반에 대한 기본적인 이해도 필요하다.

중국 시장은 정말 크다. 계속 성장하고 있으며 앞으로의 발전 가능성 또한 높다. 중국 영화 시장이 멀지 않은 시기에 미국의 시장 규모를 앞설 것이라는 업계전망이 나올 정도다. 한국과 중국, 두 영화 시장의 만남에 있어 CJ ENM은 선두에 서서 한중 합작 영화의 새로운 역사를 만들어 왔다.

제시된 예상문제를 해결하기 위해서는 당연히 CJ ENM의 영화 중 한중 합작 영화들을 사전에 파악하고 있어야 한다. 여기에 주요 영화들의 기획 전략과 성공 요인을 분석하고 있다면 좋은 답을 정리할 수 있을 것이다.

답안예시

2009년 최초의 한중 합작 영화 《소피의 연애 매뉴얼》이 중국에서 개봉했다. 2013년 개봉한 《이별계약》도 한중 합작 영화다. 이 영화는 개봉 첫 주 박스오피스 1위, 역대 중국 로맨틱 코미디 TOP 10을 기록하며 성공을 거두었다.

특히 CJ ENM의 한중 합작 영화 가운데 가장 성공한 작품으로, 중국에서 개봉한 《20세여 다시 한 번》(2015, 중국판 《수상한 그녀》)을 꼽을 수 있다. 중국 내에서 역대 한중 합작 영화 가운데 최고 성적인 박스오피스 1위를 기록했으며, 현재까지 한중 합작 영화 중 가장 많은 수익을 올린 영화이기도 하다.

이 영화는 한국에서 상영된 영화 《수상한 그녀》와 동일한 시나리오로 중국과 한국에서 각각 제작된 작품이다. 제작 단계부터 양국의 배우와 감독이 각각 참여하고 제작하는 방식(원 소스 멀티 유즈)으로 진행됐다.

성공비결은 역시 '현지화 전략'에 있다고 할 수 있다. 같은 시나리오를 가지고 중국과 한국 시장의 정서, 문화에 맞게 세부 내용을 디테일하게 수정했다. 기존에 국가 간 합작 영화가 스타배우가 결합되는 형태로 진행됐다면 《20세여 다시 한 번》은 각 나라의 관객이 정서적으로 공감할 수 있는 스토리를 바탕으로 '로컬라이징(Localizing) 콘텐츠'로 성공했다는 점에서 의미가 깊다.

16 애니메이션 마케팅

CJ ENM이 선보인 국내 애니메이션 작품들 중 한 작품을 선정하여 마케팅을 진행한다고 가정하고 마케팅 전략을 기획해 보시오.

1) 기획의도와 마케팅 콘셉트를 정리하라.

2) 유명 크리에이터들에게 협조 제안서를 작성하라.

애니메이션 마케팅은 채널과 콘텐츠를 기획하고 제작하여 시청자들에게 전달하는 모든 과정에 관여한다. 시장과 시청자를 분석하고 시청률을 올리기 위한 다양한 마케팅 전략을 수립하며 채널 브랜드 이미지를 강화시키는 업무를 담당한다. 다양한 협찬사 및 제휴사와 협업 전략을 세워야 하기 때문에 커뮤니케이션 능력도 중요하다.

이러한 업무 능력은 '마케팅 사고'에서 나온다. CJ그룹이 제시하는 마케팅 사고란 시청자의 취향과 문화·트렌드를 파악하는 '통찰력', 차별화되고 효과적인 마케팅 전략 수립 및 실행을 위한 '기획력', 유관 부서와의 시너지를 내기 위한 '커뮤니케이션 능력', 위기를 돌파할 수 있는 '인성과 열정' 등을 말한다.

그러므로 예시 문제를 정리할 때도 이런 '마케팅적 사고'가 잘 드러날 수 있게 답변을 정리하는 것이 좋다. 특히 시청자의 취향과 문화·트렌드를 파악하는 '통찰력'이 구체적인 수치나 데이터, 경험 등으로 제시된다면 신뢰도는 더욱 높아질 것이다.

CJ ENM의 대표적인 국내 애니메이션 작품은 《극장판 안녕 자두야》(2016), 《극장판 또봇 : 로봇군단의 습격》(2017), 《신비아파트 : 금빛 도깨비와 비밀의 동굴》(2018), 《극장판 신비아파트 : 하늘도깨비 대 요르문간드》(2019) 등이 있다.

이 중 《극장판 안녕 자두야》(2016)는 CJ ENM이 투자, 기획, 공동 제작한 작품이다. 원작은 만화가 이빈이 1997년 9월부터 『월간 파티』에 연재한 만화이다. 작품은 2011년, 2012년, 2015년, 2017년에 SBS, 투니버스(CJ ENM 방송사업부문), 아툰즈가 프로덕션을, 한국예술종합학교 애니메이션과가 애니메이션 프리프로덕션을 맡아 제작한 애니메이션이다. 만화가 이빈의 실제 추억을 바탕으로 가족과 친구들이 겪는 좌충우돌 이야기를 담은 따뜻하고 유쾌한 작품이다.

가령 《극장판 안녕 자두야》처럼 어린이들과 부모님이 함께 볼 수 있는 애니메이션이라면 요즘엔 'SNS 마케팅 전략'을 기획해 볼 수 있을 것이다. 유아나 어린이를 타깃으로 하는 개인 채널 인플루언서들과 함께 하는 '자두야 나랑 놀자' 콘셉트를 제안하는 것이다.

유튜브, 인스타그램, 페이스북 등의 채널에서 활동하는 유아 어린이 방송 인플루언서들은 SNS 채널의 종류에 따라 마케팅의 형태도 다양해진다. 이때 시사권을 통해 영화 리뷰를 소재로 한 영상을 유튜브에 업로드하는 방식도 있고 자두 얼굴 마스크를 제공하여 활동하게 하는 이벤트, 자두 가족 알기 퀴즈대결을 통해 선물을 제공하는 아이디어를 제안할 수도 있다. SNS마케팅에 인플루언서들이 참여하면 시청자들이 좋아하고 재미있게 즐길 수 있는 콘텐츠를 만들 수 있고 구체적인 혜택도 제공한다는 점을 강조하여 협조 제안서를 정리할 수 있다.

웹툰이나 웹소설 작품 중 하나를 선택해 애니메이션으로 만든다고 생각하고, 애니메이션 투자계획서를
작성해 보시오.

애니메이션 투자기획은 애니메이션에 투자하여 수익을 창출하는 업무다. 논리적이고 합리적인 투자 규모 산정 및 내부 커뮤니케이션을 위한 문서작성 업무를 담당하며, 투자가 이루어진 후에는 투자한 작품의 성공적인 관리를 돕는다.

애니메이션 투자기획에서 요구되는 능력은 작품 역량 파악 및 우수 제작사와의 지속적인 우호 네트워크 유지, 애니메이션 시장과 수익구조의 세부적인 현황 파악, 변화하는 시장의 빠른 분석, 신속한 경쟁사 동향 파악 능력 등으로, 애니메이션 시장 전체의 구조는 물론 흐름 또한 꿰뚫고 있어야 한다.

국내에서 애니메이션 사업을 전개하고 있는 회사 중 북미&유럽과 공동투자를 진행하는 회사는 CJ ENM이 유일하며, 영상콘텐츠 제작까지 동반하는 해외공동투자 업무는 CJ ENM 애니메이션 본부에서만 경험할 수 있다는 점도 미리 알아두면 좋다.

예시 질문에 답하기 위해서는 사전에 투자계획서 작성법을 알아두면 도움이 될 것이다. 또한 다음과 같은 핵심 항목은 반드시 검토하여 반영하는 것이 좋다.

♦ 작품 역량과 우수 제작사 파악
♦ 시장분석과 경쟁전략 분석
♦ 수익구조
♦ 재무계획
♦ 투자 규모, 제작 기간, 예상 수익
♦ 타당성 검증
♦ 손익분기점
♦ 투자 추진 전략과 절차

"애니메이션의 전략적 투자자 중 가장 많은 투자를 하는 사업자는 방송사 및 플랫폼 사업자이다. 지상파나 케이블TV 방송사의 경우 국산 애니메이션 의무방영 비율에 따라 국산 애니메이션에 대한 수요가 있으며 IPTV나 인터넷 다운로드 사업을 진행하는 플랫폼 사업자의 경우 유아용 애니메이션 및 극장용 애니메이션의 시장 수요에 따른 사업적 목적에 따라 애니메이션의 투자를 진행하고 양질의 애니메이션을 확보하고 있다.

이들 방송사 및 플랫폼 사업자는 애니메이션의 시청률에 따른 광고수입 및 유료서비스를 통한 방영수익을 창출할 수 있는 애니메이션을 선택하고, 이에 대한 전략적 투자로 경쟁력 있는 애니메이션에 대한 우선적 권리를 확보하고 독점적으로 방송할 수 있도록 하는 것에 투자의 초점을 맞추고 있다."

– 참고 자료 : 문화콘텐츠진흥원 애니메이션 백서(2017)

조달 형태	조달 대상	조달 방법
자체 투자	제작사	제작사의 현금 또는 현물로 제작비 충당
투자 유치	전략적 투자자	방송사, 부가사업자 등 애니메이션 관련 회사로부터의 투자 유치 / 애니메이션 사업에 관련된 권리 제공
	재무적 투자자	창업투자회사 등 투자전문회사로부터의 투자 유치
		투자지분에 따른 애니메이션 사업의 수익 분배
	해외 투자자	해외의 애니메이션 제작사, 방송사, 유통사 등을 통한 투자 유치 / 애니메이션의 해외 판권과 관련된 권리 제공
정부 지원	한국콘텐츠진흥원, 지자체 등	애니메이션 산업 육성을 위한 중앙정부 및 지방자치단체의 지원사업 선정을 통한 자금 조달
융자	수출보험공사, 완성보증보험 등	애니메이션의 해외 판매금액 또는 국내 매출액을 선제공 조건으로 제작비 조달 / 일반 차입금 형태로 조달

선임자에게 부서별 관련 업무를 지시받았다고 가정하고, 각 직무에 나타날 수 있는 문제를 파악하여 창의적인 대안을 제시하는 보고서를 작성해 보시오.

PART 2

경영관리 : 경영관리는 회사의 사업 역량을 제고하고 조직의 체질을 건실하게 만들어 경영목표를 달성할 수 있도록 돕는 일로, CJ ENM 신규 사업의 적절성을 검토하고 기준에 상응하는 사업에 대한 투자 여부를 판단하는 역할을 담당한다.

재무 : 재무제표의 작성을 위한 제반 업무를 수행하는 것으로서, 매출과 원가를 비롯해 다양한 수익과 비용, 자산 등의 회계 처리를 통해 기본적인 재무 데이터를 생성, 관리한다. 따라서 회계에 관한 전반적인 흐름과 논리를 숙지하고 있어야 한다.

인사 : 인사의 역할은 핵심 인재와 잠재적 신입 인재 확보 및 유지에 있다. 이를 위해 인사에서는 채용뿐만 아니라 전사 구성원들에 대한 인력운영 업무의 A to Z를 수행하는 것도 매우 큰 비중을 차지한다. 인건비에 대한 경영 계획을 수립하고 실행하는 역할을 하는 한편 경영 계획 아래 제대로 인재가 확보되고 유지되는지 관리하는 것이다.
또한, 확보한 인재들이 공정하고 합리적으로 평가와 보상을 받을 수 있도록 수행하는 것도 인사의 업무이다. 따라서 인사 직무는 경영자 입장과 구성원 입장 양측에서 바라볼 수 있어야 하며 전사의 부서와 소통하는 곳인 만큼 커뮤니케이션 역량 또한 필요로 한다.

교육(HRD) : 교육 직무는 **구성원의 성장을 촉진하고 일하고 싶은 조직문화를 구축**하는 역할을 한다. CJ ENM의 지속가능한 발전을 위하여 중장기 전략추진에 필요한 역량을 도출하여 선제적으로 개발을 지원하고, 이를 위해 아래와 같은 다양한 프로그램을 기획, 개발, 운영하고 있다.

- **직무교육** : Creator's Academy, Film Biz. Academy, Marketing Academy
- **공통역량교육** : Lunch&Learn, Insight Lounge, ENM CDP, Collabo Learning
- **입문교육** : 신입사원 교육, 경력입문 교육
- **글로벌교육** : Global Academy
- **Academy**

CJ ENM 교육담당자의 필수 역량으로는 조직 및 구성원의 현재 역량을 냉철하게 진단하고 해결방안을 도출하여 역량 개발을 지원하는 과정에서 각 단계별로 필요한 '**프로세스 사고**'가 있다. 프로세스 사고란 일의 전체 과정과 그 속에 핵심 요소들이 어떻게 연결되어 있는지 이해한 후 문제를 빠르게 파악하고 솔루션을 논리적으로 처리해 나가는 것을 말한다.

홍보 : 홍보팀은 다음과 같은 세부 활동을 수행한다. 첫째, 보도자료 작성과 제공, 기자회견, 인터뷰, 기자간담회, 제작발표회 등을 통해 회사의 경영 활동과 관련된 뉴스 가치를 지속적으로 발굴하여 언론 매체에 제공한다. 이를 위해서는 평상시에도 언론 매체와의 관계 구축을 위해 꾸준히 노력해야 한다. 둘째, 외부에 회사의 메시지를 전달하는 것만큼 회사 밖의 경영 환경과 관련된 뉴스들을 분석해 내부 구성원들에게 공유한다. 이를 위해 홍보팀은 사내방송을 통해 구성원들에게 회사 내외부의 소식을 전하고 있다.

이상의 일반직 직무의 입장에서 CIT 예시 문제를 작성하기 위해서는 자신의 직무 지식과 역량을 이해한 후 실제로 자신이 입사 후 그 직무를 현장에서 수행한다고 상상하며 미리 다양한 상황을 시뮬레이션해 보아야 한다. 또한, 현장에서 부딪히거나 벌어질 수 있는 문제, 선임자에게 받을 수 있는 업무 지시를 빠르고 정확하게 파악하여 창의적인 솔루션을 찾아내고 기획서나 제안서, 보고서, 이메일 등 다양한 방법으로 정리하여 제시할 수 있어야 한다. 다음과 같은 CIT 문제가 출제됐다고 생각해 보자.

인사교육팀 : 창조적인 조직 소통시스템을 제안해 보시오.
홍보팀 : 홍보메시지를 '인문학'적인 관점에서 기획해 보시오.
경영관리팀 : 원가 절감에 대한 사례를 소개하고 적용 방법을 제시해 보시오.

일반직 직무의 CIT 역시 기존과 다른 관점, 기존과 다른 솔루션, 기존과 다른 생각을 묻는 질문일 것이다. 기존과 다른 아이디어를 답으로 정리하는 방법은 서로 다른 것의 연결에서 얼마든지 찾을 수 있다. 가령 인사교육팀의 문제는 '위키디피아'의 원리를 연결하여 신입사원이나 경력직 사원의 업무 정보 소통시스템을 창조할 수 있을 것이고, 홍보팀의 문제는 특정 홍보메시지를 플라톤의 동굴의 비유, 베이컨의 4대 우상, 공자나 노자의 에피소드와 연결시켜 볼 수 있다. 경영관리팀 문제라면 원가 절감이라는 주요 테마 카테고리를 기억해 두었다가 재료 대체, 표준화 작업, 시간 관리, 누수요인 분석, 스마트기술, 평가보상제 등 다양한 성공 사례와 연결시켜 직무에 맞는 아이디어를 제시할 수 있다.

창의적 사고란 엉뚱하거나 기발한 아이디어를 제시하는 것이 아니다. 자신이 맡은 업무나 관련 직무 전체, 일처리 프로세스를 이해한 후 주어진 문제를 정확하고 빠르게 파악하여 해결방안을 정리하고 논리적으로 전개하는 능력이다. 창의성은 머릿속에서 번쩍하고 나오는 게 아니고 철저히 해당 직무를 이해하는 데서 나온다는 사실을 명심할 때 좋은 평가를 받을 수 있을 것이다.

'6개월치 잡무' 하루 만에 끝… 사회복무요원의 행정 혁명

- KAIST 바이오-뇌공학 석사 받은 대구노동청 안동지청 반병현씨
- 자동 프로그램 개발해 업무 혁신

'최근 1년간 보낸 등기우편 명세를 모두 찾아 인쇄하기'

대구지방고용노동청 안동지청의 사회복무요원 반병현씨(25)가 9월 상사에게서 받은 업무지시 내용이다. 안동지청에서 보낸 3,900개가 넘는 등기우편의 13자리 등기번호를 우체국 홈페이지에 일일이 입력한 뒤 인쇄하는 단순 작업을 반복하려면 6개월 정도 걸릴 일이었다. 하지만 고교를 조기 졸업하고 KAIST에 진학해 바이오 및 뇌공학 학·석사 학위를 받은 공학도는 비범했다. 그는 직접 자동화 소프트웨어를 개발해 단 하루 만에 모든 일을 끝냈다.

시급 1,600여 원을 받는 사회복무요원 반씨는 7월부터 안동지청에 행정 자동화 혁신을 일으키고 있다. 그 과정에서 해프닝도 벌어졌다. 반씨는 같은 양식의 다른 부서 엑셀 파일을 하나로 합치라는 업무 지시를 받고 이를 자동으로 합쳐주는 프로그램을 개발했는데, 갑자기 개인 컴퓨터 인터넷주소(IP주소)가 차단된 것. 이 프로그램을 담당 공무원에게 e-메일로 전송했더니 공공기관 내부망을 관장하는 국가정보자원관리원이 비인가 프로그램을 이용한 통신 공격으로 오해하고 조치를 취한 것이었다.

반씨는 지난달부터 안동지청 행정 자동화 사례를 블로그에 올렸다. 이를 본 고용노동부가 3일 정부세종청사로 반씨를 초청해 현장의 행정 자동화를 위한 조언을 직접 청취했다. 이 자리에서 반씨는 딥러닝 기반 인공지능을 통해 종이 문서를 스캔하면 워드 파일로 자동으로 변환시켜 주는 프로그램 개발을 건의했다. 민원인이 손으로 쓴 서류를 공무원이 일일이 컴퓨터에 입력하는 방식을 고수하는 현장에서 느낀 문제의식에서였다.

반씨는 네트워크로 연결된 관공서 프린터마다 각기 다른 토너의 잔량을 자동 분석해 구매 효율성을 높이는 시스템도 제안했다. 고용부는 반씨의 건의를 업무 자동화 과제로 적극 검토하고 있다.

반씨는 17일 본보와의 통화에서 "스스로 '가성비(가격 대비 성능)'가 떨어지는 걸 못 견디는 편이라 단순 반복 업무가 싫어 자동화 프로그램을 개발했다"라며 "일개 사회복무요원이 정부 행정 시스템을 바꾸는 데 기여할 수 있다는 게 놀라웠다"라고 말했다.

반씨는 고교 동창들과 함께 농업에 인공지능과 사물인터넷(IoT)을 적용해 작물 생산량을 극대화하는 '스마트팜'을 개발하는 스타트업 '상상텃밭'에서 일하고 있다. 통상 KAIST 석사 출신은 산업체에서 전문연구요원으로 일하며 병역 혜택을 받지만 반씨는 창업 업무를 병행하고자 사회복무요원을 택하고 병무청에서 겸직허가를 받았다. 반씨는 "사회로 돌아가면 스타트업 회사를 성공시키고 다시 새로운 창업에 도전하는 게 목표"라고 말했다.

– 출처 : 동아일보, 2018.12.18

03 | 트렌드 이슈 유형 예시 문제

01 MZ세대

우리 시대 소비 트렌드를 주도하는 'MZ세대'에 대해 아는 대로 정리해 보시오.

우리 시대 트렌드를 새롭게 주도하는 계층을 'MZ세대'라고 부른다. 여기서 MZ는 밀레니얼(Millennials)의 'M'과 제네레이션(Generation)의 'Z'가 합쳐진 말이다.

밀레니얼 세대는 1980년대 초~2000년대 초 출생자, Z세대는 1990년대 중반~2000년대 중반 출생자를 뜻하는데, 통계청에 따르면 이 기간에 속하는 MZ세대는 2020년 기준 약 16,299천 명으로 국내 인구의 약 32.5%를 차지한다고 볼 수 있다.

'소비의 롤러코스터를 탄 자본주의 키즈'로 불리는 이들 MZ세대는 온라인과 디지털을 기반으로 돈과 소비에 편견이 없는 새로운 소비세대라고 할 수 있다. 보통 디지털 환경에 익숙하고, 최신 트렌드와 이색적인 경험을 추구하는 세대로 규정된다.

몇 가지 이들의 특징이라면, 자신의 정체성을 표현하기 위한 '레이블링 게임'에 몰두하고, 신상보다 중고마켓을 더 애용한다는 점을 들 수 있다. 취향 공유와 신종 재테크가 합쳐진 새로운 중고마켓이 뜨는 배경도 MZ세대의 힘이라고 볼 수 있다.

또한, MZ세대는 자신의 작품이나 이야기를 SNS 공간에 공유해 사람들과 소통하는 '인플루언서'가 되는 걸 주저하지 않는다. 소셜 미디어에서 구독자나 팔로워 수가 곧 자신의 영향력이나 파워가 되는 현상을 경험한 MZ세대는 대중의 관심을 유도하고 이를 적극 활용한다. 그리고 타인에게 인정받으며 자신감과 성취감을 느낀다.

'대학내일 20대연구소'는 MZ세대를 상징하는 5가지 키워드를 정리해 발표한 적이 있다. 그 5가지 키워드는 바로 '다만추세대', '후렌드', '선취력', '판플레이', '클라우드 소비'이다.

다만추는 '다양한 만남을 추구한다.'라는 뜻이다. 인만추(인위적인 만남 추구), 자만추(자연스러운 만남 추구) 등에 이은 새로운 줄임말로, 자유정신과 디지털 공간이 다만추를 가능케 한다.

이어 후렌드는 'WHO+Friend'를 합친 말로 온라인에서는 누구와도 친구가 될 수 있다는 의미다. 실제로 페이스북에서는 나이도, 지역이나 국가도, 성별도, 인종도 넘어 '페친'이 될 수 있다. 이런 현상은 최근 SNS DM(다이렉트 메시지)으로 연애를 하는 등의 추세에서도 엿볼 수 있다.

선취력의 경우 '先+취력'이란 의미로, 자신이 원하는 바를 이뤄내기 위해 촛불집회, 국민청원 등을 통해 능동적으로 행동하는 성향을 나타내는 신조어이며, 판플레이는 놀이판의 '판'과 '놀다'라는 뜻의 '플레이(Play)'가 합쳐진 단어로 '판'을 벌려 놀이를 즐기는 세대를 의미한다. 콘텐츠를 단순히 보는 행위에서 끝나지 않고, 댓글을 달거나 직접 참여하는 등 모두가 참여할 수 있도록 하나의 놀이판을 만들어가는 것을 뜻한다.

마지막 '클라우드 소비'는 구매보다는 구독을 통한 공유의 개념을 의미한다. 원하는 순간 딱 원하는 만큼만 니즈가 충족되길 바라는 소비로, 내 것으로 소유하기보다는 함께 공유하는 형식을 말한다.

MZ세대와 소통하는 마케팅 전략으로는 BTS와 가수 지코의 사례가 주로 꼽히고 있다. BTS의 경우 초창기 '생활 이야기 공유 마케팅'을 펼친 바 있다. 멤버들이 각자의 일상을 찍어 SNS를 통해 팬들에게 알렸고, 그들은 피나는 연습 과정을 보여주며 성장하는 모습을 있는 그대로 팬들에게 전할 수 있었다. 심지어 멤버 개개인이 팬들과 소통하기도 했는데, 팬들은 SNS를 통해 스타와 직접 글을 주고받을 수 있었고, 이는 BTS가 대중의 사랑을 받기 시작한 결정적인 계기로 평가받기도 했다.

가수 지코의 '#아무노래챌린지' 역시 MZ세대와 소통하는 주요 마케팅 전략으로 평가된다. 지코는 자신의 신곡 '아무노래'를 홍보하기 위해 노래에 맞춰 지코와 유명 연예인들이 함께 춤을 추는 모습을 짧은 영상으로 담는 챌린지를 만들었다. 그렇게 만들어진 챌린지는 SNS상에서 큰 인기를 끌어 많은 일반인들이 SNS 속 해시태그와 함께 아무노래 챌린지에 도전했다. 결과적으로 #아무노래챌린지는 9만 건 이상의 참여를 끌어내며 성공한 마케팅 사례로 꼽히고 있다.

MZ세대는 직접 영상을 찍고, 불특정 다수가 볼 수 있는 공간에 공유하고 모르는 사람들과 소통하는 일을 즐긴다. 이런 특징을 무기로 이들은 유행을 선도하고 비즈니스의 방향을 주도하며 브랜드의 흥망을 결정한다.

02 CJ ENM 비저너리 10인 발표

엔터테인먼트 & 라이프스타일 컴퍼니 CJ ENM은 한국 대중문화계에 선구적인 업적으로 전 세계 대중에게 영감을 준 10인의 '비저너리(Visionary)'를 선정해 발표하고 있다. 이에 대해 아는 대로 정리해 보시오.

이제 한국 대중문화는 세계적인 수준이라는 평가를 받고 있다. K-POP 공연과 드라마, 영화 등 K-Culture가 전 세계인의 사랑을 받고 있기 때문이다. 엔터테인먼트 & 라이프스타일 컴퍼니 CJ ENM의 성장 과정과 K-Culture의 글로벌 성공은 서로 시너지 효과를 냈다. 잠재력 있는 스타들을 발굴하고, 스타들이 자신의 능력을 맘껏 펼칠 수 있는 무대를 만들고, 작품과 콘텐츠를 세계인에게 선보일 수 있는 플랫폼에 CJ ENM의 손길이 미쳤다. CJ ENM는 특히 K-Culture를 성장시킬 문화혁신가들과 콘텐츠 리더들을 발굴하는데 엄청난 공을 들였다. 대표적인 사례가 바로 '비저너리(Visionary) 선정 프로젝트'이다.

CJ ENM은 지난 2020년부터 한 해 동안 한국 대중문화계에 선구적인 업적을 남겨 전 세계 대중에게 영감을 준 10인의 '비저너리(Visionary)'를 선정해 발표하고 있다.

CJ ENM의 비저너리 프로젝트는 아시아를 대표하는 글로벌 엔터테인먼트 기업으로서 **한국문화를 세계에 알리는 데 앞장선 상징적인 인물들의 성과를 다시 한 번 조명하고, 이를 통해 앞으로의 방향성을 제시하는 야심 찬 기획**이다. 선정과정은 이렇다. 방송, 영화, 음악, 공연 등 한국 대중문화 전 분야에서 활약한 아티스트와 크리에이터를 대상으로 문화평론가 및 업계 트렌드 전문가들의 추천과 빅데이터 분석을 통해 한 해 동안 엔터테인먼트계 변화와 혁신을 주도한 아이콘 10인을 선정한다. 이 10인은 '선지자'라는 뜻의 '비저너리(Visionary)'로 명명된다.

2020년 처음 발표된 '비저너리'에는 당시 K-Culture를 이끈 이름이 대부분 올랐다. 김은희 작가, 김태호 PD, 박지은 작가, 가수 방탄소년단(BTS), 영화감독 봉준호, 가수 블랙핑크, 가수 겸 배우 비, 배우 송강호, 신원호 PD, 방송인 유재석 등이었다(가나다 순).

먼저 신원호 PD는 《응답하라 시리즈》로 케이블 드라마의 위상을 높였으며, 잠재력 있는 배우 캐스팅, 휴먼 드라마 장르 등 흥행 공식과 거리가 먼 조건을 강점으로 활용해 《슬기로운 감빵생활》, 《슬기로운 의사생활》까지 연속 흥행을 성공시켰다는 점에서 높은 평가를 받았다.

봉준호 감독은 《기생충》으로 아카데미를 휩쓸며 한국 영화의 가능성을 보여주었고, 작품성과 대중성을 동시에 인정받은 다수의 작품에 이름을 올려 온 배우 송강호는 《기생충》으로 제45회 LA비평가협회상 남우조연상, 제26회 미국 배우조합상과 앙상블상을 수상하며 할리우드에서도 연기력을 인정받았다.

빌보드 차트를 휩쓸며 세계관을 활용한 콘텐츠로 K팝의 확장된 힘을 보여준 방탄소년단(BTS)을 비롯해 블랙핑크는 전 세계 팬덤을 기반으로 게임, 소셜 아바타 등 'MZ세대' 맞춤형 콘텐츠를 발 빠르게 확장했다.

이후 비저너리 프로젝트는 이어져 2023년에는 배우 김혜수, 나영석 PD, 이진주 PD, 배우 박은빈, 박찬욱 감독 등이 선정됐다. 나영석 PD는 '나영석 세계관'이라는 말도 있을 정도로 나영석 사단만의 콘텐츠를 만들어가고 있고, 《뿅뿅 지구오락실》, 《출장 십오야》 등 새로운 시도로 고정 시청자층의 눈을 사로잡고 있다. 이진주 PD는 《환승연애 시리즈》를 통해 범람하는 연애 프로그램 속 새로운 포맷을 도입해 시즌마다 큰 화제를 불러일으켰다. 배우 박은빈은 전 연령층에게 고루 사랑받는 배우 중 한 명이다. 드라마 《이상한 변호사 우영우》(2022), 《연모》(2021) 등을 통해 연기력을 인정받아 국내뿐만 아니라 외국 시청자들에게도 이름을 알리는 배우로 성장했다.

'비저너리'에 선정된 문화콘텐츠 분야의 다양한 리더들은 단순히 화제성을 넘어서 각자의 분야에서 독창적인 행보로 업계 트렌드를 선도한다. CJ ENM은 자사 채널의 캠페인 영상 등 다양한 프로모션을 통해 '비저너리'에 선정된 10인의 활동과 인사이트를 조명하고 있다.

비저너리(Visionary) 프로젝트를 기획 추진했던 CJ ENM 마케팅&커머스 담당자는 '비저너리'에 대해 "자신만의 언어로 대중을 위로하고 미래를 사유하며 새로운 방향성을 제시하는 존재"라고 정의한 적이 있다. '비저너리' 선정 발표의 취지가 시대정신에 공감하고 미래를 모색하는 엔터테인먼트 컴퍼니로서의 역할을 다하기 위해서라는 것이다. CJ ENM은 '비저너리'가 글로벌 엔터테인먼트 업계에서 '타임지 100인' 명성에 버금가는 상징이 될 수 있도록 앞으로 CJ ENM의 중요한 프로젝트로 키워나갈 예정이다.

03 OTT 서비스

OTT 서비스(Over-The-Top Media Service)는 인터넷을 통해 방송 프로그램·영화·교육 등 각종 미디어 콘텐츠를 제공하는 서비스를 말한다. 이에 대해 아는 대로 정리해 보시오.

OTT는 Over-The-Top의 준말인데, 여기서 Over-The-X는 '기존의 범위를 넘어서'라는 뜻을 가진다. 이를 좀 더 자세하게 설명하면 다음과 같다. Over the Top은 직역하면 '셋톱박스(Top)을 넘어'라는 뜻이다. 텔레비전에 주로 사용하는 셋톱박스(Top)라는 하나의 플랫폼에만 종속되지 않고 PC, 스마트폰, 태블릿 컴퓨터, 콘솔 게임기 등 다양한 플랫폼을 지원한다는 의미로, 하나의 콘텐츠를 다양한 플랫폼에서 시청(소비)할 수 있는 실시간 방송과 VOD를 포함한 차세대 방송 서비스이다. 영화나 드라마, 예능, 다큐와 같은 영상물 콘텐츠를 스마트폰이나 컴퓨터 같은 인터넷망을 통해 보는 서비스로 넷플릭스나 유튜브, 혹은 기타 방송 서비스를 생각하면 된다.

국내 OTT 서비스 이용률은 2015년 35%에서, 2017년 36.1%, 2018년 42.7%, 2019년 52.0%, 2020년 66.3%까지 증가하였다. 이 중 10대 이용률은 71.7%, 20대 이용률은 78.4%, 30대 이용률은 64.2%로, 젊은 층의 선호도가 높아 OTT 서비스는 장래가 유망한 산업 분야로 점쳐진다. 특히 국내에서 제공되는 OTT 서비스 중에는 유튜브 이용자가 압도적으로 많은 것으로 나타났는데, 유튜브 내 다양한 장르의 콘텐츠 제공과 무료 서비스 등이 주 이유로 꼽히고 있다.

방송통신위원회가 발표한 '2019 지능정보사회 이용자 패널조사'에 따르면, 국내 온라인스트리밍서비스(OTT) 이용자 중 91.0%가 유튜브를 이용했다. 이어 네이버TV가 37.8%, 카카오TV 17.9%, 넷플릭스 14.9%, 아프리카TV 11.5%, 웨이브 7.1%, 올레TV 5.9%, U+모바일TV 4.6% 순으로 집계됐다(복수 응답). 이 중 53.7%는 OTT 서비스가 사용하기 편리하다고 답했다. 응답자의 14.9%는 동영상 추천 기능이 훌륭해 OTT를 사용한다고 응답했다.

● ● ●

각종 언론과 인터넷에 공개된 국내 OTT 서비스의 역사를 간략하게 정리해 보면 다음과 같다.

LG유플러스는 2010년 '유플러스 박스(U+Box)'를 통해 서비스를 제공했다. SK텔레콤은 2009년부터 삼성전자를 비롯한 외부 협력사들과 함께하며 2011년 '호핀(Hoppin)'이라는 N스크린 서비스를 출시했다. 삼성전자 '갤럭시S 호핀'이 호핀 전용 스마트폰으로 이 서비스를 지원하기도 했다.

KT는 2011년 '올레TV Now'라는 서비스를 출시했으며 스카이라이프를 통해 2017년 '텔레비'라는 서비스를 선보였다. 한편, 2017년 유튜브 프리미엄이 한국 내에서 OTT 사업을 시작했다.

2019년 SK텔레콤과 KBS, MBC, SBS 지상파 3사는 유튜브나 넷플릭스 같은 글로벌 OTT 업체를 견제하기 위해 푹(POOQ)과 옥수수(Oksusu)를 합친 '웨이브(Wavve)'라는 새로운 통합 OTT 서비스를 실시하기로 했다.

2019년 9월에는 SK텔레콤, SBS, MBC, KBS의 웨이브가 새롭게 출범했다. CJ ENM과 JTBC는 합작법인을 만들어 2020년 초 웨이브에 대항하기 위해 TVING 기반의 새로운 OTT 서비스를 론칭하는 MOU를 체결했다.

2019년 11월 CJ ENM의 자회사 '스튜디오드래곤'은 넷플릭스와 2020년부터 3년간 생산 및 유통계약을 체결했다. 아울러 JTBC의 자회사 JTBC 콘텐트허브도 넷플릭스와 2020년부터 3년간 콘텐츠 유통계약을 체결했다. 이는 한국에 진출하는 디즈니 플러스와 웨이브에 대항하기 위해서 넷플릭스가 CJ ENM과 JTBC와 연합했다는 평가이다.

이런 역사를 거쳐서 현재 한국 내에서는 넷플릭스, 왓챠, 웨이브가 가장 대중적인 OTT 서비스로 자리잡고 있다.

04 '불쾌한 골짜기' 캐릭터 이론

영화나 애니메이션 캐릭터를 보고 불편함이나 무서움을 느끼는 '불쾌한 골짜기' 이론에 대해 아는 대로 정리해 보시오.

종종 영화나 애니메이션 캐릭터를 보고 불편함을 느끼거나 심지어 무서움을 느낀다는 이야기가 들려온다. 대표적인 사례는 2004년 개봉한 모험 애니메이션 영화 《폴라 익스프레스》에 등장하는 캐릭터들이다.

《폴라 익스프레스》에 등장하는 캐릭터들은 모션 캡처 기법을 사용해 배우의 표정과 행동을 현실적으로 구현한 작품이다. 인간과 매우 닮았지만, 인간과 사뭇 다른 모습이 특징이다.

헌데, 이 영화를 보던 아이들이 뜻밖의 반응을 보였다. 어린 관객들이 "캐릭터가 너무 무섭다."라며 울음을 터트리는 일이 종종 발생한 것이다. 같은 3D인데도 어느 정도 형태가 다르거나 비인간 캐릭터를 차용한 《인크레더블》이나 《몬스터 주식회사》 등의 반응이 폭발적이었는데 말이다.

어째서 아이들은 《폴라 익스프레스》에 등장하는 캐릭터들에게 두려움을 느낀 것일까? 이것은 '불쾌한 골짜기' 현상 때문이라고 할 수 있다.

불쾌한 골짜기 이론은 로봇이 인간을 어설프게 닮을수록 오히려 불쾌함이 증가한다는 일본 로봇공학자 모리 마사히로(森政弘)의 논문(영어로는 'Uncanny Valley') 제목이다. 간략하게 이 이론을 요약하자면, 인간은 인간과 '어설프게 닮은 대상'을 '인간과 전혀 닮지 않은 대상'보다 훨씬 더 혐오한다는 것이다.

이러한 심리 반응의 예로 공포물에서 흔히 쓰이는 인형의 모티브를 들 수 있다. 영화 《사탄의 인형》 (1988)에 나오는 처키 인형을 떠올려 보자. 인간은 외형의 유사성 외에도, 인형이 인간과 비슷한 특성이나 현상(절단 시 출혈, 동공 확장, 모발 성장, 물질대사, 관절의 움직임) 등을 보일 때 불쾌감을 느낀다는 것이다.

'불쾌한 골짜기'는 사실 인간 캐릭터에만 해당되는 경우는 아니며, 인간과 어색하게 닮은 로봇은 물론 다른 동물이나 식물 캐릭터에도 적용된다고 한다. 로봇 캐릭터의 경우를 보자. 미국 '보스턴 다이내믹스' 사의 두 가지 로봇 영상을 본 네티즌들의 반응은 극명하게 갈렸다. 처음 미국 보스턴 다이내믹스 사에서 4족 보행 로봇 순록의 주행 영상을 업로드 했을 때 사람들은 로봇 기술의 발전에 감탄하며 꼭 한 번쯤 로봇 순록을 타보고 싶다는 반응을 보였다.

그러나 인간과 묘하게 닮은 로봇이 영상에 등장하자 반응이 달라졌다. 완전히 로봇스러운 것도 아닌 약간의 어색함이 느껴지는 인간형 로봇에 대해서 갑자기 혐오감을 드러낸 것이다. 학자들은 이런 현상에 대해 "인간에게는 이질적인 것에 대한 두려움이 본능에 새겨져 있기 때문"이라고 해석했다.

따라서 《폴라 익스프레스》는 실제 배우의 온몸에 추적 센서를 붙여서 제작했기에 등장 캐릭터들의 표정이나 움직임, 사실성 등이 더 뛰어났지만, 이러한 '불쾌한 골짜기'가 치명적인 약점으로 작용했다는 지적이 많다. 《토마스와 친구들(Thomas the Tank Engine&Friends)》은 사람 얼굴이 달린 증기기관차 토마스와 그의 친구들에 대한 영국의 애니메이션인데, 얼굴에만 한정할 경우 이 TV 프로그램 또한 '불쾌한 골짜기'의 예라고 평가받기도 한다.

05 초개인화 기술

인공지능, 빅데이터, 개인 맞춤 서비스 등이 연결된 초개인화 기술이 주목받고 있다. 이에 대해 아는 대로 정리해 보시오.

'개인 취향 저격'이라는 말이 있다. '넷플릭스'를 예로 들어보자. 이곳은 콘텐츠 장르를 7만 6,000여 개로 디테일하게 나누었으며, 고객 선호도를 2,000개 유형으로 분류해 맞춤형 추천 콘텐츠를 선보이고 있다.

최근에는 개인 맞춤 서비스를 위해 분석, 분류, 예측이 강화되고 있다. 실제로 소비자들이 넷플릭스의 영화 추천 알고리즘인 '시네매치'가 추천해 준 작품을 선택하는 비율이 75~80%에 달한다고 전해진다. 이를 위해 넷플릭스는 사용자의 선호도나 감정까지 분석하는 '딥러닝' 기술까지 도입했다.

세계 시장 점유율 1위 무료 음악 스트리밍 서비스 업체인 '스포티파이'는 사용자의 청취 습관(위치, 시간, 선택 음악, 건너뛴 음악)을 분석하고 비슷한 취향을 가진 타인의 데이터를 혼용하는 알고리즘을 사용한다. '구글'의 AI스피커인 '구글 홈'의 경우에는 같은 명령에도 가족 목소리를 각각 따로 인식해 각자의 취향에 맞는 음악을 틀어준다. 글로벌 기업 '아마존'은 소비자의 주문을 사전에 예측하여 해당 물품을 가장 가까운 창고로 보내 놓는다고 한다.

이처럼 1인 가구의 확대와 비약적인 인공지능(AI) 기술의 발전 등으로 개인 맞춤형 서비스를 제공하는 '초개인화 서비스'가 우리 시대 트렌드로 부상하고 있다. 앞서 언급된 서비스에 적용되는 **'초개인화 기술'은 실시간으로 소비자의 상황과 맥락을 파악하고 이해해 소비자가 가장 원하는 경험을 서비스와 상품을 통해 적시에 제공하는 기술**이다. 주로 온·오프라인으로 수집된 소비자의 데이터를 바탕으로 소비자의 니즈를 예측해 서비스와 상품을 제공하는 기술을 말한다.

그중 핵심은 빅데이터 기술로, 방대한 데이터와 정교한 알고리즘으로 완벽하게 개인 맞춤 서비스를 실시간으로 제공하는 것이다. 포털사이트나 SNS상에 상품을 검색했다면 관련 쇼핑 앱이나 상품을 띄우는 등 소비자의 관심사나 취향을 실시간 캐치하여 필요하다고 판단하는 정보를 여러 경로를 통해 노출시키는 방식이다.

개인화 서비스를 구현하려면 보통 '협업 필터링'과 '콘텐츠 기반 필터링'이라는 두 가지의 알고리즘이 필요하다. 협업 필터링은 대규모의 기존 사용자들의 행동, 성별, 연령, 위치 등의 기본 정보를 수집해 비슷한 조건의 사람들이 공통으로 소비하는 콘텐츠 패턴을 근거로 상품을 추천하는 방식이다. 이 경우에는 반드시 기존 빅데이터가 필요하다.

따라서 새로운 쇼핑몰이나 콘텐츠를 론칭하는 등 기존 빅데이터가 존재하지 않을 경우에는 주로 콘텐츠 기반 필터링 방식이 활용된다. 콘텐츠 기반 필터링은 말 그대로 **콘텐츠 자체의 데이터를 다양한 카테고리로 분석해 그와 비슷한 콘텐츠를 소비한 사람들에게 추천하는 방식**이다. 물론 상황에 따라 두 필터링 알고리즘을 함께 쓰거나 이외에 기업 자체로 차별적인 알고리즘을 추가할 수도 있다.

초개인화 기술의 3단계는 1단계 '모든 것의 데이터화', 2단계 'AI를 통한 알고리즘 분석', 3단계 '다양한 미디어를 통한 상호 커뮤니케이션'으로 이루어져 있다. 다음에 소개하는 '초개인화 기술 추구의 가치요소' 3A도 참고해 두면 좋겠다.

사용자 인지(Aware) : 소비자가 현재 어떤 맥락에서 무엇을 어디에서 하고 있는지 읽어내고 인지하는 것이 개인화의 시작이다. 가정에서 조명 시스템을 사물 인터넷과 연결해 다양한 상황에 맞춰 활용하는 것도 좋은 예이다. 침입자가 있음을 경고하는 경고등으로, 어린아이가 계단이나 난로 근처에 다가가면 조명을 비추어 부모에게 경고하도록 만들 수도 있다.

사용자 지원(Assist) : 상황 속에서 '함께'하며 도움을 주는 기술 가치를 꼽을 수 있다. 가장 대표적인 기술로 '챗봇', 'AI 스피커', '스마트홈' 등을 들 수 있다. 내가 듣고 싶은 음악, 내가 보고 싶은 영화가 무엇인지 나보다 더 잘 알고 있는 '스포티파이'와 '넷플릭스' 등이, 빅데이터에 기반한 개인별 콘텐츠 큐레이션 서비스를 해주는 것으로 유명하다.

사용자 예측(Anticipate) : '아마존'이나 '넷플릭스'의 서비스처럼 개개인의 취향을 분석하고 패턴을 체크한 후 미래에 필요한 것을 예측해 노출시키는 것이다. 소비자별 취향을 분석하고 그들에게 필요한 것을 미리 지원할 수 있다.

06 팬슈머

과거 기업의 생산과정에 참여하는 소비자라는 의미로 생산자(Producer)와 소비자(Consumer)를 합성한 프로슈머(Prosumer)가 유행했다면 요즘엔 '팬슈머(Fansumer)'가 뜨고 있다고 한다. '팬슈머'에 대해 아는 대로 정리해 보시오.

프로슈머(Prosumer)가 소비자의 의견을 듣는 것에 의미를 두었다면, 팬슈머(Fansumer)는 해당 기업이나 브랜드가 진심으로 잘 되길 바라는 '열정'까지 포함한 소비자라고 정의할 수 있다.

팬슈머란 팬(Fan)과 소비자(Consumer)의 합성어로, 특정 상품이나 브랜드의 투자 및 제조 과정에 직접 참여하는 새로운 소비자를 의미하는 용어다. 소위 말하는 '열정 소비자'를 뜻하는 팬슈머는 이미 유통 중인 상품과 콘텐츠를 소비하는 것을 넘어 기획, 유통, 홍보, 지지 및 비판 등 제품과 브랜드 등에 전반적으로 관여하고 있다.

최근 방영되는 오디션 프로그램들을 생각해 보자. 과거 텔레비전 프로그램에서 나오는 아이돌 오디션은 지원자가 전문 심사위원에게 심사를 받고 순위 결정 및 멤버로 선정되는 방식이었다. 하지만 현재 방영되는 오디션 프로그램들은 대부분 시청자가 직접 심사위원으로 참여하여 투표권 및 영향력을 행사한다. 과거에는 방송사가 보내주는 방송을 일방적으로 받아들이고 수용하는 입장이었다면 지금은 시청자가 방송에 개입하여 함께 만들어간다는 차이가 있다.

물론 방송에 직접 참여하기 위해서는 시청자에게도 최소한의 능력과 자질이 요구되는데, 그것은 엄밀히 말해 '팬'이라는 특성 때문에 가능하다. 어떤 분야든 열정적인 팬은 재화와 서비스의 제작과 기획에 적극적으로 참여하고, 결과에 영향력을 발휘할 수 있는 것이다.

사례를 찾아보면 미국 온라인 1위 매트리스 브랜드인 '지누스'의 성공 요인 중 하나가 바로 '팬슈머' 때문이라는 평가를 받고 있다. 실제로 '지누스'의 성공 요인으로는 소비자들의 리뷰(Review)가 꼽힌다. 제조사에서 직접 유통 및 배송까지 담당하는 D2C(Direct To Consumer) 브랜드인 '지누스'는 제품 사용자들의 좋은 평가가 계속 누적되면서 아마존을 포함한 미국 온라인 시장에서 먼저 주목을 받았다. '지누스'는 별도로 리뷰 팀을 운영해 좋은 리뷰만 확보하는 것이 아니라 소비자가 지적한 단점을 보완하였고, 좋은 반응을 얻은 부분 등에 대한 리뷰들을 꼼꼼히 체크하고 적극적으로 활용했다. 소비자들의 의견을 충분히 반영해 제품을 계속해서 업그레이드한 것이다. 그 결과 '지누스'는 가격 대비 우수한 제품력을 바탕으로 57만 건에 달하는 제품에 대한 긍정적인 평가를 받았다.

팬슈머 사례로는 한 가수에 대한 에피소드 역시 자주 회자되고 있다. 가수 전소미는 한 방송에 출연해 '맥도날드'의 애플파이와 관련된 에피소드를 밝혔는데, 해외 지점에서만 파는 애플파이를 국내에서도 먹고 싶어 고객센터에 수시로 전화했다고 털어놓았다. 그것도 한 달 내내 하루도 빼먹지 않고 말이다. 당초 '맥도날드'는 애플파이의 국내 출시 계획이 따로 없었지만, 전소미를 비롯한 많은 소비자가 애플파이를 적극적으로 요청하자, 국내에서도 전격 출시하게 되었다.

이러한 사례를 살펴보면 팬슈머의 입장에서는 자신들이 제품이나 브랜드를 키워냈다는 자부심이 생겼을 것임을 알 수 있다. 반대로 기업에서는 고객을 팬슈머로 육성하기 위해 마치 연예인 팬클럽이 '내가 이 스타를 키웠다.'며 자랑스러워 하듯, 고객이 '내가 이 브랜드를 키웠다.'는 성취감을 느낄 수 있도록 지원하는 점을 중요시할 것이다. 따라서 팬슈머가 많아질수록 기업의 입장에서는 소비자의 열성적인 지지와 참여를 이끄는 팬덤 전략이 점점 중요해질 것이다.

07 욜로(YOLO)

현재의 행복을 위해 소비하는 라이프스타일 '욜로(YOLO)'에 대하여 아는 대로 정리해 보시오.

'욜로(YOLO)'는 '인생은 한 번뿐이다.'를 뜻하는 'You Only Live Once'의 앞 글자를 딴 용어로, 현재 자신의 행복을 가장 중시하여 소비하는 태도, 혹은 미래 또는 남을 위해 희생하지 않고 현재의 행복을 위해 소비하는 라이프스타일을 의미한다.

이 용어는 지난 2011년 Drake의 'The Motto'라는 곡에서 후렴구로 나와 전 세계적으로 유명해졌다. '한 번 사는 인생인데'나 '인생은 한 번뿐'이라는, 마치 카르페 디엠과 같은 의미로 사용되는 것이 보통이다. 하지만 영미권에서는 점차 '인생은 한 번뿐이니 뭐든지 내가 원하는 대로 하겠다.'는 의미가 강해져, 각종 위험하고 무모한 행위, 철없는 행동, 혹은 그러한 객기나 허세를 부리기 전에 외치는 감탄사처럼 부정적인 의미로 사용되기도 했다.

'욜로'는 우리나라에서 지난 수년 동안 국민들의 라이프스타일에 가장 많은 변화를 준 키워드이기도 하다. 변화무쌍한 환경과 냉혹한 현실, 비교와 생존투쟁과 경쟁 속에 허덕이는 우리네 인생사에 잠시 숨 쉴 틈을 주는 구호였기 때문이다. 방송가에서는 2016년 이후로만 욜로 관련 프로그램이 14개 이상 제작되었다고 하는데 대부분 여행과 소비를 주제로 다루었다고 한다.

한 욜로 연구보고서에 따르면 한국에서는 욜로라는 의미가 TV 매체에서 소개되는 것처럼 주로 여행과 소비에 관한 인식이 주를 이루었다고 소개하고 있다. 실제로 욜로의 연관어로는 '여행', '과소비', '해외여행', '행복', '탕진잼' 등이 검색되었으며, 이는 한국에서의 욜로 현상이 관광과 관련된 소비로 확장됨을 증명한다고 분석했다.

욜로에는 긍정적인 측면과 부정적 측면이 동시에 존재한다. 욜로의 바람처럼 현재의 만족이 미래의 행복을 보장하지 않기 때문이다. 욜로를 꿈꾸며 도전한 자영업자나 프리랜서의 위기는 월급쟁이나 전문직의 틀에 박힌 노동이 고되고 만만치 않았던 것처럼 현실 앞에서 냉혹했다. 결국 두 갈래 길은 앞으로도 영원히 서로를 동경하며 평행선을 달릴지도 모른다.

마치 롤러코스터를 타는 것과 같은 소비트렌드 현상인 '롤코라이프'에 대하여 아는 대로 정리해 보시오.

'갑자기 어떤 인기나 이슈에 와~ 하고 몰려든다. 특이한 것이 있으면 대중이 한꺼번에 반응하고 금세 식어버린다. 색다름을 즐기다가도 얼마 후 흥미를 잃고 다른 것을 찾아 떠난다.' 마치 롤러코스터를 타는 것처럼 빠르게 타올랐다가 즉시 식는 현상이다.

놀이공원의 롤러코스터는 사람들이 우르르 몰려가 함께 탄다. 짜릿한 궤도의 오르내림을 즐긴다. 아쉽지만 금방 끝이 난다. 내린 사람들은 다시 새로운 놀거리를 찾아 빠르게 다른 곳으로 이동한다. 최근에는 마치 롤러코스터와 같은 특성을 그대로 보여주는 소비 트렌드가 전개되고 있다.

사례 1. 1일 1깡 : 하루에 한 번은 비의 '깡'을 시청해야 한다는 뜻을 담은 유행어였다. 여기서 깡이란 비가 2017년 낸 미니 앨범 〈MY LIFE愛〉의 타이틀곡이다. 서로 재미를 나누는 롤러코스터 같은 흥미진진한 공유게임이라고 할 수 있다.

사례 2. 빠르게 치고 빠지며 전개되는 스핀오프 예능 : 기존에 인기 있는 예능에서 파생된 색다른 콘셉트의 콘텐츠를 말한다. 코미디TV 《맛있는 녀석들》은 5주년 특집으로 《오늘부터 운동뚱(이하 운동뚱)》 프로젝트를 시작한 바 있다. 《운동뚱》은 《맛있는 녀석들》에서 파생된 유튜브 콘텐츠로, '건강을 챙기면서 먹방을 이어갔으면 좋겠다.'는 시청자들의 요청에 따라 론칭한 것이다. 복불복 추첨을 통해 첫 주자로 낙점된 김민경은 헬스부터 필라테스, 야구, 축구, 골프, 주짓수 등 다양한 운동을 모두 뛰어나게 해내며 남다른 운동 능력을 보여줘 큰 인기를 끌었다.

사례 3. 시즌제 드라마 : 미국 드라마와 TAS, 애니메이션, 쇼 프로그램 등 주로 TV 방영용 프로그램의 제작 방법으로 시즌별로 방영하는 것을 말한다. 보통 1년 단위로 방송 계획을 짜는데, 1년치 분량을 1개 시즌으로 몇 화정도 사전에 만들어놓고 매주 1편 정도씩 몇 개월간 방송하는 경우가 대부분이다. 한국의 시즌제 드라마로는 《학교》 시리즈, 《응답하라》 시리즈, 《막돼먹은 영애씨》 등이 대표적이다.

앞선 사례들은 모두 짧은 호흡으로 반짝 유행에 민감하고, 스릴을 강화하는 경향을 띤다. 서울대 소비트렌드 분석센터는 이러한 현상을 마치 롤러코스터와 닮았다는 의미에서 '롤코라이프'라 명명하고 이런 라이프스타일을 즐기는 이들을 '롤코족'이라고 칭했다. 롤코라이프는 '롤러코스터 라이프'를 줄인 말로 마치 여러 사람이 타서 짧은 시간 동안 즐기는 롤러코스터처럼 하나의 밈에 우르르 몰려갔다가 다시 또 다른 재미를 찾아 빠르게 이동하는 것을 말한다.

기업 입장에서 롤코라이프는 그저 소수 젊은이들의 변덕이 아니라, 상시 대응해야 할 시장의 일반적 변화로 평가되고 있다. 이는 기업들의 마케팅 전략으로 지금부터는 공들여 준비한 100% 완벽한 마케팅보다는 미완성일지라도 끊임없이 치고 빠지는 소위 '숏케팅'이 더욱 필요하다는 걸 의미한다.

'휘게(Hygge)'는 편안함, 따뜻함, 아늑함, 안락함을 뜻하는 덴마크어, 노르웨이어로, '크리스마스에서 오는 행복'을 뜻하는 '율레휘게(Julehygge)'처럼 가족이나 친구와 함께 또는 혼자서 보내는 소박하고 여유로운 시간, 일상 속의 소소한 즐거움이나 안락한 환경에서 오는 행복을 뜻하는 단어로 주로 사용된다.

때때로 휘게라는 단어 자체가 '사랑하는 사람들과 함께하는 시간을 소중히 여기며 삶의 여유를 즐기는 라이프스타일'이라는 의미로 쓰이기도 하는데, 예를 들자면 잠옷을 입고 영화를 보는 일, 차를 마시며 창밖을 구경하는 일, 휴가를 가서 가족과 모닥불 앞에 모이는 일 등이다.

'덴마크 행복연구소'의 대표 마이크 비킹은 『휘게 라이프』라는 책을 통해 "눈부시지 않은 조명, 달콤한 음식, 평등하고 감사하고 조화로운 일상, 편안함, 그리고 바로 지금에 충실한 태도 등이 휘게 라이프를 즐기고 행복할 수 있는 비결"이라며 "덴마크 사람들이 행복한 이유가 바로 이런 휘게 라이프 때문"이라고 소개하고 있다.

휘게와 힐링(Healing), 욜로(YOLO)는 '삶의 질 향상'을 꿈꾼다는 점에서 유사하지만 힐링과 욜로가 개인의 삶에 초점을 둔 반면, 휘게는 내 가족과 친구, 동료 등 집단을 중요시한다는 점에서 차이가 있다. 쉽게 말해 휘게는 **사람들과 함께 할 때에 느끼는 행복함, 편안함 등의 감성, 감정**을 뜻하는 것이다.

우리나라는 모두가 몸과 마음의 치유, 회복을 뜻하는 힐링에 빠지기도 했고 '인생은 한 번뿐, 현재를 즐겨라'라는 욜로를 외치기도 했다. 여기에 일상 속에 소소한 여유와 행복을 찾는 라이프스타일인 '휘게'까지 가세했다.

비록 용어는 다양하지만 메시지는 같다. 우리 삶에서 힐링, 욜로, 휘게에 대한 욕망은 쉽게 사라지지 않을 것이다. 그만큼 사람들 마음속에는 여유로운 시간, 일상 속의 소소한 즐거움이나 안락한 환경에 대한 간절한 바람이 자리 잡고 있기 때문이다.

'매슬로의 욕구단계설(Maslow's Hierarchy of Needs)'을 적용해 개인미디어 트렌드 속에 드러나는 '인기 욕구'와 '인정 욕구'에 대해 분석하여 정리해 보시오.

심리학자 에이브러햄 매슬로가 발표한 '욕구단계설(Maslow's Hierarchy of Needs)'은 인간의 욕구가 그 중요도별로 일련의 단계를 형성한다는 동기 이론이다. 최초 5단계로 제시된 매슬로의 이론은 가장 기초적인 하나의 욕구가 충족되면 위계상 그 다음 단계에 있는 다른 욕구가 나타나서 그 충족을 요구하는 식의 피라미드형 체계를 이룬다. 이때 가장 먼저 요구되는 욕구는 다음 단계에서 달성하려는 욕구보다 강하고, 그 욕구가 만족되었을 때만 다음 단계의 욕구로 전이된다. 5단계별 특징은 다음과 같다.

1단계 생리 욕구(Physiological) : 허기를 면하고 생명을 유지하려는 욕구로 가장 기본인 의복, 음식, 가택을 향한 욕구에서 성욕까지를 포함한다.

2단계 안전 욕구(Safety) : 생리 욕구가 충족되고서 나타나는 욕구로서 위험, 위협, 박탈(剝奪)에서 자신을 보호하고 불안을 회피하려는 욕구이다.

3단계 애정·소속 욕구(Love·Belonging) : 가족, 친구, 친척 등과 친교를 맺고 원하는 집단에 귀속되고 싶어 하는 욕구이다.

4단계 존경 욕구(Esteem) : 사람들과 친하게 지내고 싶은 인간의 기초가 되는 욕구이다. 자아존중과 자신감, 성취, 존중 등에 관한 욕구가 여기에 속한다.

5단계 자아실현 욕구(Self-actualization) : 자기를 계속 발전하게 하고자 자신의 잠재력을 최대한 발휘하려는 욕구이다. 다른 욕구와 달리 욕구가 충족될수록 더욱 증대되는 경향을 보여 '성장 욕구'라고도 한다. 새로운 지식이나 정보를 알고 이해하려는 '인지 욕구'나 '심미 욕구' 등이 여기에 포함된다.

이후 매슬로는 5단계인 자아실현의 욕구를 넘어선 6단계 '자기초월의 욕구'를 제시했는데, 자기초월의 욕구란 자기 자신의 완성을 넘어서 타인, 세계에 기여하고자 하는 욕구를 의미한다.

● ● ●

요즘 핫 트렌드로 '진정한 자아'를 찾으려는 각종 성향 테스트를 즐기는 '레이블링 게임'이 꼽힌다. 나를 꽃으로 표현한다면 무슨 꽃일까? 혹은 음식이라면, 브랜드라면? MBTI, 꼰대레벨, 대학교 학과 테스트 등 급격히 유행하는 각종 테스트는 다원화한 현대 사회에서 '찐(진짜)'자아를 찾으려는 현대인의 갈구다. '진짜 나'를 찾으려는 현대인의 고민은 매슬로가 말하는 '자아실현 욕구'나 '자기초월의 욕구'와도 연관성이 있으며, 특히 개인의 욕구는 최근 급부상한 개인 미디어의 변화에도 영향을 미치고 있다. '유튜브'를 예로 들어보자. 초창기 유튜브에 참여한 크리에이터들은 '자아실현 욕구'가 강했다. 따라서 대중에게 무조건 관심을 받는 '인기 욕구'를 에너지로 삼았다. 하지만 자기중심적 콘텐츠를 통해 맹목적으로 인기를 지향하는 경향은 자연스레 거짓 정보나 낚시성 콘텐츠를 제공하는 것으로 이어지며 비판을 받는 일이 잦아졌고, 하루아침에 시청자의 외면을 받아 채널이 폐쇄되는 경우 또한 빈번해졌다. 이제 개인 미디어 운영자는 '인기 욕구' 단계에서 점점 '인정 욕구' 단계로 발전하고 있다. 매슬로의 6단계 '자기초월의 욕구'로 이런 현상을 설명할 수 있다. 앞서 매슬로는 자기초월의 욕구란 자기 자신의 완성을 넘어서 타인, 세계에 기여하고자 하는 욕구라고 했다.

현재 크리에이터들은 그저 인기를 갈구하는 경향에서 벗어나 '인정'받기 위해 노력하고 있다. 겉으로만 화려한 한때의 인기보다는, 진정으로 시청자들에게 도움이 되는 알찬 콘텐츠를 제작하여 인정받고자 하는 욕구가 강해지고 있는 것으로, 최근 급부상하는 개인 미디어들은 자극적인 가십 외에 내실 있는 정보와 재미로 인정을 받아 인기를 얻는 콘텐츠를 가진 경우가 많다.

04 | 혁신전략과 아이디어 발상 유형 예시 문제

01 창의적인 의사결정 방향

당신이 소규모 방송사 대표라고 가정하자. 글로벌 거대 방송사들의 영향력이 날로 강해지는 현 상황에서 안정적인 전문 방송국 체제를 유지할 것인가? 모험적인 글로벌 방송국으로 도약을 꿈꿀 것인가? 당신이라면 어떤 선택을 할 것인지 제안해 보시오.

기업 입사시험으로 출제된 창의성 문제에서 수험자들에게 요구하는 것은 기상천외한 아이디어나 기발한 아이디어, 엉뚱한 발상이 아니다. 문제를 충분히 이해하고 자신이 가지고 있는 현재의 지식이나 경험, 독서, 트렌드 등의 정보를 활용하여 자신만의 생각을 도출하고, 그 생각을 논리적으로 전개하여 다른 사람이 공감할 수 있게 정리하는 능력이 있는지를 보고자 하는 것이다.

창의성이나 통찰력이라는 단어에 심어진 고정관념을 버리자. 다시 강조하지만 창의적 사고력은 창조가 이루어지는 혹은 의사결정이 일어나는 전체 과정을 이해하고, 그 사이에 필요한 핵심 요소들이 톱니바퀴의 연결처럼 서로 맞물려 돌아가도록 연출하는 능력이다. 따라서 사고력을 평가하기 위해 비즈니스와 연관 있거나 혹은 전혀 무관하지만, 혁신전략이나 아이디어 발상을 정리하라는 유형의 문제가 언제든 출제될 수 있다. 그러니 이러한 유형의 문제가 출제된다면 가장 먼저 문제를 객관적으로 분석하고 설계해야 한다는 사실을 기억하기 바란다.

창의적인 기획이나 의사결정 역시 창조 프로세스인 [무대 → 요소 1 + 요소 2의 연결 → 착상 → 분류, 설계, 절차 → 결과]의 플랫폼을 활용하면 한결 문제 분석이 쉬워진다. 이 플랫폼은 창조를 위한 필수 요소들의 톱니바퀴 연결 공식이기 때문이다. 창의적 아이디어나 기획, 의사결정 제시를 위해서는 사전에 먼저 [무대 → 요소 1 + 요소 2의 연결] 요소를 명확하게 정의해야 한다.

창의적인 기획 및 의사결정을 위한 창조 패턴의 원리

[요소 1] (기존 정보)	[요소 2] (데이터 댐 정보 연결)
[무대 세팅]	

그렇다면 이 핵심 플랫폼 속에 주어진 문제를 대입해 보자.

지역 방송국이 선택할 수 있는 미래 비전 전략 의사결정의 원리

[요소 1] • 현재 안정적인 소규모 방송국 체제를 유지할 것인가?	[요소 2] • 모험적인 글로벌 방송국으로 도약을 꿈꿀 것인가?
[무대 세팅] 글로벌 거대 방송사들의 영향력이 날로 강해지는 현 환경 속 우리 방송국의 위상	

이렇게 정리하면 요소 1, 요소 2를 통해 창의적인 기획이나 의사결정에 기반이 되는 솔루션을 찾을 수 있다.

첫째 솔루션 : 현재 안정적인 소규모 방송국 체제를 유지해야 한다. 이유는?

둘째 솔루션 : 모험적인 글로벌 방송국으로 도약해야 하는 시점이다. 이유는?

그러나 첫째와 둘째 솔루션 모두 약점이 있다. 첫째는 환경이 급하게 변하고 있어 '냄비 속 개구리'처럼 점점 더 위기가 커질 것이라는 사실을 간과하기 때문이고, 둘째는 현재의 안정성을 버리고 덩치를 키우기 위한 재정 투자 비용과 장기적인 위험 부담을 감수해야 한다는 사실을 간과하기 때문이다. 현실적 비즈니스에서는 둘 중 하나를 선택하기도 힘들고, 둘 중 하나를 포기할 수도 없는 경우가 대부분이다. 하지만 아직 플랫폼에는 하나의 핵심 요소가 남아있음을 알 수 있다. 바로 '무대'다. 이 영역을 통찰함으로써 세 번째 솔루션을 찾아 제시할 수 있다. 그렇다면 현재의 안정적인 소규모 방송국 체제의 장점을 유지하면서 동시에 글로벌 방송국들의 도전을 막아낼 아이디어는 무엇일까? 어떻게 하면 우리 프로그램의 전문성을 강화하고 글로벌 방송사들과 차별화를 시도하고 우리 시청자들과 더 긴밀한 커뮤니케이션을 통해 정체성을 확립하는 제3의 솔루션을 찾을 수 있을까?

답안예시

현재 무대 통찰
현재 안정적인 소규모 방송국 체제를 유지해야 한다면 '냄비 속 개구리'처럼 점점 더 위기가 커질 것이다. 그러나 모험적인 글로벌 방송국으로 덩치를 키우기 위한 전략을 선택한다면 엄청난 재정투자 비용과 장기적 위험 부담을 감수해야 한다.

요소 검토
비즈니스 현실상 둘 중 하나를 선택하기도 힘들고 둘 중 하나를 포기할 수도 없는 상황이다. 글로벌 거대 방송사들이 갈수록 덩치가 커지고 우리 시장의 영향력이 더욱 강해지는 환경에서 현재 안정적인 우리 방송국 체제의 장점을 유지하면서 글로벌 방송국의 도전을 막아낼 제3의 솔루션을 찾아내야 한다.

창의적 솔루션
우리 방송국을 '전문 방송국'으로 강화시키는 전략이 필요하다. 우리의 시장과 시청자들은 거대한 글로벌 방송사가 아니라 그저 수준 높은 전문 프로그램이 필요할 뿐이다.

실행 전략
우리는 프로그램 사이에 우리의 시청자들과 친밀하게 소통할 수 있는 커뮤니케이션 캠페인을 다양하게 펼칠 수 있다. 시청자들에게 직접적으로 캠페인을 펼치고 이를 통해 우리 방송국이 왜 필요한지 정체성을 인식시킨다. 또한 시청자들의 방송 참여 코너나 함께 운영할 수 있는 방송 캠페인을 지속적으로 전개하여 친구 같은 친밀감 있는 방송국의 이미지를 강화해 나간다.

기대 효과
현재 안정적인 우리 방송국 체제의 장점을 유지하면서 글로벌 방송국의 도전을 막아낼 제3의 솔루션과 실행을 통해 '전문 방송국', '소통하는 방송국', '친구 같은 방송국'의 이미지를 구축하여 새로운 도약의 발판으로 삼을 수 있을 것이다.

02 회사, SNS, 인재 조합 혁신전략

회사, SNS, 인재의 특징을 조합하여 기업에 혁신을 불러일으킬 수 있는 새로운 방법을 제안해 보시오.

기업 혁신이라는 무대 위에 회사, SNS, 인재라는 세 가지 키워드가 주어졌다. 따라서 지원자의 입장에서는 최대한 주어진 키워드의 특징들을 빠르게 파악하고 가능한 세 키워드의 특징들을 모두 연결하는 것이 좋다. 거기에 추가로 새로운 데이터를 조합하여 누구나 공감할 수 있는 아이디어와 구체적인 실행과정, 기대효과를 논리적으로 충실하게 정리하는 게 중요하다.

제시된 문제의 객관적인 상황을 종합적으로 파악하기 위해 핵심 플랫폼 요소와 특징을 분석해 다음과 같이 정리해 보자.

기업의 혁신 전략 아이디어 개발 창조 패턴의 원리

[요소 1]	[요소 2]
• 회사 : 직무, 전문성, 현장, 직원 • SNS : 관계, 커뮤니케이션, 공유, 디지털, 초월 • 인재 : 창의, 아이디어, 생각, 경험, 제안	(데이터 댐 정보 연결) 例 개방, 참여, 공모프로그램
[무대 세팅] 기업에 혁신을 불러일으킬 새로운 비즈니스	

이렇게 정리해 놓고 보면 좀 더 생각의 폭이 넓어진다. 제시된 키워드에서 벗어나지 않으면서도 다양한 특징들이 자유롭게 조합되고 연결될 수 있기 때문이다. 상황에 따라 키워드 특징을 조합하여 문장 하나를 만들어 낼 수 있다.

"직무의 전문성을 가진 직원이 다양한 직무나 그룹 내 부문의 경계를 초월하여 서로의 경험이나 창의적인 아이디어를 서로 나누고 공유한다."

여기에 우측 [요소 2]의 칸에 대학 시절 많이 도전했던 '공모전'이란 데이터를 넣으면 혁신이 발생하는 비즈니스 무대 위 참신한 프로그램 하나를 떠올릴 수 있다. '그룹 내 혁신아이디어 공모프로그램 사업'을 기획해 제안할 수 있는 것이다.

답안예시

현재 무대 통찰

변화무쌍한 기업환경에서 매 순간 혁신하지 못하면 살아남을 수 없다. 따라서 많은 국내외 기업들은 사내 공모프로그램을 운영하여 혁신아이디어를 발굴, 사내 벤처기업으로 육성해 성과를 내고자 한다.

요소 검토

'구글'의 인트라넷 '구글랩'에서는 직원들이 아이디어를 올리면 인기순위에 따라 사내 포럼에서 발표할 기회를 부여한다. '삼성전자'의 경우 창의개발연구소인 '크리에이티브랩(C랩)'이 대표적인 사내 공모프로그램이다. C랩은 혁신적 아이디어를 낸 임직원에게 아이디어를 구현할 기회를 주는데, 이러한 연구소의 탄생 배경에는 임직원 30만 명의 거대한 조직이 끊임없이 변하는 정보기술(IT) 업계에서 살아남기 위해서 실리콘밸리식 '벤처정신'을 조직에 이식해야 한다는 위기의식이 있다. 삼성전자는 C랩이 뛰어난 성과를 보여줌에 따라 '창의개발센터'를 설치하는 등 C랩 프로젝트를 확대하기도 했다.

솔루션

우리 기업 역시 다양한 직무, 다양한 그룹 내 부문에서 수많은 창의적인 인재들의 의견과 아이디어가 잠재돼 있다고 볼 수 있다. 따라서 잠자는 혁신적인 아이디어를 끄집어내고 직무 분야와 부문을 넘어 영역을 초월한 아이디어들을 서로 연결할 수 있다면 앞서 언급한 기업들의 혁신연구소 역할을 할 수 있다고 판단한다.

실행 전략

사내 공모프로그램을 실현시키기 위해서는 시간과 공간의 제약을 받지 않고 아이디어를 제안할 수 있는 시스템이 필요하다. 또한 정당한 보상과 실현 지원, 자유와 재미를 통한 자발성 유도 등을 통해 기업의 혁신적 동력을 마련할 수 있다.

기대 효과

그룹 내 자유롭게 혁신적인 사고와 새로운 아이디어가 제안될 수 있는 시스템이 구축되고 이를 통해 창의적인 인재들은 혁신과 아이디어를 실행한다. 이 과정을 통해 시스템은 강화되고 인재를 키울 수 있어 기업 혁신을 이루는 선순환 전략이 될 것이다.

03 가상·증강현실(AR·VR), 콘텐츠, 인물 조합 아이디어 제안

가상·증강현실(AR·VR), 콘텐츠, 인물을 조합하여 새로운 아이디어를 제안해 보시오.

기존에 없는 새로운 아이디어 발상이라는 무대 위에 가상 · 증강현실(AR · VR) 캐릭터, 배우, 앵커 등의 키워드가 주어졌다. 키워드별 특징을 입체적으로 다시 정리해 본다. 입체적으로 정리하는 이유는 짧은 시간 동안 정보와 데이터를 다각적으로 조합하고 연결하기 쉽기 때문이다.

가상 · 증강현실(AR · VR) 조합을 통한 창의적인 아이디어 발상의 원리

[요소 1]	[요소 2]
• 가상 · 증강현실(AR · VR) : 무(無), 창조, 저비용, 실재, 기술발전, 미래 • 콘텐츠 : 인터뷰, 공연, 영화, 뉴스, 게임, 요리 • 인물 : 진행자, 앵커, 사람, 가수	(데이터 댐 정보 연결) 예 고인이 된 유명 앵커, 가수, 배우
[무대 세팅] 기존에 없는 새로운 아이디어 발상	

핵심 플랫폼 요소와 특징을 분석해 보니 문제가 훨씬 명료해졌다. 이제 새로운 [요소 2]에 데이터 댐의 정보를 연결하여 아이디어를 찾아보자. 즉, "기존에 없는 새로운 아이디어 발상이란 무대에 가상 · 증강현실(AR · VR) 기술이 급속도로 발전하여 무에서 유를 효과적으로 창조할 수 있으니 캐릭터나 앵커 등 인간이나 동물을 가상 · 증강현실(AR · VR)로 새롭게 창조시켜 인터뷰, 공연, 영화, 뉴스, 게임, 요리 등 다양한 프로그램에 출연시키는" 것이다.

이제 [요소 2]에 자신만의 색다른 데이터를 넣으면 [무대]를 기반으로 [요소 1]과 '연결'할 수 있다. 예를 들어, 대중이 사랑했지만 일찍 세상을 등진 가수들의 공연 특집 프로그램을 기획하거나 제작하는 식이다. 실제 앵커 대신 가상현실 앵커가 뉴스를 진행하거나 가상현실 진행자가 요리 과정을 설명할 수도 있을 것이며, 한국 영화를 이끈 과거의 영화배우들을 가상현실로 불러들여 릴레이 인터뷰를 진행하거나 좌담회를 열 수도 있다. 이처럼 다양한 조합을 통해 아이디어를 찾는 것이 가능하다.

Tip 　트렌드 뉴스 읽어보기

Mnet은 《AI 프로젝트 다시 한번(이하 다시 한번)》으로 기적을 만들었다. '빙고', '비행기', '왜 이래' 등 다수의 히트곡을 탄생시키고 많은 사랑을 받았던 터틀맨은 2008년 갑작스럽게 세상을 떠났다. 이로 인해 그룹 '거북이'는 데뷔 7년 만에 해체했다. 《다시 한번》은 터틀맨의 생전 목소리 기록을 토대로 'AI 음성 복원'을 시도했다. 또한, 페이스 에디팅 기술을 추가했다.

이를 토대로 《다시 한번》 12년 만에 완전체 거북이의 무대를 만들어냈다. 드라마 《이태원 클라쓰》의 OST인 가호의 '시작'으로 꾸며진 무대는 터틀맨의 생전 모습, 그리고 그의 음성이 완벽하게 복원돼 벅찬 감동을 줬다. 뒤늦게 터틀맨의 모습을 확인한 지이, 금비는 노래를 부르던 중 놀란 표정을 지었다. 터틀맨의 어머니와 형 역시도 감격하며 눈물을 쏟았다. (참고자료 : 뉴스토마토)

ICT(정보통신기술)를 활용하여 생활에 편리한 새로운 앱을 창의해 보시오.

혁신과 진보는 생활 속에서 우연히 발견한 불편, 불만, 기대 차이에서 시작되는 경우가 많다. 현장의 문제점을 인식하고 이를 해결해 보고자 하는 마음에서 창의의 싹이 튼다. 사람들의 불편함을 다양한 ICT(정보통신기술)를 접목하여 해결하고 편리함을 가져다주는 수많은 앱이 대표적인 사례이다.

화장품 정보 제공 앱
화장품 원료 및 성분 정보(식품의약품안전처) 데이터를 활용·가공하여 소비자가 화장품 성분을 쉽게 이해하고 적합한 화장품을 합리적으로 구매할 수 있도록 도움

문화 여행 큐레이션 서비스
관광정보 서비스(한국관광공사)를 활용하여 지역 기반의 문화 여행 정보를 한곳에 모아 보여줌은 물론 추천을 제공함으로써 국민 여가생활의 질 향상

미세먼지 정보 앱
대기정보 데이터(한국환경공단, 기상청 등)와 GPS 기술을 융합하여 실시간으로 지역별 미세먼지 농도 정보를 업데이트하여 호흡기 질환을 예방할 수 있도록 정보 제공

대중교통 도착시간 알림 서비스
지하철 정보 서비스, 실시간 도착 정보(국토교통부, 서울특별시), 버스노선 도착 정보 조회 서비스(경기도) 등을 활용하여 대중교통 이용자의 대기시간 감소

병원 약국 정보 서비스
병원 정보 서비스(건강보험심사평가원)를 통해 주변 병원의 위치와 진료 정보 등을 제공

주차장 정보 앱
자치구별 주차장 현황(국토교통부, 서울특별시)을 활용하여 주변의 주차장 위치와 요금 등을 한곳에 모아서 제공

공적 마스크 재고 현황 알림 서비스
공적 마스크 판매처 판매현황(건강보험심사평가원), 공적 마스크 판매처 정보 제공서비스(한국정보화진흥원)를 활용해 약국별 코로나19 방역 공적 마스크 재고 현황을 제공함으로써 국민 비상사태 대응 및 편의성 제고

위와 같은 생활편의서비스 앱은 각기 다른 정보를 제공하지만 앱이 창조되는 메커니즘은 모두 같다. 빠르게 이해할 수 있도록 창조 프로세스 핵심 플랫폼으로 정리해 보자.

ICT(정보통신기술)를 활용한 솔루션 창조 패턴의 원리

[요소 1]	[요소 2]
• 일상 다수 필수 정보 • 한곳에 통합 • 신속성 • 편리성 제공	• 스마트기술 • ICT(정보통신기술) • IoT(Internet of Things, 사물인터넷) • 빅데이터
[무대 세팅 – 생활] 많은 사람들의 구체적이고 명확한 불편, 불만, 기대 차이 문제	

앞서 소개한 앱들은 핵심 요소 플랫폼의 [요소 2]에 '스마트기술', 'ICT(정보통신기술)', '빅데이터' 등을 연결하여 창조했다. 따라서 우리의 삶, 생활, 직무, 업무 환경 속에서 사람들의 불편, 불만, 기대 차이에 관심을 기울이고 그 문제를 구체적으로 정의한 후 스마트기술, ICT(정보통신기술), 빅데이터 등의 키워드를 연결시킨다면 우리 역시 창의적인 솔루션을 얼마든지 제시할 수 있다.

이런 문제가 지원자에게 평가하고 싶은 요소는 분명하다. 어떤 환경 속에서 스스로 개선점을 발견하고 그 문제를 해결할 새로운 아이디어를 찾아내 실제 구현하겠다는 마인드를 지니고 있는지를 파악하고 싶은 것이다.

나는 생활 속에서 우연히 발견한 불편, 불만, 기대 차이에서 개선점을 정의하고 ICT(정보통신기술)를 접목하여 해결하고 편리함을 가져다주는 '푸드 트럭 정보 앱'을 기획하게 됐다.

문제발견 – 생활 무대
친구의 생일 파티에서 "좀 특별한 음식 시켜 먹을 순 없나?"라는 이야기가 나왔다. 늘 동네 음식점에서 배달시켜 먹는 음식 말고 색다른 메뉴를 선택할 수 있다면 얼마나 좋겠냐는 것이었다.

요소 검토
요즘에는 음식 창업자들이 특색 있는 메뉴를 개발해 곳곳에 푸드 트럭을 운영하고 있다. 동네 식당에서 맛볼 수 없는 세계 각 나라의 메뉴를 선보이기도 한다. 만약 GPS기술을 접목하여 우리 지역에서 활동 중인 푸드 트럭 운영 현황을 알 수 있다면 얼마나 좋을까?

솔루션
일명 '지금 푸드 트럭' 정보 앱을 개발할 수 있다. 지금, 이 시각 주변에서 운영 중인 푸드 트럭들의 현황과 메뉴들의 정보를 손쉽게 파악할 수 있다면 유용할 것이다.

실행 전략
지역 푸드 트럭 현황, 푸드 트럭 셰프 인터뷰, 메뉴별 현황, 인기 추천 메뉴 리스트, 주문 예약 서비스, 배달 서비스와 연계, 마일리지 혜택 등 다양한 정보와 서비스 카테고리를 적용하여 구현한다.

기대 효과
푸드 트럭 창업자들과 연계하여 수익성을 높일 수 있고, 이용자들 또한 다양한 푸드 트럭 음식을 손쉽게 즐길 수 있을 것이다.

테스트에는 제한 시간이 있다. 정답을 고르는 문제라면 기출문제 풀이나 기타 훈련을 통해 시험에 맞춘 시간 관리 연습을 할 수 있지만 창의성 문제에는 조금 다른 시간관리 전략이 필요하다. 무작정 열심히 생각한다고 해서 뛰어난 창의를 할 수 있는 건 아니다. 짧은 시간 내에 몰입하여 독창적인 아이디어를 떠올리기 위해서는 도구가 필요하다. 생각도구가 있어야 시간 안에 통찰력을 발휘하고 생각도구를 사용해야 주어진 시간 안에 창의력을 발현시킬 수 있다.

핵심 플랫폼을 활용해 예시 질문을 다음과 같이 분석해 보자.

성공과 실패 사례를 조합한 새로운 비즈니스 창조 패턴의 원리

[요소 1]	[요소 2]
• 대중의 니즈 파악 • 새로운 가치 창조 요소들 • 문제해결 과제	• 성공 사례, 실패 사례 요인 연결
[무대 세팅] 기존과 다른 새로운 비즈니스	

[무대]와 [요소 1], [요소 2]까지 세 가지 영역에 제시된 문제의 전제 조건들을 세팅했으니, 이제부터 수많은 성공이나 실패 사례를 떠올려 각 요소들을 매칭하고 조합해 보면 된다. 살면서 경험해 온 사소한 성공과 실패 요인도 좋고, 전혀 다른 분야나 역사 속에서 발견한 성패 사례도 좋다. 구체적인 사례들이 현재 비즈니스 무대에 접목되어 창의적인 아이디어로 재탄생할 수 있다.

한 예로 동네에서 중고 직거래를 할 수 있는 지역 기반 중고거래 스마트폰 애플리케이션 서비스를 제공하는 '당근마켓'의 창업 과정을 소개해 본다. '당근마켓'은 기존의 성공 및 실패 사례의 요소를 효율적으로 재조합하여 새로운 비즈니스를 탄생시킨 사례 중 하나이다. 당근마켓은 이전의 중고거래 서비스에 비해 인지도는 낮았지만, 입소문을 타고 최근 직거래를 선호하는 이용자들에게 널리 사용되면서 큰 인기를 끌고 있다.

'당근마켓'은 2020년 기준 '11번가', 'G마켓'과 같은 커머스 앱을 제치고 전체 쇼핑 앱 카테고리에서 '쿠팡'에 이은 2위에 올라섰다. '와이즈앱' 기준 2018년 10월에는 127만 명이 이용하던 것이 2019년 10월 331만 명이 이용할 정도로 빠른 성장세를 보였으며 영국 서비스를 위해 해외투자까지 유치할 정도가 됐다.

그렇다면 '당근마켓'은 어떻게 탄생하게 됐을까? 이는 창업자인 김용현 대표가 사내 게시판에서 중고매매 코너를 마련해 성공을 거둔 경험 때문이었다. 그가 '카카오'에 다니던 시절 당시 사내 게시판에서는 직원 간 중고 거래가 활발하게 이루어지고 있었다. 처음에는 직원들만 사용할 수 있는 사내 서비스

였지만 인기가 점점 좋아지더니 지역 주민들까지 '우리도 쓰게 해 달라'는 문의가 많아졌고, 이후 직원 전용 이메일 인증을 없애고 휴대 전화 GPS로 '동네인증' 시스템을 도입했다.

이처럼 사내 게시판이 인기를 누리고 성공한 과정을 보면서 김대표는 기존에 운영 중이던 중고 직거래 플랫폼에 생각보다 불편한 점이 많았다는 사실을 발견하게 됐다. 우선 등급제가 까다로웠고 물건 부피가 큰 경우 택배 이용을 불편해하는 이용자들도 많았던 것. 이러한 문제는 다음과 같은 문제분석 과정을 통해 창조 프로세스를 정의할 수 있었다.

결과(창조) : 이용자들의 불편과 불만 누적
← **분류, 절차, 설계** : 등급제 이용과 상품 신뢰, 구매 절차에 따른 문제
← **착상** : 개선된 플랫폼이 없음
← **요소 1 + 요소 2 연결** : 직거래 상품의 기대차 발생과 택배 불편, 반송이나 환불 문제 발생
← **무대** : 온라인 비대면 직거래의 약점 비즈니스 환경

이처럼 비즈니스 무대분석을 토대로 김대표는 '당근마켓'의 전신인 '판교장터' 앱을 만들게 되었다. 사내 게시판의 직거래 성공 사례에서 장점을 받아들이고 기존 플랫폼 업체들에서 단점을 제거하여 새로운 비즈니스 모델을 제시하니 사용자 수가 폭발적으로 증가했다. 특히 새로운 판교장터 앱 서비스에 사람들이 하루에 열 번도 넘게 들어가는 걸 보고 방문 빈도 측면에서도 발전 가능성을 보았다고 한다.

무대 통찰 : 누구나 쉽게 이용할 수 있는 중고 직거래 플랫폼 비즈니스 발견
→ **요소 1 + 요소 2 연결** : 사내 게시판의 직거래 코너 사례와 성공 경험 과정(직접 사례)을 조합
→ **착상** : 지역 중심 대면 직거래 콘셉트
→ **분류, 절차, 설계** : 누구나 쉽게 지역에서 저렴한 물건을 직접 전달하는 신뢰도 높은 직거래 가능
→ **결과(창조)** : 당근마켓 창조

이처럼 새로운 비즈니스를 창조한 이들의 머릿속엔 공통적인 창조 패턴이 자리 잡고 있음을 알 수 있다. 따라서 이 패턴 모형을 활용하여 무대에 서로 다른 요소를 합하면 새로운 착상값을 찾아내고 이를 실현시켜 새로운 창조 작업을 훨씬 쉽게 진행할 수 있을 것이다.

세상의 모든 창조는 물리적인 질서와 인문학적 연결조합이 하나의 무대에서 세팅되어 일어난다. 바로 [무대 → 요소 1 + 요소 2의 연결 → 착상 → 분류, 설계, 절차 → 결과]라는 질서와 자율이다. 우리는 이 패턴의 비밀을 통찰해 비즈니스 또한 쉽게 이해할 수 있다.

스마트폰을 최초로 창조한 스티브 잡스나 약 2조 가치의 '유튜브'를 만든 스티브 첸의 '창조 공식' 역시 감독 관점으로 보면 유사점을 찾을 수 있다.

월터 아이작슨이 쓴 『스티브 잡스』 속에 나오는 아이폰의 탄생 과정을 있는 그대로 따라가 보자. 스티브 잡스는 당시 잘나가던 디지털카메라 시장이 한순간에 몰락하는 걸 목격하고 깊은 고민에 빠졌다. 창조 과정 패턴으로 보면 그의 문제 인식은 이랬다.

결과(창조) : 디지털카메라 시장이 갑자기 망함

← 분류, 설계, 절차 : 핸드폰에 장착된 카메라로 사진을 찍는 사람들이 점점 늘어남

← 착상 : 카메라 기능이 장착된 핸드폰

← 요소 1 + 요소 2 연결 : 핸드폰 기능과 카메라 기능이 서로 결합

← 무대 : 카메라 장착 핸드폰에 대한 새로운 비즈니스 환경

당시에는 이미 아이팟이 전 세계 시장에 큰 인기를 구가하며 높은 매출을 기록하고 있었지만 스티브 잡스는 기뻐할 수 없었다. 휴대 전화가 디지털카메라 시장을 한순간 점령해 버리는 과정을 지켜본 이상 아이팟의 미래를 생각하지 않을 수 없었기 때문이었다. 아이폰의 창조는 바로 이런 생각의 기반에서 시작되었다. 창조 공식이 순서대로 작동하기 시작한 것이다.

무대 통찰 : 핸드폰으로 인해 디지털카메라 회사들이 망하는 과정을 보고 아이팟의 미래를 고민하여 새로운 이야기 무대 필요

→ 요소 1 + 요소 2 연결 : '아이팟'과 '태블릿PC 사업의 화면 터치기술과 아이디어들'의 조합

→ 착상 : 인터넷 기능의 컴퓨터와 아이팟을 결합한 스마트폰 콘셉트

→ 분류, 설계, 절차 : 6개월간 매일 팀 회의를 거쳐 제품의 기능을 보완, 디자인 완성도를 높여감

→ 결과(창조) : 세상에 없던 스마트폰 창조

2조 원의 가치를 지닌 '유튜브'를 탄생시킨 스티브 첸이 언론 인터뷰에서 고백한 창업 과정 또한 잡스의 생각 공식과 크게 다르지 않다. 첸은 당시 화제가 된 가수의 영상이 너무나도 보고 싶었지만, 도무지 그 영상을 찾을 수가 없어 짜증이 나 있던 상황이었다.

결과(창조) : 화가 나고 짜증이 남

← 분류, 설계, 절차 : 보고 싶은 영상을 아무리 검색해도 찾을 수 없었음

← 착상 : 영상을 소개하는 좋은 포털사이트가 없음

← 요소 1 + 요소 2 연결 : 영상과 포털사이트가 서로 만나 잘 조화되지 않고 있음

← 무대 : 텍스트 중심 포털의 약점을 가진 검색엔진 비즈니스 환경

첸의 문제 발견은 창조 과정의 역순서이다. 이를 통해 첸의 머릿속에 창조적인 생각 주머니가 만들어졌고, 영상에 대해 아는 것이 전혀 없던 첸은 동료들과 함께 이 창조 공식에 나타난 문제를 하나씩 해결해 '유튜브'를 창조했다.

무대 통찰 : 보고 싶었던 동영상을 찾지 못해 짜증 난 과정을 돌아보며 누구나 영상을 쉽게 찾도록 도와주면 사람들이 좋아할 거라는 생각 주머니

→ 요소 1 + 요소 2 연결 : '영상물'과 '포털사이트 기능'을 서로 연결하여 조합

→ 착상 : 영상물 공유 전문 포털사이트 콘셉트

→ 분류, 설계, 절차 : 누구나 쉽게 동영상을 올리고 서로 간편하게 공유할 수 있게 사이트 기능 구축

→ 결과(창조) : 2조 원의 가치로 성장한 유튜브 창조

이것이 잡스와 첸이 미사여구를 빼고 스마트폰과 유튜브를 세상에 내놓게 된 있는 그대로의 창조 프로세스다. 결과적으로 새로운 비즈니스 모델이나 혁신적인 아이디어가 나오는 과정은 다르지 않다. 세상에 창조되는 것들은 저마다 필요한 요소들이 만나 적합한 절차를 거쳐 탄생하는 것이다.

OTT, 콘텐츠, 초개인화 기술의 특징이 조합된 새로운 아이디어를 창의해 보시오.

OTT, 콘텐츠, 초개인화 기술은 앞선 글에서도 다양하게 소개한 적이 있다. 트렌드 혹은 낱개의 지식이나 정보, 데이터를 창조 플랫폼에서 서로 연결한 뒤 작동시킨다면 새로운 것을 창조할 수 있다. 우선 제시된 세 가지 키워드의 특징을 창조 기본 플랫폼으로 정리해 보자.

OTT, 콘텐츠, 초개인화 기술 연결을 통한 창조 패턴의 원리

[요소 1]	[요소 2]
• OTT : 인터넷 서비스 • 콘텐츠 : 방송 프로그램 · 영화 · 교육 등 • 초개인화 기술 : 개인 맞춤형 큐레이션 기술, 매칭, 자기 선택	• 스마트폰 앱 편집 • 네이버 • 카카오
[무대 세팅] 기존과 다른 새로운 아이디어	

"방송 프로그램·영화·교육 등 콘텐츠를 인터넷 서비스로 시청자들에게 공급할 때 개인 맞춤형 큐레이션 기술을 적극 활용해 매칭 적합도를 높이고 자기선택성까지 높이는 새로운 아이디어는 없을까?"

이와 같은 문제가 정의된 상태에서 우측 [요소 2]에 새로운 데이터를 연결해 나간다. 예를 들어 [요소 2]에 '스마트폰 앱 편집'이라는 키워드를 넣어 보자. 우리는 새 스마트폰을 구입하면 가장 먼저 화면에 앱을 편집하게 된다. '메인 첫 페이지에 어떤 앱을 배치시킬까?', '두 번째, 세 번째 페이지에 어떤 앱을 세팅할까?' 생각보다 꽤 오래 고심하기도 하고, 사람에 따라 배치를 전부 바꾸는 일 또한 흔하다. 이 또한 일종의 자기선택 기능과 초개인화 기술이라고 볼 수 있다.

사용자들이 서비스 사업자들의 초개인화 기술로 인해 편리함을 느끼는 것도 중요하지만, 한 편으로는 자기선택권을 강화시킬 수 있는 아이디어 또한 필요하다. 이에 따라 마치 스마트폰의 페이지를 이용자가 편집하듯 OTT 서비스에서도 다양한 방송 프로그램 · 영화 · 교육 등 콘텐츠의 카테고리와 페이지 관리에 사용자의 자기선택권을 부여하여 편집할 수 있게 만들 수 있다. 물론 초개인화 기술과 자기선택 기능의 장점을 상호 보완하여 적용하는 방법도 있을 것이다.

이번에는 [요소 2]에 '네이버'와 '카카오'를 넣어 보자. 이 두 기업은 국내에서 동영상을 서비스하는 양대 플랫폼 사업자이기도 하다. '네이버'의 경우 '네이버TV'를 통해 기존 방송 콘텐츠를 잘라서 제공하는 숏클립을 서비스 중이며, '시리즈 온'에서는 영화를 제공하고 있다. '카카오' 또한 '카카오TV'와 '카카오 페이지'를 통해 각각 숏클립과 영화를 제공하고 있다. 두 기업 모두 '네이버 웹툰'과 '카카오 페이지'를 통해 보유하고 있는 IP도 상당할 뿐만 아니라 OTT 서비스 경험과 전략도 풍부하다.

따라서 '네이버' 혹은 '카카오'와 국내 OTT 서비스 활성화를 위한 협력 방안을 모색해 볼 수도 있다.

현재 국내 시장에 진출한 글로벌 OTT의 위세가 대단하다. 여기에 맞서는 국내 OTT 사업자들 또한 저마다 경쟁력 강화를 위해 노력하고 있지만, 상대적으로 버거워 보이는 것이 현실이다. 따라서 '제휴'를 통해 아래와 같은 새로운 OTT 서비스 전략에 대해 검토해 볼 수 있다.

"만약 국내에 다수의 IP를 보유하고 있으며 OTT 서비스 경험 및 전략도 풍부한 '네이버'나 '카카오'와 다양한 방송 프로그램 · 영화 · 교육 등의 콘텐츠를 결합, 초개인화 기술을 적용한 경쟁력 있는 OTT 서비스에 도전한다면 가능 성이 있지 않을까?"

이처럼 우리가 가지고 있는 차별적인 콘텐츠들과 '네이버'와 '카카오'가 함께 국내 OTT 서비스 활성화를 위한 협력 방안을 모색한다면 국내 시장에 경쟁력을 키울 전략이 될 수 있다고 생각한다.

또한, OTT 서비스는 개인 맞춤서비스를 극대화하는 초개인화 기술과도 결합하여 기대 효과를 발휘할 수 있다. OTT 서비스는 요즘 이용자가 좋아할 만한 콘텐츠를 콕 집어내 추천해 준다. 이런 서비스를 이용하다 보면 어떻게 '내가 몰랐던 내 취향을 정확히 알려줄까?' 신기할 정도다.

실제로 OTT 서비스를 통해 드라마나 영화를 볼 때 기존에 봤던 작품들과 유사한 콘텐츠를 다양한 카테고리로 추천해 준다. 예를 들어 한 서비스는 '태그(Tag)'로 유명하다. 여기서 태그란 콘텐츠를 면밀하게 보고 콘텐츠를 설명하는 짧은 문구를 의미한다.

태그로 정리된 정보는 추천 시스템 알고리즘을 구축하는 기반 데이터로 사용된다. 태그가 곧 초개인화 서비스를 창조하는 숨은 비밀인 셈이다. 드라마, 영화에서 '호러', '로맨틱 코미디', '액션', 'SF' 등 몇 안 되는 장르 분류를 거쳐 지금은 셀 수 없는 내용적 카테고리로 이용자들의 취향을 분석하여 추천해 주고 있다.

PART 2

07 창조적인 커뮤니케이션 전략

조직 내 다양한 사람들의 커뮤니케이션 활동에 도움이 되고 창조적인 조직소통을 강화할 수 있는 아이디어를 제안해 보시오.

필자가 다양한 기업이나 공무원 조직에서 강의를 진행하며 알게 된 것은 공·사기업을 떠나 모든 임직원들이 '조직소통'에 대해 상당히 고민하고 있다는 사실이었다. 팀별로 자유롭게 주제를 정해 창의적인 문제를 제시하는 워크숍을 진행했을 때 팀의 절반가량은 '소통'의 문제를 해결하고 싶다며 소통강화 주제를 선택했다.

수시로 대화하고 지시하고, 보고하고, 다양한 온·오프 채널을 통해 커뮤니케이션 하고 있음에도 불구하고 왜 조직에 있는 사람들은 그토록 '소통'에 어려움과 한계를 느끼는 것일까?

물론 소통의 문제를 가져오는 요인은 많다. 개인의 성향이나 소통의 방식 차이에서부터 소통을 원활하게 만들어주는 좋은 플랫폼이 없는 경우도 있다. 이 때문에 모든 기업들은 소통능력이 있는 사람을 선호한다. 여기에 개인의 소통능력을 강화시키는 교육시스템이나 소통을 원활하게 만들어 줄 플랫폼을 만들기 위해 노력할 것이다.

이 때문에 소통을 중요시하는 조직의 특성상 언제든지 위에 제시된 예시와 같은 문제가 출제될 수 있다. 이 질문은 지원자 개인에게 어느 정도의 커뮤니케이션 능력이 있는지를 측정하려는 것이 아니다. 오히려 효율적인 조직 커뮤니케이션을 위한 플랫폼 또는 창의적인 솔루션을 제시해 보라는 문제를 통해 평소 지원자가 얼마나 소통에 대해 중요성을 인지하고 소통을 위한 고민을 해 왔는지 평가해 보려는 것이다.

당연히 기업의 커뮤니케이션 성공 사례에 대해 알아보고 조직소통 개념에 대해 자신만의 생각이나 솔루션에 대해 정리해 보는 시간을 가질 필요가 있다. 물론 이때도 다음과 같은 창조 프로세스 플랫폼으로 정리해 볼 수 있다.

조직소통 강화를 위한 아이디어 창조 패턴의 원리

[요소 1]	[요소 2]
• 신속한 업무소통, 정보 공유 • 지시 보고 커뮤니케이션 • 매뉴얼, 참고자료, 서식, 사례 • 절차 현황, 단계별 이슈 • 수평 간, 수직 간, 직무 간, 부서 간 • 질문, FAQ, 의견, 아이디어 제시 등 • 신입직원 코너, 경력직원 코너	• 위키피디아

[무대 세팅]
조직 내 사람들의 커뮤니케이션 활동에 도움이 되는 창조적인 조직소통의 강화

'조직 내 사람들의 커뮤니케이션 활동에 도움이 되는 창조적인 조직소통의 강화' 무대 위에 효율성과 편리성을 달성할 수 있는 방법은 없을까? 가령 우측의 [요소 2]에 '위키피디아'를 넣음으로써 '위키피디아식 조직소통 시스템' 콘셉트를 도출할 수도 있다.

답안예시

조직소통 강화 무대
조직 내 사람들의 커뮤니케이션 활동에 도움이 되고 창조적인 조직소통을 강화하기 위해 '위키피디아식 조직소통 시스템'을 제안하고자 한다.

요소 검토
위키피디아는 위키를 이용하여 전 세계 사람들이 함께 만들어가는 웹 기반의 백과사전이다. 위키백과는 중립적이고 검증 가능한 자유 콘텐츠 백과사전의 제공을 목적으로 하는 프로젝트로, 누구나 참여하여 문서를 수정하고 발전시킬 수 있는 게 특징이다.

솔루션
이런 위키피디아의 장점을 활용한 조직 커뮤니케이션 플랫폼을 구축할 수 있다. 즉, 조직소통 무대에 다양한 정보 공유와 커뮤니케이션을 강화하는 방법으로 모든 조직원이 함께 만들어가는 웹 기반의 업무 백과사전 시스템 플랫폼을 만드는 셈이다.

실행 전략
세부 카테고리 분류설계, 구성전략은 ▷신속한 업무소통, 정보 공유 ▷지시 보고 커뮤니케이션 ▷매뉴얼, 참고자료, 서식, 사례 ▷절차 현황, 단계별 이슈 ▷수평 간, 수직 간, 직무 간, 부서 간 ▷질문, FAQ, 의견, 아이디어 제시 등 ▷신입직원 코너, 경력직원 코너 등 다양한 조직 이슈를 고려하여 구축한다.

예 · 담당정보 방
　 · 일정안내 방
　 · 부서안내 방
　 · 신입사원 방
　 · 경력사원 방
　 · 직무용어 방
　 · 문서지식 방
　 · 사례분석 방
　 · 질문코너 방
　 · FAQ, 의견 방

기대 효과
플랫폼 구축을 통해 업무 현장에서 현재 필요한 수많은 정보를 전 직원이 수시로 함께 만들어 편집해 나가면 장기적으로 방대한 업무핵심 정보가 축적될 수 있으며, 자연스럽게 전사적인 소통역량이 강화될 것이다.

이 예상 질문은 문화콘텐츠가 도시혁신에도 충분히 영향을 미칠 수 있다는 사실을 지원자들과 함께 고민할 수 있다는 점에서 의미가 깊다. 도시와 문화콘텐츠라는 이질적인 키워드가 하나로 조합되어 혁신이 일어난 사례들이 의외로 많기 때문이다.

일단 문제를 창조 플랫폼으로 시각화해 정리해 보자.

도시혁신을 위한 창조 패턴의 원리

[요소 1]	[요소 2]
• 도시의 흥망성쇠(興亡盛衰)	• 문화콘텐츠
[무대 세팅]	
위기를 혁신으로 바꾼 도시재생	

산업 환경과 인구 이동에 따라 한 도시의 운명은 얼마든지 흥망성쇠(興亡盛衰)로 이어질 수 있다. 망하는 도시를 재생시키는 건 쉬운 일이 아니다. 그러나 창조적인 사람이 망하는 도시에서 새로운 가능성의 무대 환경을 통찰하고 새로운 요소들의 연결조합 값을 찾아낸다면 혁신의 희망은 남아 있다. 그 새로운 연결조합 중 하나로 '문화콘텐츠'를 선택할 수 있는데, 이런 조합은 소모되는 비용을 획기적으로 줄이면서도 성공 확률을 높일 수 있기 때문이다.

위 질문이 제시된다면 어떻게 답을 정리할까? 한 도시가 망하고 쇠락하는 과정에 놓였다고 가정한 후 다양한 문화콘텐츠를 결합하여 그 도시에 새로운 생명력을 불어넣기 위한 상상력을 펼쳐 보자.

답안예시

왜 같은 기업이라도 어떤 기업은 시장에서 사라지거나 몰락하는 걸까? 여러 이유 중 하나는 바로 무대 자체를 변화시키는 '외력(外力)'을 읽어내는 통찰력이 부족하기 때문이다. 우리의 생각과 성패를 판가름하는 첫 번째 조건은 바로 발밑의 무대다. 눈에 보이는 모든 것을 지탱하지만 정작 잘 보이지 않는 무대는 통찰공간이자 상상력과 가능성의 영역이다.

캐나다에 위치한 '그랜빌 아일랜드'는 마치 혹처럼 튀어나온 것이 섬에 다리를 연결한 모습과 비슷하다고 하여 붙여진 이름이다. 이곳은 원래 밴쿠버항을 중심으로 성장한 공업 도시였지만 경제공황을 겪으며 도시 전체가 급격하게 쇠퇴하자 어느새 삭막한 시멘트 공장만 흉측한 모습으로 남게 되었다.

그러던 어느 날 이 도시를 되살리려는 노력이 시작됐는데, 바로 무대를 통찰한 사람들에 의해서이다. 그들은 망해버린 공업도시 무대에서 관광과 문화콘텐츠로 다시 태어나는 새로운 도시 무대를 상상했던 것이다.

그들은 가장 먼저 낡은 공장과 창고들을 레고 같은 모습으로 채색하여 재디자인했다. 또한 관광객들을 유치하기 위해 버스와 배를 타고 그랜빌 아일랜드로 들어설 수 있도록 했다. 한편으로는 오래된 창고와 공장들을 활용해 그랜빌 아일랜드에서 과거로 여행을 떠나는 느낌을 받을 수 있도록 새로운 콘셉트를 설계했으며, 거기에 항구 도시 특유의 분위기를 가미하여 더욱 운치 있는 도시를 만들었다. 이런 과정을 거쳐 그랜빌은 많은 관광객을 유치하는 관광도시로 재생에 성공했다.

스페인의 도시인 빌바오(Bilbao) 또한 과거에는 조선 산업과 철강으로 유명했지만, 산업 구조가 변화하자 점차 쇠퇴하기 시작했고, 빌바오의 주민들 또한 하나둘씩 고향을 떠나기 시작했다. 하지만 현재 빌바오는 도시재생에 성공하면서 연간 100만 명의 관광객이 찾는 관광명소가 되었다.

빌바오는 과연 어떻게 혁신할 수 있었을까? 답은 역시 문화콘텐츠였다. 빌바오를 새롭게 바꾼 혁신가는 미국의 유명 건축가 프랑크 게리(Frank Owen Gehry)였다. 당시 게리는 창의적인 건축물을 만드는 아티스트로 유명했는데, 마침 그는 건축을 넘어서는 도시 전체의 재생에 관심을 가지고 있었다.

게리는 가장 먼저 빌바오의 핵심 랜드마크로 '구겐하임 미술관(The Solomon R. Guggenheim Museum)'을 세웠다. 빌바오 시는 여기에 더해 '살베 다리'를 새로 건립하여 종합적인 관광문화 도시 인프라를 구축했다. 살베 다리 덕분에 도심과 강변 양쪽에서 빌바오에 접근할 수 있게 되었고, '데우스토 대학'과 '아리아가 극장'과 함께 문화 및 예술 지구의 삼각형 구도를 창조시켰다. 이 과정을 통해 죽은 빌바오는 세계적인 관광문화콘텐츠 도시로 재탄생할 수 있었다.

비즈니스에서 통찰력이란 잘 드러나지 않는 발밑의 무대를 읽어내는 능력이다. 무대는 마치 보이지 않는 손처럼 숨어 있지만 보이는 것들의 흥망성쇠를 좌우하는 토대가 된다. 인공지능을 위시한 제4차 산업혁명과 인공지능, 5G 시대가 왔다. 우리가 원하든, 원하지 않든 발밑의 무대가 뒤바뀌고 있다. 하지만 무대 위에 존재하는 어떤 비즈니스라도 문화콘텐츠 영역과 '초연결'된다면 혁신의 가능성은 남아 있다고 생각한다.

'빅데이터'란 실시간으로 업데이트되는 천문학적인 수의 정보를 말한다. 우리는 이 정보를 바탕으로 현재, 혹은 미래의 트렌드를 예측하거나 고객의 니즈나 욕망을 사전에 읽어내는 것은 물론, 새로운 맞춤 서비스를 제공하고 있다.

청소년들의 평균 키나 몸무게에 대한 빅데이터는 학교 의자나 청소년 신발, 의류 기업에 표준 상품을 개발하는 데 도움이 되고 있으며, 방송 프로그램의 경우 요일별·계절별·시간대별 시청률 빅데이터는 새로운 아이디어를 얻는 데 도움이 될 것이다. 또한 지하철의 여름과 겨울 시간대별 승객에 대한 빅데이터는 냉·난방 장치를 효율적으로 운영하여 에너지 비용을 획기적으로 줄이는 데 활용되고 있다.

현재 우리는 스마트기술의 발전으로 빅데이터가 일상화된 시대에 살고 있다. 각종 통계자료는 물론, 우리가 보는 포털의 광고, 유튜브의 영상이나 우리의 검색키워드 등은 모두 빅데이터로 집계되어 개인에게 최적화된 맞춤 정보로 제공하는 데 활용되고 있다.

그렇다면 빅데이터는 과연 우리에게 어떤 서비스를 제공할 수 있을까? 아래의 사례를 살펴보자.

사례 ①

카카오모빌리티는 한국철도가 제공 중인 기차 서비스 예매와 발권이 가능한 '카카오T 기차'를 출시하며 카카오T 택시와 카카오내비를 연동하는 시스템도 구축했다. 카카오내비에 구축된 빅데이터와 실시간 교통정보를 기반으로 출발지와 기차역 간 예상 소요시간을 제공하고 있다.

사례 ②

KB국민카드는 자사 고객들의 연령대별 소비 현황을 분석한 결과 65세 이상 시니어 고객들의 하루 중 주 소비 시간이 2049세대보다 2시간 짧다고 밝혔다. 결과에 따르면 시니어 고객들은 오전 10시부터 오후 7시까지가 하루 소비의 78.3%에 해당하는 것으로 나타났다. 이에 비해 2049세대는 오전 11시부터 오후 10시 전까지 하루 소비의 74.9%가 발생해 시니어 고객보다 주 소비 시간대가 2시간 길었다.

사례 ③

충남 천안시는 빅데이터 분석을 통해 '천안형 심야버스'를 도입했다. 천안형 심야버스는 심야 시간대에 교통 수요가 많음에도 시내버스 노선이 없어 시민 이동에 불편이 많다는 민원에 따라 마련됐다. 심야버스 노선은 유동인구 빅데이터를 기반으로 정해졌다.

사례 ④

여행 분야의 빅데이터 활용이 다양하다. 입소문과 고객의 검색키워드를 분석하여 관광지의 인기도를 평가할 수 있다. 항공사의 경우 여행 중인 승객과 그 수하물의 데이터에 따라 서비스를 제공할 수 있다. 지리적 위치, 교통 및 날씨에 대한 빅데이터 정보를 바탕으로 특정 고객에게 적합한 개인 맞춤 서비스를 제공할 수 있다.

사례 ⑤

CJ대한통운은 물류 인프라를 기반으로 풀필먼트 서비스를 확대하고 있다. 로봇 중심의 무인화 기술 개발 및 적용, 택배 분류 자동화, 화물선 도착시간 예측 등 AI와 빅데이터를 활용한 물류 서비스 강화에 나섰다.

사례 ⑥

한국문화관광연구원은 신한카드, SK텔레콤과 함께 '문화·관광·콘텐츠 분야의 빅데이터 결합, 분석, 활용을 위한 지속적인 상호 협력'을 위한 업무협약을 체결했다. 첫 번째 사업으로 국제관광거점도시 부산을 시범지역으로 선정하고 SK텔레콤의 모바일, 신한카드의 카드결제 빅데이터를 활용해 부산 방문 관광객의 이동·체류·소비 패턴과 업종, 정보검색 등을 결합 분석하여 정확하고 유용한 정보를 제공한다.

이런 사례들처럼 현재 빅데이터는 산업 전 영역에 걸쳐 활용되고 있다. 빅데이터를 통해 기업이나 정부는 소비자와 국민 개개인의 특성에 맞는 마케팅, 여가, 여행, 문화예술, 콘텐츠 서비스 제공 방안을 제시해 나갈 것이다.

● ● ●

빅데이터의 힘은 '예측'과 '개인맞춤 서비스'에 있다. 인간보다 인간을 더 잘 이해하고 솔루션을 줄 수 있다. 빅데이터를 기반으로 한 각종 통계자료를 분석하면 누구나 쉽게 시대변화와 트렌드를 예측할 수 있고, 그만큼 미래를 대비한 전략을 세울 수 있다. 게다가 일상생활 속에 개인 맞춤형 서비스를 강화시킬 수 있는 기초자료가 될 것이다.

Tip	4차산업혁명을 주도하는 핵심기술 및 키워드

- 빅데이터(Big Data) : 기존 데이터와 비교해 훨씬 많고 크고 방대해 이전 방법이나 도구로 수집, 저장, 검색, 분석, 시각화 등이 어려운 정형 또는 비정형 데이터를 말한다.

- 클라우드(Cloud) : 데이터가 인터넷과 연결된 중앙컴퓨터에 저장되어 인터넷에 접속하기만 하면 언제 어디서든 데이터를 이용할 수 있는 기술이다.

- 웨어러블(Wearable) : '착용할 수 있는'이란 뜻으로 몸이나 옷에 두를 수 있는 스마트기기나 기술을 뜻한다.

- SNS(Social Network Services · Sites) : 특정한 관심이나 활동을 공유하는 사람들 사이의 관계망을 구축해 주는 온라인 서비스다.

- GPS(Global Positioning System) : 인공위성 자동위치측정 시스템. 위성에서 보내는 신호를 수신해 사용자의 현재 위치를 계산한다.

- IoT(Internet of Things) : 사물인터넷. 사물에 센서를 부착해 실시간으로 데이터를 인터넷으로 주고받는 기술이나 환경을 뜻한다.

- 블록체인(Block chain) : 전자화폐인 모든 비트코인(Bitcoin) 거래 명세가 기록된 디지털 공개 장부 혹은 온라인 금융이나 가상화폐 거래에서 해킹을 막는 기술을 의미한다. 기존 금융회사들이 중앙 서버에 거래기록을 보관하는 반면, 블록체인은 거래에 관여한 모든 컴퓨터가 동시에 기록을 보유한다는 점이 특징이다.

- 서비스 디자인(Service Design) : 단순히 보이는 모습이나 작품을 디자인하는 것이 아니라 제품의 탄생, 소유에서 폐기까지 보이지 않는 전 과정을 디자인한다는 의미의 단어이다.

- 3D 프린팅(3D Printing) : 프린터로 자동차, 집, 의자, 부품, 장난감 등 물체를 뽑아내는 기술이다.

- 증강현실 · 가상현실(Augmented Reality · Virtual Reality) : 현실의 이미지나 배경에 3차원 가상 이미지를 겹쳐서 하나의 영상으로 보여주는 기술이 증강현실, 배경이나 이미지가 모두 진짜가 아닌 가상의 이미지를 사용하는 것을 가상현실이라고 한다.

- 플랫폼(Platform) : 어떤 장치나 시스템의 기본이 되는 기초적인 틀이나 골격. 하나의 시스템을 바탕으로 하는 핵심 운영체제를 말한다. 어떤 일을 진행하는 데 기초가 되는 정거장 같은 개념이다.

- 핀테크(Fintech) : 은행이나 보험 등 돈과 관련된 금융 분야와 스마트 기술의 합성어로 예금, 대출, 자산 관리, 결제, 송금 등 다양한 금융 서비스가 IT, 모바일 기술과 결합된 새로운 유형의 금융 서비스로, 가상화폐인 비트코인도 핀테크의 일종이다.

- 게임화(Gamification) : '모든 걸 게임화한다.'는 의미로, 게임에서 흔히 볼 수 있는 재미 · 보상 · 경쟁 등의 요소를 다른 분야에 적용하는 기법이다. 공부 또한 재미있게 할 수 있도록 게임화를 통한 아이디어들이 많이 연구되는 분야이다.

대학 생활 중 문제를 발견하고 직접 해결한 경험에 대해 정리해 보시오.

비단 창의성 혹은 통찰력 테스트가 아니라 어떤 기업에 도전하더라도 다양한 단계에서 나올 수 있는 문제이다. 이런 문제를 해결하기 위해서는 시험에 임하기 전에 자신의 경험을 정리해 보는 것이 좋다. 물론 과거에 다양한 프로젝트를 실행한 경험이 있다면 더욱 좋다.

여기서 말하는 프로젝트란 바로 대학 생활 중 어떤 문제를 발견하고 직접 해결할 수 있는 아이디어를 찾아 설계한 뒤 이를 실행하여 성패의 결과에 참여한 창조 전체과정에 대한 경험이다. 대학 생활 중 진행할 수 있는 프로젝트에는 대표적으로 다음과 같은 유형이 있다.

청년 창업 : 대학 생활 중 새로운 비즈니스 모델을 찾아 실제 사업을 진행해 본 경험

공모전 : 다양한 분야의 공모전에 도전한 경험. 특히 기획이나 마케팅전략, 아이디어 제안 등 현장조사를 통해 솔루션을 찾아낸 경험

인턴 : 기업이나 공공기관에서 인턴으로 활동하며 근무 현장에서 발견한 문제를 해결한 경험

마케터, 홍보대사 등 : 기업이나 공공기관에서 마케터나 홍보대사, 기자단 등 대외활동에 참여하여 다양한 미션을 수행하여 성공한 경험

봉사활동, 재능기부 : 능력이나 재능을 나누는 활동에 참여하며 문제를 해결하거나 효율성을 강화한 경험

아르바이트 : 아르바이트 현장에서 문제를 발견하고 스스로 개선하여 성과를 낸 경험

동아리 활동, 학과 프로젝트 과제 등 : 학내 동아리 활동이나 각종 프로젝트 활동에서 마주한 어려운 문제를 직접 해결하고 더 나은 성과를 만들었던 경험

이처럼 다양한 유형별로 경험담을 꼼꼼하게 정리해 보는 것이 좋다. 프로젝트 경험담을 통해 심사위원이 지원자를 평가하고자 하는 것은 자기주도성, 문제해결 능력 또는 평가를 통한 발전 가능성 등이다. 정리할 때는 이러한 요소가 잘 드러나게 다음 4가지 요소를 참조하자. 그러면 설득력과 신뢰성을 높일 수 있기 때문이다.

① 프로젝트를 진행하게 된 **구체적인 동기**를 쓰는 것이 좋다.

② **프로젝트를 진행한 과정을 기승전결로 정리**한다. 가급적 현황 및 배경, 문제 정의, 필요성, 목표, 구체적인 솔루션, 세부 계획, 기대 효과 등을 단계별로 정리한다.

③ 중요한 의사결정에 대하여 구체적인 수치(통계자료, %, 비율, 목표량, 예상 지출과 수입액 등)로 쓰고 **상황은 디테일하게 묘사**하는 것이 좋다.

④ 난관과 극복방법, 결과에 대한 객관적 평가, 교훈이나 깨달음을 반드시 기록한다.

'레드닷 디자인 어워드(Red Dot Design Award)' 선정, 최종훈씨의 프로젝트 성공기

나는 협성대에 다니면서 디자인 프로젝트팀 '오리온 스튜디오'에서 팀장으로 활동했다. 입학 후 시간이 흘러 3학년이 되면서 스스로의 실력에 대한 자신감이 생겼고 큰 무대에서도 활동하고 싶다는 마음이 들었다. 그래서 뜻 맞는 친구들과 프로젝트팀을 결성해 '정말 마음먹고 한번 제대로 해 보자'라는 마음가짐으로 세계 3대 디자인상인 '레드닷 디자인 어워드(Red Dot Design Award)'에 도전하게 되었다.

레드닷 디자인 어워드는 세계에서 가장 잘 알려진 디자인 공모전 중 하나다. 이 대회의 목적은 디자인계에서 걸출한 양질의 작품에 명예를 수여하는 데 있다. 수상작들은 레드닷 디자인 뮤지엄에 전시되는 영광을 얻는다.

2019년 7월 여름 방학부터 시작해서 2020년 2월까지 나는 학과 수업으로 바쁜 와중에도 한 주에 한 번은 꼭 팀원들과 미팅하면서 우리의 디자인을 구현시키기 위해 무척 공을 들였다. 우리가 발견한 문제는 좋은 반려견 입마개가 아직 없다는 점이었다. 시민안전과 법적 제도로 입마개의 필요성은 커지는데 정작 좋은 기능과 멋진 디자인을 갖춘 창의적인 제품을 찾을 수 없었다.

따라서 시장에 없는 제품이라면 우리가 그런 제품을 만들어보자는 목표를 세웠다. 그렇게 탄생시킨 디자인 제품이 '조이다(JOYDA)'였다. 조이다는 반려견을 위한 효과적인 스마트 입마개 디자인 제품으로, 입마개와 강아지 목줄에 다는 클립 센서 두 가지의 구성품으로 구성되어 있다. 이 입마개는 반려견이 불편함을 느끼지 않게 스포티하고 부드러운 소재를 사용했다.

여기에 스마트기술도 적용했다. 밥을 먹거나 숨을 쉬는 등 평상시에는 느슨해져 있다가 목줄에 장착된 클립 센서에서 심박 수나 기타 활동징후를 분석하여 반려견의 공격성을 포착하면 입마개로 신호를 보내 자동으로 입마개를 닫는 기능을 장착한 것이다. 우리는 조이다가 반려견과 반려인 두 대상층을 모두 생각한 효과적인 제품이라고 생각했다.

워낙 규모가 큰 대회였기에 별다른 기대는 하지 않았지만, 결과적으로 우리 팀은 수상의 영광을 얻게 되었다. 수상 비결은 마지막까지 끊임없이 들여다보고 끝없이 'NO'라는 질문을 던지며 출품 한 달 전까지도 수정 과정을 거쳤던 것이라고 생각한다. 실제로 출품 한 달 전까지만 해도 조이다의 디자인은 최종 수상작 디자인과 매우 달랐다.

우리는 결과물이 나왔음에도 불구하고 더 나은 결과물을 추구했다. 계속해서 물음을 던졌고 마지막까지 변화와 완벽을 위한 시도를 멈추지 않았다. 우리는 레드닷 어워드가 세계 3대 디자인 어워드인 만큼 아주 세세한 부분까지 신경 쓰려고 노력했다. 나는 이 도전을 통해 끝까지 개선점을 찾아 완성도를 높이면 반드시 최고의 작품에 이를 수 있다는 소중한 교훈을 얻었다.

– 참고자료 : 씽긋 월간 공모전

자신에게 주어진 일이나 프로젝트 과제를 수행했을 때 기존의 고정관념을 깨고 창의적으로 문제를 해결했던 사례를 하나 들어, 구체적으로 다음에 제시하는 가이드라인을 고려하여 정리해 보자.

가이드라인

① 주제 선정 및 참여 동기 소개

② 문제 발견, 문제의 무대 범위, 해당 사람들(타깃)의 니즈, 기대 차이 등

③ 현재 상태 핵심 요소, 발생 이유? 해결 과제? 문제 정의?

④ 다른 영역의 데이터(특징)를 연결, 새로운 조합 요소를 구체적으로 소개

⑤ 그렇게 나온 솔루션, 아이디어, 콘셉트는?

- 선행 사례 조사, 독창성 체크
- 솔루션이나 콘셉트를 직관적으로 잘 표현하는 멋진 브랜드 네임

⑥ 그 아이디어의 구체적인 실현과정 설계, 절차, 구성 요소?(구현단계, 중복이나 누락 없이)

⑦ 변화 모습, 이미지(결과물), 문제의 해결 장점, 경제성, 기대 효과

PART 2

05 | 예측 및 미래상상 분야 유형 예시 문제

---

01 10년 뒤 모바일과 콘텐츠산업의 관계 상상하기

10년 후 모바일 콘텐츠산업의 패러다임은 어떻게 바뀔지에 대해 예측한 뒤 정리해 보시오.

가까운 미래에 대한 상상과 예측에 대한 질문이다. 어떤 직무에서든 예측력은 꼭 필요하다. 따라서 트렌드, 직무 이슈, 관련 산업 전반에 걸쳐 예측을 묻는 문제는 반드시 대비하고 있어야 한다.

예측이란 '현재의 정보와 미래의 상상 사이에 논리적인 추론 과정을 정리하는 것'이라고 정의할 수 있다. 물론 누구도 미래를 정확하게 알 수 없다. 이런 테스트로 수험자를 평가하고자 하는 이유는 미래를 정확하게 예측하는 능력을 확인하려는 것이 아니라 '예측을 제시하는 과정이 얼마나 논리적이고 타당한가?'를 살펴보기 위함이다. 다시 말해 이런 테스트가 찾아내고자 하는 것은 제시된 주제에 대해 지니고 있는 정보와 상상력을 토대로 '시나리오 사고', '논리적 추론'과 같은 예측 도구를 잘 활용할 수 있는 능력이다.

이러한 논리적인 예측을 돕는 방법은 다음과 같다.

♦ 논리적 예측은 세상이 '프로세스'로 이루어져 있기에 가능하다. 세상은 발단, 전개, 위기, 절정, 결과 같은 시나리오나 봄, 여름, 가을, 겨울처럼 시간적 프로세스로 작동하므로 흐름을 읽고 예측할 수 있다.

♦ 논리적 예측은 '패턴' 때문에 가능하다. 패턴이 반복된다면 유사하거나 같은 패턴을 접목하여 미래를 예측할 수 있다.

♦ 논리적 예측은 '경향'을 읽을 수 있어 가능하다. 특정 성격이나 기질을 파악할 수 있다면 그것이 발현되는 방향으로 예측할 수 있다. 외향적인 사람은 외향적인 방향으로, 내향적인 사람은 내향적인 방향으로 움직이므로 예측할 수 있다.

♦ 논리적 예측은 '관성의 법칙' 안에서 얼마든지 가능하다. 에너지가 진행 방향으로 움직일 때 계속해서 같은 방향으로 향하려는 경향 때문에 예측할 수 있다.

♦ 논리적 예측은 '빅데이터' 정보를 통해 얼마든지 가능하다. 현재의 정보가 무수히 많고 변수에 대한 정보까지 대응할 수 있는 수준이라면 미래를 예측할 수 있다.

♦ 논리적 예측은 '확률'이 있기에 가능하다. 세상은 확률로 작동되며 확률은 수학이다. 주사위를 던져 나올 눈금의 확률은 당연히 6분의 1로 예측할 수 있다.

♦ 논리적 예측은 어떠한 '만남'에서 중요한 변곡점을 갖기에 가능하다. 한 사람이 누구를 만나 가슴이 뛰느냐에 따라 운명이 달라진다. 변곡점에는 반드시 서로 다른 둘의 만남이 있다. 따라서 만남과 변곡점을 자세히 관찰하여 미래를 예측할 수 있다.

♦ 논리적 예측은 '시공간 설계'를 장악함으로써 가능하다. 사전에 미래에 대한 결괏값을 만들어 둔 뒤 현재와 미래 사이를 잇는 시공간의 계단들을 구축해 나가면 미래가 곧 현실이 된다. 따라서 구체적인 비전과 계획으로 미래를 직접 창조할 수 있다.

♦ 논리적 예측은 우리가 발 딛고 있는 '무대' 때문에 가능하다. 환경이나 상황, 즉 '판'이 그 안의 단계를 통제한다. 벼룩시장이 열렸다면 집에서 쓰던 값싼 중고품이 나올 것이고, 백화점이 오픈했다면 고가품이나 명품이 판매될 것이다.

이처럼 논리적인 예측 기술이 여러 가지이지만, 본질은 창조가 일어나는 과정, 즉 '창조 프로세스'는 [무대 → 요소 1 + 요소 2의 연결 → 착상 → 분류, 설계, 절차 → 결과]로 귀결된다. 우선 예측할 수 있는 무대의 범위를 정하고 그 범위를 감독의 관점에서 장악한 뒤 바라보면 기승전결의 전체 흐름과 만남의 변곡점에서 관성의 패턴을 읽을 수 있다. 핵심 콘셉트가 지배하는 절차를 따져본다면 앞으로 일어날 일에 대한 설득력 있는 예측이 가능하다.

예측 문제의 경우 형태를 다듬지 않고 추상적으로 정리하는 대신, 얼마나 테마별 카테고리로 잘 분류하여 정리할 수 있는지를 고민하는 것이 핵심이다. 창조 프로세스별, 기승전결별, 단계별, 이슈별, 키워드별 등 자신이 나름대로 세운 특정한 분류법을 통해 질문에 대한 답변을 정리할 수 있다면 심사위원은 지원자를 체계적이고 논리적인 사고의 보유자로 인식할 것이다.

답안예시

모바일 콘텐츠 시장은 달리는 말에 채찍을 더한다는 '주마가편(走馬加鞭)' 형국이라고 생각한다. 모바일 기술력과 콘텐츠 시장이 서로 상승효과를 나타내며 매년 꾸준하게 성장세를 이어가고 있기 때문이다.

모바일 기술력은 여전히 보완되고 있으며 문화콘텐츠에 대한 대중의 관심 역시 높아지고 있다. 이런 흐름이라면 앞으로 10년 이후까지 모바일 콘텐츠 시장은 상승곡선을 그릴 것으로 예상된다.

나름대로 미래 흐름에 중요한 요인이라고 생각하는 요인들을 테마별 카테고리로 분류하여 정리해 보고자 한다.

무대
한국모바일산업연합회가 내놓은 「2019 모바일 콘텐츠산업 현황 실태조사」 보고서에 따르면 매년 규모가 성장하고 있으며 게임, 모바일 상거래, 엔터테인먼트 분야가 주도하고 있다고 한다. 특히 엔터테인먼트 분야는 최근 성장세가 가파른 모바일산업 중 하나로, 2019년 기준 국내 모바일 콘텐츠산업 기업체 수는 1만 5백여 개로 1년 전보다 16%가량 늘었을 정도다.

요소 1 + 요소 2의 연결
현황조사에 의하면 무엇보다 동영상·사진 부문의 성장률이 컸다. 스마트폰 성능과 데이터 처리 속도가 높아지면서 유튜브 등 동영상 유통 서비스를 찾는 소비자가 급증했다.

드라마, 영화, 동영상, 오락프로그램 등 엔터테인먼트 분야가 스마트폰 성능과 데이터 처리 속도 등과 함께 발전하고 있다는 점은 앞으로도 모바일의 새로운 기술 등장에 따라 콘텐츠산업의 발전 가능성도 무궁무진함을 시사한다.

새로운 콘셉트 착상
실제로 모바일과 새로운 배터리 기술 조합, 모바일과 무선 데이터 전송기술의 조합, 모바일과 가상현실 및 증강현실 기술의 조합, 모바일과 듀얼 모니터 기술의 조합, 모바일과 인공지능 뇌 인지 센서 기술의 조합, 모바일과 인체인식 기술의 조합 등 다양한 신기술이 향후 10년간 꾸준히 발전한다면 엔터테인먼트 콘텐츠산업은 더욱 확대될 것이다.

분류, 설계, 절차

- 첫째, 모바일과 새로운 배터리 기술의 조합, 모바일과 무선 데이터 전송기술의 조합은 대용량 영화나 드라마를 스트리밍하는 데 기여할 것이다.
- 둘째, 모바일과 가상현실 및 증강현실 기술의 조합, 모바일과 듀얼 모니터 기술의 조합은 영상과 게임, 이미지, 시뮬레이션 등 재생과 시각효과에 상당한 기여를 할 것이다.
- 셋째, 모바일과 인공지능 뇌 인지 센서 기술의 조합, 모바일과 인체인식 기술의 조합은 현재의 맞춤형 서비스에서 발전해 뇌와 심리상태까지 분석, 초개인화 기술서비스에 기여할 것이다.

가치창조 결과

드라마, 영화, 동영상, 오락프로그램 등 엔터테인먼트 분야에서도 새로운 모바일 기술과 환경에 맞는 자체 콘텐츠의 기술적 진보가 요구될 것으로 전망된다. 화질, 색감, 미디어 환경 차이에 따른 적응과 반응성 등을 높이기 위해서는 방송기술의 첨단화 역시 필요할 것이다.

02 10년 뒤 드라마의 미래 상상하기

10년 뒤 드라마의 미래를 상상한 뒤 다양한 관점에서 당신의 생각을 정리해 보시오.

드라마의 미래를 예측하는 질문에 대한 답을 정리하는 것은 쉽지 않다. 따라서 이러한 유형의 문제가 출제될 경우에는 문제 안에 여러 가지 키워드나 전제 조건이 제시돼 있을 가능성이 높다. 다만 '10년 뒤 드라마 예측'이란 주제를 가지고 다양한 각도에서 사고를 정리할 수 있다는 의미에선 심플한 문제 예시가 오히려 도움이 될 수도 있을 것이다.

위와 같은 문제가 출제된다면 우선 '다양한 관점'이나 '당신의 생각'이라는 키워드에 주목해야 한다. 10년 뒤 드라마의 미래를 상상해 보라는 공통의 주제가 주어지긴 했지만, 그 주제를 어떻게 요리하고 접시에 올릴지는 순전히 본인의 몫이기 때문이다.

이때 기억해야 할 포인트는 앞서 언급한 바와 같이 창조 프로세스, 기승전결, 단계, 이슈, 키워드 등 자신이 세운 나름의 분류법을 통해 질문에 대한 답변을 정리해야 된다는 점이다.

이를 토대로 10년 뒤 드라마 키워드별 분류로 예측 답변을 정리해 보자.

답안예시

과거 정통 드라마들은 로맨스와 가족 갈등 이야기를 통해 주로 일상의 감동과 재미를 전달하고자 했다. 그러나 이제 드라마는 훨씬 더 다양한 스타일과 콘텐츠로 새로운 세대에게 다가서려 하고 있다. 현재 디지털 세대는 짧고 빠르게 흘러 다니는 '스낵컬처(Snack Culture)용' 콘텐츠들을 소비하고 있으며, 이런 새로운 형태의 콘텐츠들은 사회적 이슈를 넘어 새로운 문화로 부상하고 있다.

웹드라마 시대

지금까지의 드라마에는 고유의 발전사와 함께 시대별 트렌드 이슈들이 있었다. 문학소설을 드라마화 했던 시대가 있었고, 대하사극이 각광을 받던 시대도 있었으며, 《순풍산부인과》와 같은 시트콤의 전성기도 있었다.

최근에는 다양한 미디어 플랫폼의 등장으로 인해 '웹드라마'가 인기다. 웹드라마는 기존의 전통적인 공중파 텔레비전 방송에서 벗어나 스마트폰이나 컴퓨터의 인터넷망 속 다양한 플랫폼을 통해 즐길 수 있는 드라마로 웹툰과 유사하다. 재생시간이 짧아 가볍게 즐길 수 있기에 '스낵 드라마'라고 부르기도 한다. 국내에서는 2000년 전후에 '세이클럽' 등에서 이벤트성으로 처음 등장한 이후, 2010년대 중반부터 주요 콘텐츠로서 급격하게 확산됐다.

웹드라마는 강점이 많다. 대중이 원하는 트렌드와 이슈에 부합하기 쉬워 화제를 만들 수 있으면서도 제작 비용이 낮고 제작 기간 또한 짧다. 따라서 실험정신을 갖고 도전적인 작품을 만들 수 있고, 주로 인기 아이돌 스타들이 배역을 맡기에 적당하다. 정통 드라마처럼 작품성에 얽매이지 않아도 되기 때문이다.

종종 인기 있는 웹드라마는 TV 방송으로 편성되기도 하는데, 시청자 입장에서는 무료로 가볍게 즐길 수 있다는 장점이 있다. 따라서 웹드라마의 경쟁력은 상당 기간 지속될 가능성이 크다. 시청자들은 인터넷망에 점점 더 의존하고 있으며, 짧은 시간 내에 드라마를 즐기면서도 점차 완성도 높은 작품을 요구하고 있기 때문이다.

숏폼 드라마 시대

'숏폼(Short-Form) 콘텐츠'는 10~20분 분량의 짧은 콘텐츠를 일컫는다. 현대는 바야흐로 숏폼의 시대로, 이는 드라마도 예외가 아니다.

스마트폰 세대는 어릴 때부터 디지털 환경에서 자랐기 때문에 '디지털 원주민(Digital Native)'으로도 불린다. '가볍고 짧게' 즐기고 싶어 하는 이들의 니즈에 맞춰 국내에서 제작되는 영화나 드라마 등도 점차 짧아지는 추세다. CJ ENM, 카카오, 네이버 등 콘텐츠·플랫폼 기업들이 숏폼 콘텐츠에 주목하면서 미래 드라마의 한 형태가 될 것으로 예측된다.

초국경 드라마 시대

10년 뒤 드라마는 지역과 국경을 초월할 것이다. 글로벌 콘텐츠 플랫폼에서는 이미 수많은 나라의 드라마들이 선을 보이고 있다. 우리나라에서 미국이나 중국, 일본 등 해외 드라마를 보는 것은 자연스러운 일이 되었다. 이처럼 드라마의 국경이 사라지게 되면서 드라마 제작 시 시나리오 단계에서부터의 현지화 전략과 글로벌화 전략이 한층 강화될 것으로 예측된다. 현지화는 국가의 문화와 대중의 니즈를 분석하여 맞추는 것이고 글로벌화 전략은 한 특정 국가의 문화에 치우치지 않게 글로벌 시청자가 모두 즐길 수 있는 전략이다. 그만큼 초기 단계부터 기획력이 강한 드라마가 성공할 확률이 높아질 것이다.

초연결 드라마 시대

미래의 드라마는 다양한 초연결 방식으로 제작될 것이다. 기존 전통 드라마가 영화와 접목되어 영화 같은 드라마 장르가 탄생하거나 웹툰이나 웹소설 장르를 연결하는 등 다양한 서비스 플랫폼과 접목될 것이다.

플랫폼 오리지널 드라마나 유튜브나 모바일 전용 드라마 제작 또한 더욱 활발해질 가능성이 높다. 단막극으로 제작되는 '앤솔로지(Anthology)'는 미래에 떠오르는 새로운 장르가 될 수도 있다.

영화관이 앞으로 어떠한 모습으로 변신할 수 있을지 10년 뒤 영화관의 모습을 상상하여 정리해 보시오.

10년 뒤의 영화관은 과연 어떻게 변할 것인가? 쉽게는 다양한 최첨단기술이 접목되거나 관람객들이 더 편리한 서비스를 받고 영화관의 색다른 문화를 즐기는 모습을 떠올릴 수 있을 것이다. 하지만 30~40년 전의 영화관이 현재의 영화관이란 본질적인 기능에선 달라진 것이 없듯이, 앞으로 10년 뒤 영화관 역시 큰 차이는 없을 수도 있다. 이처럼 10년 뒤 영화관에 대하여 자신만의 상상력을 발휘해 창의적인 영화관의 비전을 예측하여 정리해 볼 수 있다.

앞서 소개했던 논리적 미래 예측 모델 중에 다음 3가지를 다시 체크해 보자.

♦ 논리적 예측은 어떠한 '만남'에서 중요한 변곡점을 갖기에 가능하다.
♦ 논리적 예측은 '시공간 설계'를 장악함으로써 가능하다.
♦ 논리적 예측은 우리가 발 딛고 있는 '무대' 때문에 가능하다.

우리는 영화관의 무대 자체를 문화 비즈니스 무대로 상상할 수 있다. 그 새로운 무대 위에 새로운 조합값을 찾아내 문화 비즈니스 무대를 새롭게 설계해 보는 것이다.

"영화관은 이제 영화관이 아니다. 영화관은 10년 뒤 [   ]이다!"

이처럼 빈칸에 들어간 명제를 제시함으로써 10년 뒤 영화관의 모습을 즐겁게 예측할 수 있다.

답안예시

미래의 영화관은 영화만 보는 곳이 아닐 수 있다. 영화관 자체가 기존의 전통적인 무대를 벗어나 새로운 혁신의 공간이 될 수 있다. 발상의 전환과 초연결로 얼마든지 가능하다.

"영화관은 이제 영화관이 아니다. 영화관은 [해외 명소인 조깅코스 스포츠 센터]이다!"
ScreenX + 파리 에펠탑이나 프랑스 센(Seine) 강변 등 조깅코스 소프트웨어 + 스포츠센터 동료나 글로벌 동호회 원들과 함께 조깅하기

"영화관은 이제 영화관이 아니다. 영화관은 [심리치료 병원]이다!"
영화관 + 심리, 정신, 스트레스 유형 + 영화 치료 데이터베이스 + 심리, 정신 임상

영화관이라는 무대 자체를 바꿀 수 있는 것, 그리고 영화관을 다른 것들과 자유롭게 연결할 수 있다는 사실만으로도 혁신적 아이디어는 얼마든지 태어날 수 있다. '영화관'과 '전용 스마트폰'이 연결될 수 있고, '영화관'과 '전용 노트북'이 연결될 수 있다. '영화관'과 '콘텐츠 기업'이 연결될 수 있고, '영화관'과 '초중고 학습 프로그램'이 연결될 수 있으며, '영화관'과 '창업 투자설명회 기관'이 서로 연결될 수도 있다.

혁신(Innovation)이란 무엇인가? 바로 비즈니스 무대 자체를 통찰하고 바꾸는 것이다. 무대를 다른 영역으로 넓히거나 좁히거나 아예 옮겨 그 위에 기존과는 완전히 다른 새로운 영역을 연결하고 조합시키는 작업이다.

포드시스템(Ford System) 창조

헨리 포드는 자동차 생산과정의 조립 표준화 모델을 만든 주인공이다. 처음 자동차의 생산방식은 한 명의 기술자가 자리를 옮겨가면서 자동차 부품을 조립하는 방식이었다. 하지만 이와 달리 포드시스템은 부품이 자동으로 이동하고 기술자는 제자리에서 한 부품을 집중적으로 작업한다. 과거와 비교했을 때 훨씬 효율적인 방식인 '포드주의'는 이내 자동차 분야를 넘어 산업 전반으로 퍼지며 20세기 산업자본주의를 여는 상징적인 단어가 되었다.

그렇다면 포드시스템과 같은 이런 혁신적인 아이디어는 어떻게 나왔을까? 놀랍게도 이 아이디어는 가축 도살장에서 탄생했다. 어느 날 도살장을 방문한 포드는 흥미로운 광경을 보게 되었다. 도축사들은 가만히 서 있고, 갈고리에 걸어 놓은 소가 이동하고 있었던 것이다. 도축사들은 다가온 소의 담당 부위만을 집중적으로 도축한 후 옆 동료에게 밀어주는 일을 반복했다. 이 광경을 보고 헨리는 머릿속에 번뜩이는 아이디어를 떠올렸다.

"이 원리를 우리 자동차 공장에 적용해 보면 어떨까?"

포드는 자동차에 대한 관심 무대에서 우연히 도살장 구경을 하면서 '도살장 처리 라인 + 기존 자동차조립 방식'이라는 두 요소의 새로운 조합을 만들어 냈고, 포드시스템을 창조했다.

페덱스 기업 창조

미국 예일대에서 경제학을 수강하던 프레드 스미스는 자전거 바퀴에서 착안해 새로운 화물수송 시스템에 관한 학기 말 보고서를 제출했다. 보고서의 주요 내용은 미국 내 인구분포의 중심지역에 화물 집결지를 만들고, 모든 화물을 먼저 집결지에 모은 다음 재분류하여 자전거 바큇살 모양으로 미국 전역에 배송하자는 것이었다.

비록 이 아이디어는 담당 교수에게 좋은 점수를 받지 못했지만, 프레드 스미스는 훗날 자신의 보고서를 토대로 세계적인 화물 택배회사 '페덱스(Fedex)'를 창업했다.

세계적인 물류 기업 페덱스가 탄생한 아이디어의 근원에는 '자전거 바큇살'이 있었다. 프레드 스미스는 불편한 물류시스템 무대에 자전거 바큇살과 물류소송의 효율성이라는 두 요소가 조합되어 탄생한 영감을 기초로 리포트를 작성했고, 추후 세계적인 물류배송 기업을 탄생시켰다.

산악자전거 창조

다음은 세계 최대 자전거 부품업체인 일본의 기업 '시마노'의 일화이다. 1981년 창업주의 막내아들이자 해외 영업을 총괄하고 있던 시마노 요시조는 미국 서해안에서 일본 본사로 전화를 걸어 아이디어를 설명했다.

"샌프란시스코 북쪽에 있는 산에 갔더니 어떤 녀석들이 자전거를 개조해 타고 내려가며 놀고 있던데, 혹시 우리가 이런 자전거를 만들 수 없을까?"

1980년대 당시만 해도 자전거를 산에서 탄다는 것은 상식 밖의 일이었다. 하지만 회의를 거친 뒤 산에서 타는 자전거를 '한번 만들어 보자'는 쪽으로 의견이 모였으니, 지금은 보편화된 산악자전거인 'MTB'가 탄생하는 순간이었다.

자전거라는 관심 무대에 서 있던 시마노 요시조는 우연히 '산에서 자전거를 개조해 타고 노는 아이들'을 보면서 일반 자전거가 가진 고정관념 탈피와 동시에 새로운 조합을 이루어냈고, '산악용 전문 자전거'라는 콘셉트를 머리에 떠올렸다.

K-팝, K-드라마 등 K-콘텐츠가 세계에서 주목받고 있다. 10년 뒤 K-콘텐츠의 미래를 예측하여 정리해 보시오.

다음과 같은 테스트를 통해 기업에서는 지원자가 K-팝, K-드라마 등 'K-콘텐츠' 전반에 어느 정도 배경지식이 있는지를 확인하고자 한다. 따라서 직무와 관련된 콘텐츠 전반에 대한 이해, 국내 콘텐츠 현황, 글로벌 콘텐츠 시장 현황, K-콘텐츠 발전 경향과 미래 전망을 사전에 고민해둘 필요가 있다. 비록 촉박한 시간 내에 깊은 분석이나 전문적인 예측은 어려울지라도 가능한 한 카테고리 위주로 분류하여 구체적인 예를 들어 정리하는 것이 좋다.

답안예시

K-콘텐츠는 영화와 팝, 웹툰, 드라마, 게임 등 여러 영역에서 세계적 인정을 받으며 대한민국이 콘텐츠 강국으로 자리매김하는 데 혁혁한 공을 세우고 있다. 이에 크리에이터 군단과 콘텐츠 기업들은 최근 TV와 극장을 대체한 OTT의 성장세에 주목하고, 이런 미디어 흐름에 맞춘 새로운 콘텐츠와 아이디어를 발 빠르게 생산해 내며 미래에 대비하고 있다.

온라인 유통산업의 공룡으로 불리는 '쿠팡'은 OTT 사업 진출을 공식 발표했으며 글로벌 1위 음원 스트리밍 서비스인 '스포티파이'는 한국에 진출했다. 이처럼 국내외를 막론하고 주목받는 K-콘텐츠를 카테고리별로 살펴본다.

K-팝

BTS와 블랙핑크로 대표되는 K-팝은 이미 전 지구적 현상이 되었다. BTS가 이끄는 한류 확장세는 이미 아시아를 넘어 세계 문화시장이 주목하는 흐름으로 자리 잡았다. 한국국제문화교류진흥원의 「글로벌 한류 트렌드」에 따르면 해외 한류 소비자들이 한국 하면 가장 많이 떠올리는 이미지는 'K팝'이었다. SNS, 유튜브를 통해 전 세계에서 실시간으로 콘텐츠를 접하게 되면서 국내와 해외에서 동시에 K팝 팬덤이 형성되고 확장되었다.

K-드라마

아시아 주요국의 넷플릭스 시청 순위는 한국 드라마가 톱을 차지하고 있다. 《킹덤》, 《사랑의 불시착》, 《사이코지만 괜찮아》 등이 바통을 이어가며 K-드라마 시대를 열었다.

K-웹툰

웹툰의 힘 또한 점차 강해지고 있다. 네이버와 카카오는 일본 시장에 도전해 디지털 만화시장에서 1, 2위를 차지할 정도로 큰 성공을 거두고 있다.

카카오는 「이태원 클라쓰」와 「나 혼자만 레벨업」이 한국과 일본 웹툰 차트를 휩쓴 가운데 대작 영화 《승리호》를 웹툰으로 제작하기도 했다. 네이버는 미국 법인 웹툰 엔터테인먼트를 필두로 글로벌 시장 공략을 준비하고 있다.

K-크리에이터

누구나 콘텐츠 창조자가 되는 크리에이터 2.0 시대에서 'K-크리에이터'들 또한 유튜브와 인스타그램을 중심으로 거대한 콘텐츠 생산에 활력을 불어넣고 있다.

개인 크리에이터가 창조하는 콘텐츠는 이제 엔터테인먼트의 영역을 넘어 생활 전반으로 스며들고 있으며, 온라인 교육현장에서 크리에이터로 변신한 교사들은 교육과 라이프스타일을 초연결시켜 새로운 교육콘텐츠를 창조하고 있다.

현대 사회에서는 오프라인 매장에서 대화하듯 온라인에서 실시간으로 판매자와 소통하며 쇼핑하는 라이브 커머스가 발전하고 있으며, 차량 엔지니어보다 비디오게임 개발자 영입에 열을 올리는 '테슬라'의 사례처럼 문화콘텐츠와 자동차의 초연결이 이루어지기도 한다. 이처럼 10년 뒤 K-콘텐츠는 지금보다 훨씬 광범위하고 더 큰 경쟁력을 갖추고 있을 가능성이 크다. OTT의 성장세는 글로벌 시장의 장벽을 허물 것이며 글로벌 콘텐츠 전쟁에서 기획력이 점점 더 중요해질 것이다.

이런 변화 속에서 한국의 콘텐츠는 세상의 소비자들을 사로잡을 수 있다고 생각한다. 한국인이 가지고 있는 창의성과 기술력, 스피드는 문화콘텐츠 창조에 강점으로 발휘될 것으로 판단하기 때문이다.

– 참고도서 : 『콘텐츠가 전부다』, 미래의 창

05 10년 뒤 PD 직업의 미래 상상하기

PD 직무는 앞으로 어떤 능력과 자질이 요구될 것인지를 예측하여 당신의 생각을 정리해 보시오.

자신의 직무의 미래를 상상하여 정리해 보는 문제로, 출제자는 답변을 통해 지원자가 앞으로 어떤 노력을 기울이며 어떻게 성장해 나갈 것인지를 가늠해 보고자 할 가능성이 높다. 비록 예시 문제로 PD라는 직무를 선택했지만, 지원자의 입장에서는 자신이 지원하는 직무 외의 다양한 직무에 대해 한번쯤 고민하고 정리해 볼 필요가 있다. 직무는 환경이나 시대에 따라 변화무쌍하며, 심지어 어떤 직무는 사라져버릴 수도 있다.

지금 당장 필요한 능력이 나중에는 쓸모없을 수도 있고 지금은 필요로 하지 않는 자질이 몇 년 지나서는 꼭 필요한 역량으로 평가받을 수 있다. 따라서 답변을 정리할 때는 가급적 직무를 정확하게 이해하고 있다는 점과 함께 미래지향적인 역량을 제시하는 것이 좋다.

답안예시

겉으로 봐서는 화려하고 자유롭게 비춰질 수 있지만, 실제로 PD는 굉장히 강인한 정신과 꾸준한 노력이 필요한 직무이다.

CJ ENM에서 제시하는 PD 업무는 프로그램 기획에서 제작에 이르기까지 전 창조 프로세스를 총괄한다. 그 안에는 콘텐츠, 인력, 기술, 관리 등 거의 모든 요소가 포함되어 있으며, PD는 이들을 보다 효과적이고도 성공적으로 컨트롤할 수 있어야 한다. 물론 예산과 시간을 고려해야 하는 것은 기본이다.

PD는 가장 밑 단계에서부터 하나하나 배우면서 성장해가는 직무인 만큼 방송을 비롯한 콘텐츠의 기획 및 제작에 대한 끝없는 사명감과 배우고자 하는 자세를 지니고 있어야 한다.

따라서 PD는 콘텐츠를 좋아하지 않는 이라면 절대 할 수 없는 일이다. 새로운 콘텐츠를 기획하고 만드는 일에 대한 끊임없는 흥미, 열정, 근성을 가지고, 하염없이 노력하고 앞서가야만 좋은 콘텐츠를 제작하는 PD가 될 수 있기 때문이다.

그렇다면 미래의 PD에게는 과연 어떠한 자질이 요구될까?

전문가들은 가장 큰 미래 변화 중 하나로 '프로그램 시장의 글로벌화'를 꼽고 있다. 따라서 중국, 동남아시아, 유럽 등 전 세계 콘텐츠 시장을 대상으로 자신의 아이디어를 프로그램으로 구현해 낼 수 있어야 한다. 이처럼 앞으로의 PD 직무는 글로벌 문화콘텐츠의 이해를 바탕으로 글로벌 문화콘텐츠의 방향을 지휘(Directing)할 수 있는 능력이 필요할 것이다. 즉, 미래의 PD에게는 다음과 같은 능력이 더욱더 많이 요구될 것임을 추측할 수 있다.

첫째, 글로벌 문화콘텐츠에 대한 동향 분석, 다양한 글로벌 문화에 대한 경험, 글로벌 인적 네트워크 형성이 필요할 것이다. 글로벌 PD로 성장하기 위해서는 국내를 넘어서 해외의 다양한 콘텐츠를 좋아하는 것이 필수라고 할 수 있다. 여기에 다른 나라 문화에 대한 충분한 이해와 학습은 물론 외국어 역량도 기본이 될 것이다.

둘째, 창의적 사고가 점점 더 요구될 것이다. 미래 10년은 콘텐츠의 무한경쟁 시대라 해도 과언이 아니다. 따라서 초미디어, 초연결, 초국가라는 전제 위에 우뚝 설 독창적인 프로그램을 기획해야 한다. 새로운 것에 관한 관심과 호기심을 바탕으로 남과 다른 사고와 태도로 접근하는 발상의 전환과 함께 문학, 미술, 음악 등과 기술, 과학, 다른 학문 영역에 이르기까지 연결할 수 있는 다양한 분야의 지식을 탐구하는 노력이 필요할 것이다.

셋째, 글로벌 콘텐츠에 걸맞은 인문학적 소양이 필요할 것이다. 저마다 다른 가치관과 문화를 포용하여 차별 요소를 뛰어넘고, 철학과 감수성을 바탕으로 하는 콘텐츠 제작의 균형 감각이 요구될 것이다.

방송과 관련된 직무 지원자라면 방송의 미래에 대해서도 한번쯤 진지하게 고민해 보는 것이 좋겠다. 방송 환경은 항시 급변하고 있다. 따라서 현재와 미래를 고민해 본 사람만이 변화에 대응하고 혁신을 찾아낼 수 있다.

일각에서는 앞으로 20년 안에 우리가 아는 전통적인 형태의 TV방송, 즉 텔레비전을 중심으로 정해진 편성표대로 방송되는 뉴스나 주말 연속극, 각종 예능 및 교양 프로그램의 형태가 사라질 것이라는 전망을 내세우고 있다.

이러한 전망의 배경에는 OTT 서비스가 있다. 방송국 자체의 영향력보다 콘텐츠와 프로그램이 중요해진데다 이들이 공중파를 벗어나 다양한 인터넷망을 통해 공급될 가능성이 높아졌기 때문이다. 즉, 미래의 방송은 방송국의 편성표대로 방송되는 '본방 프로그램'을 시청자가 보는 것이 아니라 **시청자가 자신이 원하는 콘텐츠나 프로그램을 언제 어디서든 선택해 인터넷 TV 혹은 디지털화된 영상파일인 '넌리니어(Non-linear) TV'로 시청하는 형태가 된다는 것이다.**

이미 넷플릭스나 유튜브, 네이버TV 등을 통해 OTT 서비스 방송을 보는 것이 익숙해진 시대이다. OTT 서비스를 주축으로 시작된 변화는 방송계 전반에 혁신을 불러오고 있다. 그중에서도 가장 큰 혁신은 역시 프로그램을 기획하고 제작하는 방식에서 나타나고 있다. 방송 프로그램 제작 기술은 OTT 서비스에 맞추는 형태로 발전하고 있으며 초고해상도를 말하는 'UHD'로 촬영하는 것이 일반화되었다. UHD로 찍은 드라마를 UHD로 서비스해서 시청할 수 있는 시청자 채널에 맞게 영상을 송출하는 것이다.

한편, 모든 프로그램의 디지털화도 가속되고 있어, 디지털 파일화된 콘텐츠나 프로그램은 하나의 '상품'으로 시공간을 넘어 소비될 전망이다. 유명한 콘텐츠, 좋은 콘텐츠, 화제성 있는 프로그램은 이제 서비스 채널을 가리지 않고 시청자들과 만날 수 있다.

이미 유튜브 등의 플랫폼에서는 영화나 드라마를 요약해 분석하거나 앞으로의 전개를 예측하며 큰 인기를 끄는 크리에이터들을 흔하게 만나볼 수 있다. 이처럼 프로그램 리뷰나 분석을 전문으로 하는 개인 방송국을 운영하는 이들은 더욱 늘어날 것이며, 한편으로 자신이 선호하는 프로그램이나 콘텐츠만 모아 보는 개인 전용 채널 운영자도 대거 등장할 가능성이 있다.

이와 같은 사례를 통해 미래 방송의 변화 방향은 충분히 예측할 수 있다. 요약하자면 **방송국이 주도했던 시대에서 시청자가 주도하는 시대로 변한다는 사실이다.** 시청자가 자신이 원하는 시간에, 자신이 원하는 장소에서, 자신이 원하는 채널로, 자신이 원하는 콘텐츠를 선택하는 시대를 넘어, 자신이 원하는 콘텐츠나 프로그램을 직접 분석하거나 관리하며 직접 개인방송을 운영하는 시대로 향하고 있다.

오디션 프로그램의 인기 요인을 분석하고 10년 뒤 오디션 프로그램에서 나타날 특징을 예상하여 정리해 보시오.

지난 10년간은 그야말로 오디션 프로그램의 전성시대였다. CJ ENM과 오디션 프로그램은 인연이 매우 깊은데, 그중에서도 특히 엠넷은 오디션 프로그램 장르를 탄생시킨 산실이라 해도 손색이 없을 정도다.

이러한 측면에서 CJ ENM의 오디션 프로그램 현황과 미래 전망에 대한 질문이 얼마든지 출제될 수 있다. 이를 현황과 역사, 인기 요인, 전망, 쟁점 등 주요 사안별로 정리해 보자.

답안예시

CJ ENM의 오디션 프로그램 현황과 역사

2009년 처음 방영된 《슈퍼스타K》를 시작으로 《SHOW ME THE MONEY》, 《컴백전쟁 : 퀸덤》, 《PRODUCE 101》 시리즈 등 음악과 서바이벌 예능을 결합한 프로그램을 흥행시켰다. 《PRODUCE 101》 시리즈 출신 그룹인 '엑스원', '아이즈원' 등은 현재까지도 많은 이들의 사랑을 받고 있다.

프로그램 수상자는 스타가 됐다. 오디션 프로그램 우승자는 가요계를 주도하고 배우까지 진출하는 경우도 생겼다. 오디션 프로그램에 참가해 우승하면 누구나 가수가 될 수 있다는 희망도 생겼다.

엠넷의 《SHOW ME THE MONEY》 시리즈는 2012년부터 매년 방영하는 힙합 서바이벌 프로그램이다. 처음에는 당시 인기 정점을 찍고 있던 엠넷(Mnet)의 《슈퍼스타K》의 한 시즌이 종영된 후 다음 시즌 전에 편성되는 형식이었다. 하지만 《SHOW ME THE MONEY》 시리즈는 종전의 오디션 프로그램과 차별화된 모습으로 흥행에 성공하면서 시즌 3에 이르러서는 《슈퍼스타K》를 넘어선 엠넷의 간판 프랜차이즈가 되었다. 시즌이 계속되면서 결과적으로는 오히려 《슈퍼스타K》 시리즈보다 더 장수한 엠넷 프랜차이즈 시리즈가 되었으며, 인지도 높은 프로듀서들의 참여로 시즌마다 음원 시장에 호응을 일으키는 경연곡들을 배출시키는 등 힙합의 대중화를 이끌었다는 긍정적인 평을 얻고 있다.

2017년 선보인 《아이돌학교》는 엠넷이 기획한 국내 최초 걸그룹 전문 교육기관을 표방한 프로젝트이자 서바이벌 오디션 방송 프로그램이다. '아이돌학교'의 입학생들은 11주간의 전 교육 과정을 이수하게 되고, 교육 과정 종료 후 졸업 시험을 통과한 최우수 학생들은 2017년 하반기 졸업과 동시에 걸그룹으로 즉시 데뷔하게 되었다.

CJ ENM이 기획하고 빅히트 엔터테인먼트가 주최한 대한민국의 아이돌 리얼리티 서바이벌 프로그램 《아이랜드(I-LAND)》의 경우 2020년 6월부터 2020년 9월까지 방영되었다. 생방송을 통해 1위부터 7위까지 7명의 멤버인 '양정원', '제이', '제이크', '니키', '이희승', '박성훈', '김선우'가 그룹명 '엔하이픈(ENHYPEN)'으로 데뷔하는 것이 확정되었다. 이 프로그램은 준비 기간만 3년에, 제작비로 약 200억 원이 투입된 것으로 전해진다.

엠넷은 이어 2020년부터 10대 대상 오디션 프로그램 《캡틴(Cap-Teen)》을 선보였다. 《캡틴》은 K팝의 세대교체를 꿈꾸는 10대들이 노래, 춤, 랩 등 다양한 장르에서 경쟁하는 방식이다. 《캡틴》의 우승자는 스타 프로듀서가 제작한 음원과 국내 최고 댄스팀의 안무로 데뷔곡을 출시하는 특별한 기회와 상금 1,000만 원을 갖게 된다. 우승자의 보호자·법정대리인 또한 1,000만 원을 받게 된다.

인기 요인 분석과 전망

오디션 프로그램의 인기 요인 중 하나는 바로 서바이벌이라는 특수한 상황에서 발생하는 긴장감이다. 거기에 스포츠 게임에서 맛볼 수 있는 승부, 좋아하는 대상을 응원하는 열혈 팬심, 기존에는 볼 수 없었던 새로운 인물과 노래, 참가자들이 노력과 드라마를 거쳐 스타로 성장하는 스토리, 관객의 스타 육성 관여 및 평가 참여(온라인 투표)와 같이 다양하고 복합적인 요소가 어우러져 화제성을 만든다. 여러 가수가 등장해 노래한 후 다음 가수로 교체되던 기존의 음악 프로그램과 흥미 측면에서 차원이 다를 수밖에 없다.

이렇게 긴장감을 비롯한 여러 요소를 통해 화제성을 만드는 오디션 프로그램의 강점을 대체하는 포맷이 등장하기는 한동안 쉽지 않을 것이다. 《미스트롯》 흥행에서 보듯 세대, 장르가 바뀔지언정 대중과 공감하는 오디션 프로그램이라면 여전히 성공할 수 있다고 생각한다.

공정성 확보와 미래 성공과제

현재 오디션 프로그램의 가장 큰 쟁점은 바로 '공정성' 문제이다. 경쟁과 서바이벌이란 특성상 평가시스템은 필수다. 여러 오디션 프로그램들은 지원자들과 프로듀서들의 평가로 승자와 패자를 결정하거나 국내외 시청자들이 직접 '실시간 문자 투표'에 참여하는 방식을 결합하기도 했다.

그러나 과연 그 평가 방법이 시스템적으로 공정하고 합리적이며 시청자들에게 투명하게 인식되고 있는가? 공명정대한 평가 기준을 세워 현장에서 실현하는 문제에서 CJ ENM의 다양한 오디션 프로그램 역시 자유롭지 못하다. 실제로 공정성 문제가 생긴 역사가 있었으며, 논란이 일 때마다 제작진에서는 공정성과 신뢰성을 담보하기 위해 여러 장치를 마련하겠다고 밝힌 바 있다. 향후에는 시청자와의 신뢰가 오디션 프로그램의 성패를 좌우할 것이다.

완벽한 심사기준은 존재하기 힘들다. 그러나 평면적 심사에서 입체적 심사로, 획일적 심사에서 다양한 심사로, 닫힌 심사에서 열린 심사로, 주관적 심사에서 시스템 심사로 시청자들의 인정을 받는다면 오디션 프로그램은 공정성 확보를 통한 존재가치를 가지게 된다고 생각한다.

08 10년 뒤 아이돌그룹 가수의 미래 상상하기

최근 솔로 활동보다 아이돌그룹의 뮤지션 기획이 활발한 이유를 설명한 뒤 아이돌그룹 가수의 미래를 전망해 보시오.

대한민국의 엔터테인먼트 방송과 가요 오디션 프로그램은 아이돌그룹이라는 콘텐츠와 깊이 연관되어 있다. 아이돌그룹이 가요시장을 선도한 지도 오래다. 따라서 음악 관련 직무 지원자라면 아이돌그룹의 탄생과정과 역사, 강점과 성공 요인, 실패 요인, 아이돌그룹의 위기와 가능성, 그리고 미래 전망 등에 대해 한번쯤 생각해 보고 자료조사를 시도해 볼 필요가 있다. 기본 지식과 정보를 토대로 자신의 관점이나 흐름을 정리한다면 CIT뿐만 아니라 여러 전형 과정에서도 도움이 될 것이다.

답안예시

아이돌그룹의 역사와 특징

아이돌그룹은 연예기획사에 의하여 10대 청소년 또는 20대 초반의 나이에 대한민국에서 데뷔하여 활동하는 그룹을 일컫는다. 대부분의 연예기획사에서는 오디션을 통하여 선발한 청소년 후보생들에게 노래와 춤 연습을 시킨 뒤 가수로 데뷔시킨다.

한 명의 아이돌이 탄생하기 위해 투자되는 금액은 상당하지만, 연예기획사는 데뷔 과정에서 미리 기획하고 투자한 자본을 이후 아이돌그룹의 음반 판매와 공연 활동으로 회수한다.

이처럼 체계적인 기획시스템을 통해 SM기획이 처음으로 등장시킨 아이돌그룹이 바로 'H.O.T'이다. 시스템을 거쳐 탄생한 1세대 아이돌은 대체로 5명 전후의 인원으로 구성된 남성 또는 여성그룹으로, 각 인원은 리드 보컬 · 서브 보컬 · 댄서 · 래퍼 등으로 역할을 분담하였다. 또한 이들이 기존의 솔로 댄싱 가수와 차별되는 점 중 하나는 그룹으로 노래를 부르면서 '군무'라고 불릴 만큼 통일된 안무를 추었다는 점이다.

1세대와 2세대 아이돌그룹이 철저하게 기획사의 통제를 받아 일사불란하게 활동했다면, '엑소'를 기점으로 2010년대에 데뷔한 소위 3세대 아이돌그룹들은 각 개인의 '자유도'가 높아졌으며, 동시에 대중이나 팬과의 소통을 확대하기 시작했다. 아이돌 멤버가 다양한 채널과 SNS에 직접 글을 올리면서 팬들과의 거리를 더욱 가깝게 하거나, 때로는 그룹 활동 휴식기를 이용하여 그룹의 특색과는 다른 음반을 솔로 가수로서 발표하기도 했다.

아이돌그룹의 성공비결과 기획력

아이돌그룹으로 뮤지션 상품기획을 하는 이유는 분명하다. 최고의 음악성과 댄싱의 조화, 개인의 스토리와 스타성, 그룹의 시너지효과를 통해 아이돌그룹을 소비하는 타깃층에 강력한 상품성으로 다가설 수 있기 때문이다.

아이돌그룹의 탄생은 역시 '기획력'과 가장 밀접한 관계가 있다. 아이돌그룹은 전문 연예기획사나 자본이 엔터테인먼트 시장을 분석하여 시장에 맞는 스타상품을 기획한 뒤 대중에게 내놓는 방식이라고 볼 수 있다. 음악과 스타를 소비하는 틈새시장을 파악하거나 팬들의 취향이 개인화함에 따라 세분화된 니즈를 분석해 기획하면 보다 성공확률을 높일 수 있기 때문이다.

실제로 몇몇 사례를 살펴보면 '마마무'는 가창력과 '비글돌'이라는 이미지 외에도, 미니 앨범 〈Pink Funky〉의 타이틀곡 '음오아예'에서 남장을 시도하여 '걸 크러시' 이미지를 얻고 여성 팬덤의 지지를 받았다.

'러블리즈'는 '소년의 시선에서 본 소녀'가 아닌 '소녀의 시선에서 본 소녀'를 콘셉트로 하였으며, 6인조 걸그룹 '여자친구'는 'S.E.S', '핑클', '소녀시대'의 청순한 이미지를 계승하면서 '건강한 청춘'을 연상시키는 콘셉트를 무기로 내세웠다.

'NCT'와 같이 글로벌 시장을 무대로 기획했기에 대한민국 국적이 아닌 다른 나라 출신의 멤버를 그룹에 포함하는 사례도 흔하다. 일부 아이돌그룹은 글로벌 시장 전략으로 국가별로 다른 앨범을 발매하거나 다른 언어를 사용하여 공연하는 '아이돌 공연 현지화' 전략도 시도하고 있다.

아이돌그룹의 위기와 한계

기획력이 아이돌그룹의 성공을 좌우한다는 것은 반대로 생각하면 철저하게 기획되지 않은 아이돌그룹은 그만큼 실패할 확률이 높다는 것을 의미한다. 스타성을 4~5년 이상 유지하는 아이돌그룹을 탄생시키는 것은 몹시 힘든 일인 게 사실이다.

어렵게 탄생한 아이돌그룹이 잠시 반짝하다가 이내 사라지는 경우도 부지기수이다. 요즘 대중들이 하루가 다르게 쏟아져 나왔다가 사라지는 아이돌그룹에 피로감을 느낀다는 분석이 나오는 이유가 바로 여기에 있다.

필자는 여기에 '아이돌그룹 매니지먼트 계약'의 위기와 한계에 대해서도 주목해야 한다고 생각한다. 수익 배분을 중심으로 서로 간에 합의점을 찾지 못하는 계약문제로 단명하는 그룹을 많이 보았기 때문이다.

기획사라면 소속사와 아이돌 간, 아이돌 팀원 간 인기도 단계별(장단기), 저수익과 고수익 구간별 공동이익으로 가는 효율적인 계약 및 재계약 기간 협상의 틀을 과학적으로 체계화할 필요가 있다고 생각한다. 그만큼 아이돌그룹과 팀원의 니즈 분석과 빅데이터 통계를 토대로 아이돌 수익배분 계약의 전문성을 키울 필요가 있을 것이다.

아이돌그룹의 미래 전망

대표적인 남자 아이돌 그룹에는 BTS, 세븐틴, 엑소, NCT, 위너, 슈퍼주니어, 엔하이픈, 샤이니, 투모로우바이투게더, 몬스타엑스 등이 있다. 걸그룹에는 블랙핑크, 에스파, 뉴진스, 트와이스, 레드벨벳, 오마이걸, ITZY, 마마무, (여자)아이들, 아이브, 르세라핌 등이 있다.

TV칼럼니스트 이승한씨는 신문 칼럼에서 "1년에 데뷔하는 걸그룹은 그 수만 세어도 족히 60~70팀에 이른다. 그중 다음 곡을 발표하는 데 성공하는 팀은 극히 소수이고, 연습생으로 보낸 기간만큼이라도 활동하는 데 성공하는 팀은 더더욱 소수"라며 "소규모 라이브클럽들이나 소극장 등을 지원하는 방식으로 케이팝 종사자들이 크고 작은 공연을 꾸준히 이어갈 수 있도록 엔터테인먼트 산업의 저변을 확대하는 일도 중요하다."라고 강조했다.

이처럼 아이돌그룹의 미래는 '외줄' 위에 걸어가는 형국이다. 아슬아슬하다. 그러나 아이돌그룹의 기획과 도전은 앞으로도 계속될 것이다. 4세대, 5세대로 이어지면서 저마다 개성 넘치는 콘셉트가 실험될 것이고 연예기획사는 맞춤 소비 타깃과 더 효과적인 소통을 찾아 나설 것이다. 과거엔 주로 국내 활동이 중심이었지만 요즘은 해외에서 인기가 더 많은 그룹도 있다. 따라서 향후 국내를 넘어 아시아와 세계무대에 도전하려는 '글로벌 기획력'이 아이돌그룹 가수의 성공과 실패를 가를 것으로 예측된다.

PART 3

CIT 대비 원칙

01 | 창의적인 자기소개서 작성 시 기억해야 할 세 가지

현대 사회를 살아가는 우리는 평생 자기소개서를 써야 한다. 자기소개서에 따라 운명이 바뀐다. 이 책을 읽는 대부분의 독자들이라면 이미 자소서 작성법에 대한 많은 자료를 찾아봤을 것이다. 전문가의 컨설팅을 받아봤을 수도 있다. 그러나 자기소개서의 진정한 의미를 제대로 이해하는 사람은 많지 않다. '창의적인' 자기소개서라면 더욱 그럴 것이다.

여기 단숨에 자기소개서의 의미를 파악하고 창의적인 자기소개서를 작성하는 방법이 있다. 그 비법을 소개하기 전에 우선 '인류 최고의 창의적 인간'으로 칭송받는 레오나르도 다빈치의 자기소개서를 읽어보자.

창의적인 자기소개서란?

1482년 밀라노 군주였던 루도비코 스포르차에게 보낸 레오나르도 다빈치의 자기소개서

이루 말할 나위 없이 빛나는 존재이신 각하!

자칭 거장이요 전쟁 무기의 발명가라고 일컫는 자들의 제반 보고서를 면밀하게 검토해 본 결과, 그들의 발명품과 소위 기구라는 것들이 흔히 쓰이는 물건들과 모든 면에서 크게 다를 바 없음을 알게 되었으므로, 다른 사람에 대한 편견 없이 용기를 내어 저만의 비밀을 각하께 알려 드리려고 합니다.

각하의 편하신 시간 언제라도 다음에 기록한 일부 사항들을 직접 보여드릴 수 있기를 간곡히 부탁드립니다.

1) 저는 물건을 쉽게 운반할 수 있는 매우 가볍고 튼튼한 기구의 제작 계획안을 갖고 있습니다.

– 중략 –

12) 더욱이 저는 청동 기마상을 만들고 싶습니다. 이 기마상은 각하의 아버님이신 황태자님과 명예롭고 훌륭한 스포르차 가문을 영원토록 추억하게 할 기념물이 될 것입니다.

제 능력을 각하 앞에서 직접 보여드릴 수 있길 바라며 이루 말할 수 없는 겸허한 마음으로 각하께 저 자신을 추천하는 바입니다.

레오나르도 다빈치가 실제로 작성한 자기소개서를 읽다 보면 몇 가지 의아한 점을 발견할 수 있다. 다빈치라면 우리가 흔히 아는 '뛰어난 화가'가 아닌가? 그럼에도 다빈치는 자기소개서에서 '전쟁에 필요한 다양한 도구의 뛰어난 발명가'라든지, '용맹을 드러내는 동상조각가'라는 점을 적극적으로 내세우고 있다.

또 경쟁자에 관한 이야기는 물론 꼬박꼬박 '각하'라는 칭호를 부르며 친근감 있게 상대와 자신의 관심사를 서로 맞추고 있다.

레오나르도 다빈치의 자기소개서 창조 패턴 원리 ①

[요소 1]	[요소 2]
• 당대 최고 화가 • 경험, 스펙, 능력 • 준비, 스킬 • 동기, 열정	?
[무대 세팅] 지원자와 선발자의 만남	

왜 레오나르도 다빈치는 당대 떠오르는 최고의 화가로 자신을 소개하지 않았던 것일까? 다음과 같이 창조 플랫폼 모형의 오른쪽 물음표에 키워드를 맞춰보면 그 이유를 쉽게 알 수 있다.

레오나르도 다빈치의 자기소개서 창조 패턴 원리 ②

[요소 1 – 지원자 특성]	[요소 2 – 선발자 특성]
• 당대 최고 화가 • 경험, 스펙, 능력 • 준비, 스킬 • 동기, 열정	• 밀라노 군주였던 루도비코 스포르차는 군인 • 전통적인 군인 가문 • 전쟁 중 • 전쟁 무기 개발에 관심 • 용맹한 군인 기질
[무대 세팅] 지원자와 선발자의 만남	

이 창조 과정의 패턴에서 양쪽 칸의 착상을 위한 요소 값을 찾아보면 자기소개서 콘셉트로 '위대한 화가'보다는 '뛰어난 무기 개발자'가 더 어울림을 알 수 있다. 다빈치의 그림 실력보다는 발명과 아이디어, 조각 등의 재능이 더욱 강렬하게 연결되는 것이다.

이처럼 플랫폼 모형으로 정리함으로써 우리는 왜 다빈치가 스스로를 '전쟁에 필요한 다양한 도구의 뛰어난 발명가'라든지, '용맹을 드러내는 동상조각가'라고 부각하려 했는지 이해할 수 있게 됐다. 다빈치의 자기소개서에는 나름의 전략이 있었던 셈이다.

다빈치의 자기소개서가 창의적인 이유는 단순히 천재 다빈치가 썼기 때문이 아니다. 문장이 특별하거나 화려해서도 아니고 자기소개서에 금가루를 뿌렸기 때문은 더더욱 아니다. 지원과 선발이라는 취업 무대에 자신의 능력과 상대방의 니즈를 조합, 하나가 되는 착상값을 콘셉트로 설정하고 창조 과정의 패턴에 맞추어 작성했기 때문이다.

결과적으로 이 소개서를 통해 다빈치는 스포르차에게 선발됐다. 물론 그렇다고 해서 다빈치가 발명이나 조각만 한 것은 아니었다. 오랜 세월 스포르차의 지원을 받음으로써 다빈치는 우리가 아는 수많은 미술작품을 남길 수 있었다.

창의적인 자기소개서 작성 비법은 간단하다. 자기소개서를 작성할 때 다음 세 가지 유의사항을 기억해 두면 된다. 아니 결코 잊어서는 안 된다.

첫째, 자기소개서는 '자기소개서'가 아니다. 자기소개서란 '해당 기업의 비즈니스 환경과 기업이 찾는 적합한 인재상 분석(무대) 위에 지원자의 능력(요소 1)과 지원할 기업의 직무 특성(요소 2)이 서로 연결돼 반응(착상)하는 핵심 요소들을 뽑아내 이를 효과적(분류, 설계, 절차)으로 정리한 소개서(창조결과)'라고 할 수 있다. 이 긴 문장을 매번 모두 부를 수 없으니 줄여 쓴 말이 바로 '자기소개서'이다. 문제는 이로 인해 많은 이들이 자기소개서의 의미를 착각하고 있다는 점이다. 그러다 보니 채용자 입장에서 자기소개서를 받으면 진짜 '자기' 소개만 하는 자기소개서가 상당수이다.

이런 숨은 통찰을 얻은 이상 지원자는 자기소개서를 쓸 때 절대 '자기중심적인 관점'에 매몰되지 말아야 한다. 자신에 대한 소개에 힘을 싣는 [요소 1]에 머물기만 해서는 안 된다. [요소 1]과 지원할 회사에 대한 분석인 [요소 2]가 서로 만나 관계가 엮일 때 창조의 싹이 튼다. 내가 지원할 곳이 어떤 곳이고 어떤 직무를 맡게 되는지, 어떤 사람이 적당하다고 생각하는지 등을 충분히 검토 정리하는 것이 [요소 2]이다. 이후 두 요소값에서 자신의 장점과 지원할 곳의 니즈가 반응하는 요소들을 끄집어내 정리해야 한다.

아마도 대부분의 지원자는 이 세상에 태어나 살아온 수십 년의 삶을 분석하고 장점과 매력들을 [요소 1]로 정리했을 것이다. 그렇다면 [요소 2]인 지원할 회사나 직무 역시 수십 년까지는 아니더라도 상응하는 세월의 에너지를 투자해 분석해야 한다. 그래야 착상이 일어날 테니까. 그러나 지원자의 대부분은 [요소 2]에 대해선 소홀하다. 몇십 년은커녕 몇십 분 정도의 에너지조차 투자할 생각을 하지 못하는 경우가 많다.

둘째, 자기소개서는 그럴듯한 언어를 표현하는 곳이 아니다. 열정, 도전, 노력, 성실, 창의, 비전, 꿈 등과 같은 좋은 단어로 빼곡한 '죽은 자기소개서'보다는 지원할 회사나 직무와 연관된 실전 프로젝트 경험을 제시하는 것이 훨씬 더 효과적이다.

기업은 당신의 허울뿐인 말보다는 당신이 도전했던 [무대 → 요소 1 + 요소 2의 연결 → 착상 → 분류, 설계, 절차 → 결과]가 반영된 진짜 프로젝트에 대한 정보를 듣고 싶어 한다. 지원자가 어떤 상황에서 어떻게 문제를 정의했으며 어떤 솔루션을 찾아내 구체적으로 어떤 실패나 성과를 얻었는지가 궁금한 것이다. 따라서 당신은 프로젝트형 인재가 되어야 한다.

셋째, 자기소개서는 자기소개서로 끝나지 않는다. 그동안 겪은 다양한 프로젝트 경험이 창조적인 자기소개서가 되고, 자기소개서는 면접에 활용될 중요한 데이터가 된다. 이는 전부 연결되어 있다. 만약 면접관이 지원자가 자기소개서에 소개한 프로젝트 성공담을 읽고 추가 질문을 할 수 있게 한다면 대성공이다. 면접관은 당신을 직접 만나보고 싶어 할 뿐 아니라 질문을 쉽게 뽑아낼 수 있도록 한 당신에게 고마움마저 느낄 것이다.

이 세 가지 원칙을 지키며 두괄식으로 제목을 뽑아 당신에 대해 전달하고 싶은 핵심을 빠르게 전달하라. 본문에 당신만의 경험과 에피소드, 구체적인 수치와 데이터를 제시하여 구성한다면 '살아 있는 자소서'가 될 것이고, 자연스레 좋은 성과를 얻을 수 있을 것이다.

취업 준비를 위해 창조적인 자기소개서를 써야 한다면? 답은 머릿속에서 저절로 나오는 게 아니다. 자기소개서에 무엇을 써야 하는지 다음과 같은 모형으로 정리해 살펴보자.

취업을 위한 자기소개서 창조의 패턴 원리

[요소 1 – 지원자 특성]	[요소 2 – 선발자 특성]
• 나는 어떤 인재인가?	• 지원할 기업을 선택한 이유
• 내가 수행한 프로젝트들	• 지원할 기업 무대와 비즈니스 상황
• 나의 경험, 스토리	• 지원할 기업의 해당 직무와 일과
• 나의 스펙, 스킬	• 지원할 기업이 요구하는 인재상
• 나의 공모전 당선 이력	• 지원할 기업 발전 방안, 사회적 역할
• 나의 동기, 열정	• 지원할 기업의 비전과 미래
• 나의 문제 발견, 해결했던 경험 사례	• 지원할 기업에서 내가 이루고 싶은 것
• 나의 팀워크, 커뮤니케이션 능력	• 지원할 기업이 나를 뽑아야 하는 이유

[무대 세팅]
지원자와 기업 인재상의 공통분모 및 기업이 찾는 적합한 인재

자기소개서의 왼쪽 칸에 '나'의 이야기만 늘어놓는다면, 아무리 정성스레 노력하여 썼더라도 1차에서 탈락할 확률이 높다. 아랫면에 세팅된 무대를 통찰한 후 좌우 칸의 요소가 반응하는 콘셉트를 찾아 항목별로 표현해 보자.

◆ 자기소개서를 모두 작성했다. ⇒ 그 자기소개서 안에 지원한 회사 이름이 없다. ⇒ 탈락
◆ 자기소개서를 모두 작성했다. ⇒ 그 자기소개서 안에 지원한 회사 이름이 10번 이상 등장 ⇒ 면접에 당신을 부를 확률이 급상승

자기소개서란 '나'와 '지원할 회사'의 공통분모를 찾아 콘셉트를 뽑은 뒤 정리하는 것이다. 당연히 자기소개서에는 지원할 회사의 이름이 많이 나올수록 좋다. 이름을 불러주면 그만큼 뇌는 반응한다.
다빈치가 자기소개서에서 자신의 글을 읽을 사람을 '각하'라고 연이어 호칭하는 이유가 여기에 있다.
자기소개서라는 '보이는 단어' 속에 숨어 있는 '보이지 않는 무대'와의 연결고리를 포착하는 것이 깨달음이다. 거기에 모든 성패의 답이 있다.
혹여 지금 작성해놓은 자기소개서가 있다면 처음부터 다시 읽어보라. 거기에 지원할 회사의 이름이 10번 이상 등장하는가? 그렇지 않다면 처음부터 다시 기획하라. 이것이 단숨에 터득하는 세상에서 가장 창조적인 자기소개서 작성법이다.

02 | 프로젝트형 인재가 만드는 포트폴리오 작성법

필자는 대학 강의 때마다 창의인재가 되기 위해서는 '프로젝트 사고'를 통해 직접 콘텐츠를 창작하거나 아이디어를 실현해 내는 경험이 많이 필요하다고 강조한다. 하지만 단순히 프로젝트 경험을 많이 하는 것에서 그치지 않고 사례를 정리하며 관리하는 것 또한 매우 중요하다. 프로젝트형 창의인재에게 매우 중요한 자기관리법 중 하나가 바로 '포트폴리오'를 작성하는 일이다.

"여러분들이 대학 시절 동안 어떤 창조적인 작업을 실행했는지 보여줄 수 있는 가장 좋은 방법은 포트폴리오를 만드는 것입니다."

어느 날 필자에게 특강을 들은 한 대학생으로부터 전화가 걸려왔다.

"막상 포트폴리오를 만들려고 하니 어떤 내용을 얼마만큼의 분량으로 만들고, 어떤 형식으로 구성해야 할지 막막합니다."

포트폴리오를 꼭 만들어 좀 더 도전적인 프로그램에 지원해 보고 싶으나 정작 '구체적인 제작 노하우'를 모르겠다고 고민하는 전화였다.

포트폴리오를 잘 만들기 위해서는 먼저 '시간'이란 관점을 이해해야 한다. 과거의 경험과 데이터를 시각화하여 오늘 혹은 미래의 포트폴리오를 제작해야 하기 때문이다. 따라서 미래 포트폴리오가 될 '현재의 자료'가 가장 중요하다.

지금 이 순간 자신이 만든 다양한 콘텐츠 창작품, 활동 데이터, 시각적 이미지 자료, 기획서, 활동사진, 아이디어 실현 결과물 등이 모두 포트폴리오의 소재가 될 수 있다는 것을 항상 염두에 두어야 한다. 공모전 출품작이나 당선작, 사진과 그림, 슬라이드, 보충 자료, 증명서, 활동 요약서 등 시각화할 수 있는 모든 자료를 활용할 수 있다.

이를 위해서는 대외활동, SNS 활동, 수상경력, 상장, 사진 자료, 프로젝트 표지, 전공 활동, 사회봉사, 외국어, 자격증, 그 외 스펙 이력에 이르기까지 구체적인 데이터나 자료들을 시각화하여 일목요연하게 정리하는 작업이 필요하다.

📋 포트폴리오에 들어갈 수 있는 내용

① 신상정보 및 이력서(국문, 영문), 장학금 및 수상경력, 지도교수나 교수와 상담 내역

② 교과목 이수 내역 및 성적, 졸업논문 혹은 졸업 작품, 각종 보고서, 발표, 세미나 자료

③ 현장실습, 현장 활동, 각종 공모전 도전 과정, 인턴, 현장체험, 대외활동, 창업, 프로젝트 활동, 학술행사 발표, 실험실 연구 보조, 작품집, 콘텐츠 창작물

④ 동아리, 학생회, 학회, 봉사활동, SNS 활동(유튜브, 블로그, 페이스북, 인스타그램 등)

⑤ 추천서, 기획서, 자신의 아이디어 및 적용사례, 유용한 기획이나 변화 결과

⑥ 외국어, 컴퓨터 활용 정도, 자격증, 면허, 각종 에세이, 의견, 기타 홍보 내용 등

두 번째로 기억해야 할 점은 포트폴리오의 구성전략이다. '스무 살에는 뭐 했고, 스물한 살에는 뭐했고 스물세 살에는 뭐했다.'와 같이 연대기 순으로 정리하는 것은 보는 사람입장에서 흥미가 떨어진다. 이런 평면적 정리방법보다는 지원하는 회사의 업무 분야나 프로젝트별로 정리하는 것이 자신의 장점을 훨씬 빠르게 잘 어필할 수 있다.

예를 들어 자신의 직무 분야의 창작콘텐츠 모음집, 공모전 도전 과정과 수상, 참여활동 프로젝트, 졸업 작품 및 전시, 동영상 제작 등 주제별로 '그룹핑'하여 소개해 보자. 심사위원 입장에서 짧은 시간에 효과적으로 지원자의 장점과 스킬을 파악할 수 있을 것이다.

포트폴리오를 작성할 때 세 번째로 기억해 둘 점은 각종 공모전에 출품한 탈락 작품까지 적극적으로 활용하라는 것이다. 한 카페에 소개된 대기업 합격 자기소개서의 내용을 한 번 읽어보자.

"현대는 갈수록 창의력을 원하고 있습니다. 그리고 저에게는 그것이 있습니다. 저는 항상 그 창의력을 잃지 않기 위해 노력했습니다. 50여 개 팀 속에서 선전하여 국내 본선까지 진출했던 로레알 마케팅어워드, 2번을 참가했지만 아쉽게 실패했던 LG글로벌 챌린저, 그 외 AT-kearney, KT&G의 컴피티션 등 크고 작은 마케팅 컴피티션에 참가하였습니다. 성공도 있었고, 실패도 있었습니다. 그래도 언제나 도전했던 것은 그만큼 창의적인 마케팅 활동에 대한 도전을 좋아하기 때문이었습니다."

내용 중에는 "본선까지 진출했던", "2번을 참가했지만 아쉽게 실패했던" 등과 같은 표현이 눈에 띈다. 공모전에 도전해 비록 수상하지 못했지만 다양한 공모전 실전경험들과 출품작을 구체적으로 소개함으로써 자신이 창의적인 아이디어, 도전정신, 마케팅 활동 등에 남다른 관심과 의지가 있다는 점을 설득력 있게 어필하고 있다.

포트폴리오 작성법도 이와 다르지 않다. 자신이 원하는 직무에 공모전 도전경험이 있었다면 당선되지 못한 작품이나 기획서, 경험담이라 해도 적극 소개하길 바란다. 이밖에 포트폴리오는 주로 PPT문서로 작성하지만 한글문서 등으로도 얼마든지 작성할 수 있으니 시도해 보자.

📰 창의적인 포트폴리오 만들기 단계별 체크포인트

1단계 - 평소 활동자료와 성과물 수집 정리

콘텐츠 출품작, 수상작, 사진, 표창, 상장, 프로젝트 평가서, 프레젠테이션 평가서 등 활동자료와 자신의 능력을 구체화하고 명확하게 설명할 수 있는 것들을 평소 보관함에 카테고리별로 꾸준히 모아 둔다.

2단계 - 스토리보드 작성

포트폴리오의 배열, 그래픽, 레이아웃에 대해 미리 스토리보드를 짜보면 좋다. 스토리보드는 이슈, 직무 카테고리, 분야로 구분할 수 있다. 포트폴리오를 통해 어떤 메시지를 전달하고 싶은지 미리 기획하는 것이 필요하다. 목적과 직무, 대외활동 미션에 잘 맞도록 포트폴리오 속에 자신을 표현해야 한다.

3단계 - 정보의 구조화 및 비주얼 작업

자신에 관한 모든 정보를 수집한 다음 각각의 정보를 평가한다. 이후 목적에 맞는 메시지를 전달하는 데 가장 적합한 정보들을 선택한다. 물론 카테고리별로 지원기업과 연관성 있는 꼭 필요한 정보를 위주로 선택하고 불필요한 자료는 과감하게 생략한다. 그런 후에는 평가자 입장에서 조언해 줄 수 있는 이들에게 의견을 물어보고 약점을 보완한다.

4단계 - 프로젝트 내용에 대한 평가 기록

주요 프로젝트에 대해서는 과정과 평가를 기록해 두어야 한다. 참여 동기, 과정, 평가, 실패나 성공 요인, 배운 점, 앞으로의 개선점 등을 간략하게 기록해 두는 것이 좋다.

5단계 - 포트폴리오 제작하기

완성도 높은 포트폴리오가 좋은 인상을 준다. 디자인과 레이아웃은 전문가답게 세심히 표현해야 하며, 깔끔하고 심플해서 읽은 사람이 짧은 시간 내에 지원자의 스킬과 경험을 명확하게 포착할 수 있는 포트폴리오를 만들어야 한다.

입사 지원 시 포트폴리오를 첨부할 수 있는지는 기업마다 다를 수 있다. 하지만 대학 시절 포트폴리오를 꾸준히 관리하는 것만으로 프로젝트형 인재를 요구하는 현재의 기업채용 문화에 적응하고 CIT와 같은 창의통찰 문제를 대비하는 데에 큰 도움이 될 것이다.

예상치 못한 문제의 발생으로 계획대로 일이 진행되지 않았을 때, 책임감을 가지고 적극적으로 문제를 해결한 당신의 경험과 그 경험을 통해 얻은 것은 무엇인지 고려하여 정리해 보자.

정리가이드 : 일의 계획, 예상치 못한 문제 발생, 책임감과 적극성(주도적 관점), 문제해결, 실행과정, 결과 및 교훈 등 제시된 핵심내용을 가급적 구체적으로 정리하는 게 포인트

예문 : 저는 대학 4학년 때 청소년 대상 창의적 사고학습증진 컨설팅 봉사모임 운영자로 학습 워크숍을 기획한 일이 있었습니다. 학습 워크숍은 고등학생 20여 명이 4명씩 팀을 이루어 팀별로 프로젝트 하나를 기획하여 기획서를 만들고 발표하는 프로그램이었습니다. 2개월 동안 우리 대학의 강의실을 빌리고 참가학생 모집을 진행하며 모든 준비를 완료한 상태였습니다.

그런데 워크숍 시행 4일 전 코로나19 대확산으로 대학 강의실이 폐쇄되고 집합금지 조치가 시행됐습니다. 워크숍 자체를 하루아침에 진행할 수 없는 상황에 처해 버린 것입니다. 하지만 저는 대표 운영자로 오랜 시간 기획하고 준비한 학습 워크숍을 포기하고 싶지 않았습니다.

'현장에서 대면 프로젝트 워크숍을 진행할 수 없다면 온라인 비대면으로 할 수 없을까?' 생각한 저는 온라인 회의나 교육 플랫폼들을 분석하기 시작했습니다. 기존 플랫폼으로 회의나 강의를 진행하는 것은 어렵지 않았지만 팀별 프로젝트를 시행하고 팀별 프레젠테이션까지 진행하는 방법을 찾기란 쉽지 않았습니다. 플랫폼에 대한 지식이 별로 없었던 터라 대부분 회원들도 "이번엔 포기하고 다음 기회에 도전해 보자"라는 의견을 내놓았습니다. 그러나 저는 포기하지 않고 계속 방법을 찾아보았습니다. 온갖 정보를 찾던 중 한 유튜브 방송에서 플랫폼에 '소모임' 기능을 설정할 수 있고 누구나 플랫폼의 소모임에 간단하게 접속하여 팀 회의를 할 수 있는 기능이 일주일 전에 새로 추가됐다는 사실을 알게 됐습니다.

실제로 추가된 기능을 하나하나 배워가며 작동을 시켜 보니, 기존 온라인 회의 플랫폼을 참가 학생이 자신의 컴퓨터에서 업그레이드만 하면 간편하게 이 소모임 회의를 진행할 수 있다는 것도 확인했습니다. 저는 온라인 워크숍에 대한 확신을 갖게 됐고, 기존 워크숍을 '온라인 팀 프로젝트 워크숍'으로 전환시켜야겠다고 마음먹었습니다.

저는 즉시 온라인 팀 프로젝트 워크숍으로 새롭게 기획안을 변경하여 참가 학생들의 단톡방을 개설했습니다. 그리고 워크숍 이틀 전 온라인 워크숍 전환 및 플랫폼 업그레이드 지침, 사전 워크숍 진행 자료집(PDF) 공유, 온라인 팀 소모임 운영 가이드라인 등을 공유했습니다.

새로운 운영계획에 따라 워크숍 당일 모든 활동을 온라인 플랫폼으로 진행할 수 있었습니다. 아침부터 저녁까지 소모임을 통한 팀별 프로젝트를 진행하고 팀별 아이디어 회의, 기획서 제작, 팀별 프레젠테이션과 피드백 토론 등을 모두 성공적으로 마무리 지었습니다.

워크숍 완료 후 참가한 청소년들의 평가만족도는 100점에 가까울 정도로 높았습니다. 참여자들이 써 준 후기들도 "온라인으로 이렇게 좋은 프로젝트 경험을 할 수 있게 되어 감사하다."라는 내용이 대부분이었습니다.

포기할 뻔했던 워크숍을 성공적으로 마치며 저는 많은 것을 느끼고 깨달았습니다. 어떤 문제가 생겨도 반드시 문제를 풀 방법은 있다는 것과 적극적으로 문제와 마주할 때 답을 구할 수 있다는 사실을 알게 됐습니다.

저는 '진인사대천명'이란 한자성어를 좋아합니다. 실패하는 것은 두렵지 않습니다. 다만 내가 할 수 있는 최선을 다했는가가 중요합니다. 앞으로도 어떤 문제가 생겨도 할 수 있는 모든 최선을 다해 문제를 해결하고 결과는 겸허하게 받아들이겠다는 마음으로 살아가고 싶습니다.

03 | CIT 대비 제1원칙, '문제'에 답이 있다

사람들은 왜 창의적인 사고를 어려워할까? 인간의 뇌는 보이는 것, 드러나는 부분에 쉽게 현혹된다. 그러니 최대한 일의 전체 정보(전모)를 파악하려는 노력이 중요하다.

예를 들어 누군가 피부를 가렵다고 긁으며 이렇게 말했다고 생각해 보자.

"간질간질해서 미치겠네~"

이 말에 다음과 같이 조언한다면?

"가려우면 긁으면 돼."

이 조언은 틀린 답이 아니지만, 그다지 창의적인 사고라고는 볼 수 없다. 왜냐하면, 이 솔루션은 '전체'를 보고 판단하고 내놓은 게 아니라 '부분'을 보고 판단했기 때문이다. 좀 더 명확하게 이해하기 위해 '전체'라는 관점으로 다시 보자. 만약 어머니가 꽃 축제장에 갔다가 어떤 꽃을 만진 후 피부가 가려워진 것이라면, 무작정 피부를 긁어댈 것이 아니라 항히스타민제 성분이 든 알레르기 약을 먹고 이후부터는 알레르기 반응을 일으키는 꽃을 주의해야 한다. 만약 아버지가 산소에 벌초하러 갔다가 곤충이 피부에 붙은 후 가렵기 시작했다면, 우선은 물린 자국이 없는지 확인한 후 약을 바르는 게 상책이다. '전체' 정보는 숨어 있는 경우가 많지만 좀 더 신중하게 전체 정보를 파악한다면 우리는 얼마든지 창의적인 솔루션을 제시할 수 있다.

그렇다면 앞서 언급된 '전체'란 과연 무엇인가? 다시 한번 위 사례를 살펴보자.

어머니가 겪은 가려움의 전체 정보 : 어머니는 꽃 알레르기가 있는데 그것을 모르고 꽃을 만졌다가 피부가 가려워졌다.

아버지가 겪은 가려움의 전체 정보 : 아버지는 벌초를 위해 산에 갔고 그곳에서 벌레와 접촉한 후 피부가 가려워졌다.

결국, 전체란 '가렵다'는 사실 이전에 그런 상황이 창조되는 시작부터 끝까지의 과정을 말하는 것이다. 이처럼 우리는 전체 과정을 얼마나 정확히 이해하느냐에 따라 보다 창의적이고 효과적인 솔루션을 낼 수 있다.

꽃 알레르기인 어머니는 가능하면 꽃 박람회에 가지 말아야 하고 가더라도 꽃에 가까이 가서는 안 되며, 설령 가까이 갈 수밖에 없더라도 꽃을 만지지 않는 것이 좋다. 못 견디게 가려울 때는 즉각 항히스타민제를 써야 하고, 독한 약이 걱정이라면 동의보감에 나오는 꽃 알레르기에 좋은 약초를 쓸 수도 있다.

벌레에 가려움을 느낀 아버지는 벌초에 가기 전에 가능하면 긴소매 옷을 입는 것이 좋다. 또 벌레와 접촉했을 경우를 대비해 살충제나 약 등을 미리 챙겨갈 수도 있다. 이처럼 전체 정보를 파악하면 부분을 보고 판단하는 것보다 훨씬 다양한 아이디어를 창조할 수 있다.

우리에게 주어지는 CIT 질문이나 프로젝트 기획 또한 마찬가지다. '부분'의 정보를 가지고 도전하면 허무하게 탈락할 확률이 높다. 부분만으로는 출제자의 코드를 맞추기 어렵기 때문이다. CIT 질문은 평가자가 생각하는 '전체'의 한 부분이다. 평가자가 처한 환경이나 회사의 경쟁 상황, 문제의 기획 의도, 요구 수준, 고민과 선호, 평가 기준, 인재상 등은 오히려 문제 밖의 정보이며, 이것이 바로 '전체' 정보에 속한다.

따라서 질문에 답변을 정리할 때 '전체 정보에 주목하기'를 떠올려 주길 바란다. 질문은 그저 평범한 문장에 불과하지만, 그 안에는 창의인재를 평가하고 싶어 하는 출제자의 보이지 않는 많은 요소가 숨겨져 있다. 그들이 늘 직무이해도, 트렌드, 인문학적 소양, 논리적 사고, 자신만의 독창적인 생각이나 관점, 치열한 열정 등을 답변 속에서 찾아내고 싶어 한다는 점을 꼭 기억했으면 좋겠다.

Tip **당신의 생각, 관점, 의견을 묻는 문제는 결론부터!**

문제) 우리가 국제적 수준의 캐릭터 저작권 의무규정을 제정해야 한다고 생각하는지 정리하시오.

잘못된 답변
이것은 논쟁의 여지가 있는 문제이다. 찬성파와 반대파가 부딪쳐 많은 파장을 일으킬 수 있다. 최근 발표된 몇몇 세계적인 중요한 저작권 관리통계를 보면 다양한 주장과 내용이 많이 나와 있다. 하지만 다양한 관점이 서로 엇갈리기 때문에 답하기가 쉽지 않다. 처음 저작권 의무규정이 도입된 배경은 (…)

좋은 답변
국제적 수준의 캐릭터 저작권 의무규정을 제정해야 할 것인지에 대한 찬반논쟁에서 나는 반드시 필요하다는 입장이다. 저작권 의무규정을 통해 모든 관련자의 이익이 궁극적으로 보장된다고 믿기 때문이다.

최근 발표된 세계적인 저작권 관리통계를 보면 저작권과 관련자 수익구조의 상관관계 항목이 있다. 핵심내용은 (…) 이처럼 저작권 의무규정은 결과적으로 만인에게 이익이 되기 때문에 반드시 필요하다고 생각한다.

04 | CIT 대비에 도움이 되는 제안서 작성법

CIT는 짧은 시간 내에 정보나 콘텐츠 기획, 아이디어, 자기 생각을 체계적으로 정리하여 제안서나 기획서, 논술과 작문 형식으로 작성하는 것이 주된 포맷일 것으로 예상된다. 따라서 제안서나 기획서를 빠르게 정리하는 스킬을 알아둘 필요가 있다. 기본적인 제안 형식이나 기획서 양식을 미리 알고 있다면 자신만의 생각을 훨씬 더 효과적으로 평가자들에게 전달할 수 있기 때문이다.

기획서는 자신만의 생각이나 아이디어를 타인에게 효과적으로 이해시키고 설득시켜야 하는 문서다. 즉, 어떤 상황에서 어떤 문제가 일어날 때 이 아이디어를 적용하면 이런 효과가 있고 기존의 방식에 비해 무엇이 좋은가를 논리적으로 설득할 수 있어야 한다. 따라서 답을 정리할 때 다음과 같은 다양한 제안서 양식을 알아두는 것이 좋다.

아이디어 제안서 작성 시 단계별 프로세스

1단계 - Situation(주제와 관련하여 주최사가 처한 환경 분석) : 현재 기획해야 할 주제에 대한 객관적인 시장현황, 경쟁자, 소비자 등의 전반을 철저하게 파악하고 분석한다.

2단계 - Goals(명확한 문제의 정의) : 주제와 관련 통계, 트렌드, 근거정보를 기반으로 문제를 발견하고 정의한다.

3단계 - Problems(문제에 대한 솔루션 제시) : 기존에 없는 새로운 해결방법을 찾아 제시한다.

4단계 - Solution(아이디어의 구체적인 적용과정과 세부 계획) : 어떤 시장, 어떤 소비자, 언제, 어떤 제품이나 정책으로 접근할 것인가에 대한 구체적인 적용방법과 플랜을 제시한다.

5단계 - Resolution(기대효과, 이익요소) : 아이디어가 실행되었을 때 어떤 이익과 기대효과가 나타날 것인지 제시한다.

기획제안서 창조패턴 구조

무대 – 문제 인식 공유 무대는?

"요즘 우리 학교 취업준비생들이 창의성 면접이나 창의성 질문을 너무 어려워한다."

연결(문제 정의) – 창의적 사고 공포증이 있으면?

"최근 우리 대학 취업준비생 400명을 설문 조사한 결과에 따르면 80% 이상이 창의적 사고와 문제해결 테스트를 준비하는 것이 가장 어렵다고 생각하는 것으로 나타났다. 또한, 취업기관의 기업인사 담당자들의 신입사원 만족도 조사에서 창의력에 대한 경쟁력이 매우 낮은 것으로 조사되었는데, 이는 대학 시절 자신이 직접 프로젝트 전 과정을 수행한 경험이 적기 때문이라는 분석이다."

착상(솔루션) – 해결책은?

"우리 대학 취준생을 위한 창의적 사고와 문제해결 능력을 키울 수 있는 캠프를 열어 직접 문제를 발굴하고 해결해 나가며 실전 감각을 키울 수 있는 시간을 주면 어떨까? 한마디로 '창의인재 프로젝트 실전 캠프'를 여는 것이다."

설계(적용과정) – 언제 어떻게?

"이번 방학 2박 3일간 창의인재 연구자인 이동조 강사를 섭외해 '창의인재 프로젝트 실전캠프'를 개설할 계획을 세운다."

결과(기대 효과) – 진행했을 때 예상되는 성과는?

"우리 대학 취업준비생들이 평소 어렵다고 생각해 온 창의적 사고에 대해 친숙함을 느낄 것이고 직접 문제를 선택하여 솔루션을 찾고 구체적인 기획서로 정리해 발표하는 과정에서 학생들의 자신감과 경쟁력을 키울 수 있을 것이다."

이 설득구조는 창조의 패턴을 완벽하게 이해한 후 [무대 → 요소의 연결(문제 정의) → 착상(솔루션) → 분류, 절차, 설계(적용 과정) → 창조결과(기대 효과)]의 프로세스에 맞춰 정리한 것이다. 이러한 기획구조를 바탕으로 선임자를 설득한다면 공감을 표할 가능성이 높다. 꼭 필요한 핵심 요소를 세팅하고 논리적인 단계가 제안서에 필연적으로 반영되어 그만큼 설득력이 높아지기 때문이다.

다시 정리하자. 그저 열심히 노력하는 것만으로는 부족하다. 창의적 설득 과정은 노력보다 전략이 우선이다. 물론 가장 좋은 설득 전략은 바로 '창조 과정의 패턴'을 충실히 따르는 것이다.

앞서 살펴본 CIT 예제들과 같이 기획, 제안서 작성, 창작, 기획의도 정리, 플롯구성, 창의적 표현, 작사, 제안 이메일 작성, 자기 관점으로 설명하기, 예측, 논술, 분석 등과 관련된 질문을 받으면 대부분의 지원자들은 무엇을 어떻게 시작해야 할지 막막할 것이다. 하지만 평소에도 생각이나 아이디어를 구조적으로 설계하는 훈련을 해 둔다면 어렵지 않게 답을 정리할 수 있다. 바로 이때 필요한 것이 **정보를 구조화하는 능력**이다.

바바라 민토의 『논리의 기술』에 소개된 정보의 구조화 사례를 살펴보자.

당신이 아내에게 다음과 같이 말한다.

"슈퍼에 갈 건데, 뭐 필요한 거 없어요?"

"TV에서 광고로 본 포도가 먹고 싶네요."

코트를 입으려 옷장에 가는데 아내가 말한다.

"그리고 우유도 좀 사 와요."

코트를 입는데 아내는 부엌으로 가면서 말한다.

"아, 감자도 떨어졌네요. 감자도 부탁해요. 그리고 당근하고 오렌지도 필요하네요."

코트를 입고 문을 여는데 아내가 다시 말한다

"버터도요!"

계단을 내려가는 순간 "사과도요!"

차를 타는 순간 "치즈도 필요해요."

"그게 다예요?"

"네, 그렇게 사오세요."

과연 남편은 몇 개나 사 올 수 있었을까?

만약 남편이 사올 물건을 다음과 같이 구조화했다면 모두 다 기억할 확률이 높다.

유제품	과일	야채
• 우유	• 포도	• 감자
• 버터	• 오렌지	• 당근
• 치즈	• 사과	

이처럼 정보의 구조화 기법을 이용하여 목차를 먼저 정리하고 키워드를 메모한 후 기획안이나 제안서를 정리해 보자.

예를 들어 기획안을 '문제 파악과 상황 분석(10줄)' – '문제 정의(10줄)' – '콘셉트 도출(3줄)' – '솔루션(5줄)' – '집행전략(20줄)' – '스케줄과 기대효과(5줄)'와 같은 식으로 기획 제안 절차를 구조화하여 목차를 설계하면 기획정리 작업이 한층 쉬워지는 것은 물론 읽는 사람도 단번에 이해할 수 있다.

목차 정리는 좋은 이정표이기도 하다. 머릿속에서만 급하게 답변을 정리하다 보면 답변의 핵심 요소가 빠지거나 논리적 일관성이 약해지는 등 놓치게 되는 것이 많아지고, 결과적으로 기획제안서의 완성도가 떨어지고 만다. 시간이 촉박한 시험에서 이런 실수는 비일비재하게 벌어진다.

반면 좋은 기획은 언제나 목차 구성(겉으로 드러나든 드러나지 않든)이 매우 탄탄하다. 목차가 체계적이고 논리적인 토대를 갖춘 답변이라야 선택될 확률이 높다. 다음 예시는 어느 기업이 제시한 아이디어 제안 양식이다.

01 제목
02 아이디어 기획의도
03 아이디어 설명
04 기대효과
05 사업화 가능성

양식에 나와 있는 필수 항목은 아주 간단하다. 제안서를 쓴다면 가장 먼저 아이디어의 제목을 써야 한다. 그 다음 그 아이디어의 기획배경과 의도를 설명한다. '왜 이런 아이디어를 생각하게 되었는가?'에 대한 답이 바로 기획의도가 될 것이다.

이어 구체적으로 지원자가 찾아낸 솔루션이나 아이디어를 소개한다. '본인이 제안하는 아이디어에 대한 소개'에 해당된다. 아이디어가 어떠한 내용으로 적용되며 무슨 원리로 작동되는지 이해하기 쉽게 풀어내야 한다. 이는 그 아이디어나 솔루션을 도출하는 데 뒷받침할 근거자료를 적극 활용하는 것으로 해결할 수 있다.

대부분의 제안서들이 바로 이 지점에서 마무리되고는 한다. 그러나 양식을 다시 한 번 살펴보면 아이디어 제안서에서 대부분의 제안서보다 더 많은 걸 요구하고 있음을 알 수 있다. 바로 '기대효과'와 '사업화 가능성' 항목이다.

양식을 통해 '이 아이디어를 실제로 활용한다면 어떤 효과를 예측할 수 있는가?', '어떤 변화를 가져올 수 있는가?', '구체적으로 어떻게 현장에 혹은 비즈니스에 접목할 수 있는가?' 등을 매우 중요하게 여기고 있다는 사실을 알 수 있다.

이어서 좋은 평가를 받은 기획서의 목차를 한 번 살펴보자.

I. 상황분석

1. 브랜드 상황 분석

2. 신제품 개발의 필요성 도출

3. 신제품 개발을 위한 리서치

4. 신제품 콘셉트 도출

II. 신제품 도출

1. 브랜드 특징과 상품 내역 제안

III. 커뮤니케이션 마케팅 전략

1. 마케팅 비전과 목적

2. 구체적 전략

IV. 세부 광고 전략과 시안

1. 미디어 광고 콘셉트

2. 구체적 광고 전략

V. 이후 전략과 결론

1. 타임 테이블 & 예산

2. 결론

이것은 한 기획서 수상작의 목차로, 얼핏 보아도 제안 내용이 어떻게 구성되어 있는지 예상할 수 있을 정도이다. 다음은 광고제안서 대상 수상작의 목차이다.

◆ 상황 분석
◆ 브랜드(상품) 진단
◆ 유사 성공사례 분석
◆ 소비자(타깃) 조사
◆ 대안 제시 콘셉트 도출
◆ 광고전략 · 시안
◆ 기대효과

이 광고제안서 목차 역시 기획서의 필수적인 항목과 절차가 한눈에 체크된다. 자신의 생각이나 제안 내용을 정리할 때 사전에 목차를 구조화시킬 수 있다면 기획과정에서 전체 요소들의 장악력이 높아지고, 자연스레 기획서에 담아야 할 중요한 요소를 놓치거나 옆길로 빠지거나 우왕좌왕하지 않게 된다. 목차의 절차만 충실히 쫓아가도 하나의 완성된 기획서(결과물)가 탄생할 수 있게 되는 것이다.

특히 목차 구성은 대부분 논리과정에 따라 순서대로 구성돼 있기에 제안의 논리성이 강화된다. 실제로 광고제안서 대상 수상작 목차를 살펴보면 '상황 분석' → '브랜드(상품) 진단' → '유사 성공사례 분석'

→ '소비자(타깃) 조사' → '대안 제시 콘셉트 도출' → '광고전략 및 시안' → '기대효과'라는 탄탄한 인과법칙으로 구성되었음을 알 수 있다. 이는 기획서에 논리적인 설득과정을 강화할 수 있다는 의미이기도 하다.

필자는 과거 한 취업정보 게시판에서 대기업의 창의성 시험을 본 경험자의 조언을 읽은 적이 있는데 대략 다음과 같은 내용이었다.

"통통 튀는 아이디어를 가진 사람은 100명 중 1명쯤 될까 말까 하다고 생각합니다. 다들 비슷한 수준이니 너무 기죽지 말고 자신감 있게 정리하셨으면 합니다. 또 제안서를 작성할 때는 줄글로 쓰지 말고 꼭 틀을 만들어서 정리하면 좋겠고, 신문을 꾸준히 읽어 지식을 쌓는 게 제일 좋은 준비과정이라 생각합니다."

필자는 이 글에 매우 공감했다. 그중에서도 자신의 생각을 정리할 때 먼저 '틀'을 만들라는 조언이 매우 주요하다고 생각한다. 테스트는 모두에게 똑같이 어렵다. 그러니 너무 겁먹을 필요 없다. 자신의 생각이나 아이디어를 후회 없이 보여주면 된다.

답변을 정리하기 전에 틀, 즉 목차를 먼저 설계해 보는 것은 정말 중요하다. 사전에 보고서, 기획서, 제안서의 다양한 양식을 많이 확보해 두면 좋은 이유가 바로 여기에 있다. 생각을 생각에서 그치지 말고 논리적인 구조에 맞게 손수 정리하는 연습을 많이 해보자. 기본 양식에 자신만의 참신한 스토리텔링을 더해 독창성을 가미하면 금상첨화다.

Tip 다양한 생각 정리법

- 내 생각을 '서론, 본론, 결론'으로 정리해 볼까?
- 내 생각을 '기승전결'로 정리해 볼까?
- 내 생각을 '발단, 전개, 위기, 절정, 결말'로 정리해 볼까?
- 내 생각을 '시간 연대기'로 정리해 볼까?
- 내 생각을 '계단식 발전단계'로 정리해 볼까?
- 내 생각을 '테마별 분류'로 정리해 볼까?
- 내 생각을 '상위, 중위, 하위 로직'으로 정리해 볼까?
- 내 생각을 '사용방법&시스템, 법률, 적용사례, 차별성, 기술, 디자인' 핵심 키워드별로 정리해 볼까?
- 내 생각을 '상황분석(현황과 배경), 문제 정의&필요성, 해결과제, 목적, 목표, 솔루션, 계획절차, 기대효과'의 설득적인 제안구조로 정리해 볼까?

05 | CIT 대비에 꼭 필요한 서술형 글쓰기 전략

자소서든, 창의성 면접이든, CIT든 CJWT의 작문이나 논술이든, 기본적으로는 서술형 글쓰기 능력이 요구된다. 반드시 글을 통해서 생각이나 아이디어, 기획서나 제안서를 정리할 수 있어야 한다. 그렇다면 서술형 글쓰기는 어떻게 쓰는 것이 좋을까?

이제부터 창조 플랫폼 모형을 통해 구체적인 글쓰기 전략에 대해 알아볼 것이다. 만약 자신이 '신문논술대회'에 참여했다고 가정해 보자. 논술·작문 주제는 다음과 같다.

"신문 읽기가 당신의 경쟁력입니다. 신문 읽기의 경험담에 대해 작성해 보시오."

과연 우리는 무엇부터 시작해야 할까?

우선 출제된 주제의 취지를 충분히 파악해야 한다. 대개 신문논술대회는 종이신문과 거리를 둔 청소년이나 젊은이들에게 신문 읽기의 중요성을 알리는 것이 대회 주요 목적이자 작문 주제가 된다.

취지를 파악했으니 이제 글의 기본요건인 '독자 공감', '설득력', '개성적이고 간결한 문장력', '기승전결이 뚜렷한 완성도' 등을 고려해야 한다. 이렇게 수집한 자료와 정보를 창조 플랫폼 모형에 그리면 다음 표와 같이 정리할 수 있다.

'젊은 층의 종이신문 읽기' 작문의 패턴 원리 ①

[요소 1]	[요소 2]
• 신문 읽기의 장점 부각 　예 신문을 읽으면 삶에 큰 도움이 된다. • 20~30대 신문 구독자 증가 방안	? (데이터 댐 정보 연결)
[무대 세팅] 신문논술대회 출제자가 듣고 싶어 하는 이야기 글, 신문 읽기의 긍정적인 효과, 독자 공감, 설득력, 개성적이고 간결한 문장력, 기승전결이 뚜렷한 완성도	

창조 과정의 패턴 원리를 적용해 실행하기 위해서는 우선 우측면의 물음표에 무언가 새로운 정보나 요소를 조합해야 한다. 창의적인 글은 결국 '빈칸에 무엇을 넣어야 전체 정보가 조합을 이뤄 글쓰기 콘셉트가 착상이 되는가?'를 찾는 게임이기 때문이다.

'젊은 층의 종이신문 읽기' 작문의 패턴 원리 ②

[요소 1]	[요소 2]
• 신문 읽기의 장점 부각 　예 신문을 읽으면 삶에 큰 도움이 된다. • 20~30대 신문 구독자 증가 방안	• 나만의 특별한 신문 읽기 에피소드(읽기 싫어함, 갈등, 반전, 결정적 성공, 인생의 큰 도움과 같은 키워드 포함) • 신문과 동반자가 된 재미있는 사연 • 신문을 통한 갈등 화해, 관계 이해 사례 • 신문에 얽힌 에피소드의 흥미진진한 디테일 묘사

[무대 세팅]
신문논술대회 출제자가 듣고 싶어 하는 이야기 글, 신문 읽기의 긍정적인 효과, 독자 공감,
설득력, 개성적이고 간결한 문장력, 기승전결이 뚜렷한 완성도

창조 과정의 패턴모형을 기초로 사고하다 보면, 창조적인 글의 콘셉트는 어렵지 않게 도출할 수 있다. 신문 읽기와 관련하여 자신이 직접 겪었던 특별한 경험이나 에피소드, 잘못 알고 있었던 것을 바로 잡게 되는 과정, 달라진 생각, 자신만의 특별한 관점, 행동의 변화 등을 우측면 물음표에 넣으면 된다. '어떤 주장이나 전달해야 할 정보' + '실제 경험담이나 자신만의 관점'을 조합해 이야기로 전개하면 읽는 사람들은 더 쉽게 공감하고 설득된다. 공감대가 높아지는 것이다.

이번에는 "대학생들이여 책을 읽어라!"라는 주제로 작문을 한다고 생각해 보자.

메시지만 담고 있는 식상한 글

"요즘 대학생들은 책을 너무 안 읽는다. 책은 다양한 지식과 경험을 제공한다. 지식과 경험이 많으면 성공할 가능성이 높아진다. 그러니 대학생들이 책을 많이 읽었으면 좋겠다!"

주장과 메시지만 담겨있는 문장은 재미도 없고 공감을 불러일으키기도 어렵다. 주장과 메시지를 자신만의 특별한 경험담이나 구체적인 사례를 들어 비유, 비교, 예시로 연결하여 설명한다면 훨씬 재미있고 공감대를 넓힐 수 있는 글이 된다. 같은 메시지의 글을 다음과 같이 수정해 보았다.

메시지에 자신만의 경험담을 연결하여 새로 쓴 글

"독서는 마치 합법적인 은행털이와 같다. 『창의방정식의 비밀』을 쓰기 위해 나는 15년간 5,000권의 책을 읽었다. 책에는 각 분야 공모전 수상작 3,000편을 연구하고 창작과정을 분석한 패턴 원리와

1,000번 이상의 창의특강을 통해 터득한 생각의 비밀을 담았다. 내가 15년의 연구를 통해 얻은 노하우를 기반으로 3년에 걸쳐 쓴 책을 독자는 단돈 15,000원에 사서 4~5시간 만에 터득할 수 있다. 이것이 바로 책읽기를 시간과 비용을 획기적으로 줄이면서 자신의 머릿속에 지식과 경험을 단숨에 채우는 합법적인 은행털이에 비유할 수 있는 이유이다. 그러니 대학생들이여, 독서를 시작해 보라. 누구에게나 활짝 열려 있는 지식의 은행을 털어라."

같은 내용일지라도 자기 경험과 관점이 있는 글은 읽는 맛이 전혀 다르다. 창의적인 글을 써내는 원리는 창조 플랫폼에 맞게 새로운 요소들을 결합하여 하나로 착상시키는 것이다.
물론, 글쓰기에 타고난 재능이 있으면 유용하다. 그러나 너무 걱정하지 말라. 입사시험은 소설가나 시인을 찾기 위한 것이 아니다. 자신의 생각을 논리적이고 공감할 수 있게 서술하는 능력을 요구할 뿐이다. 이런 글쓰기 실력은 개인의 노력 여하에 따라 얼마든지 늘어난다. 연습으로 글쓰기 능력을 키울 수 있다.
가장 쉽고 빠르게 글쓰기 기술을 배우기 위해 다음 세 가지 원칙을 기억해라.

01 가급적 '단문'으로 써라

글쓰기 초보자들의 비극은 문장을 너무 길게 쓰는 것에서 비롯된다. A4 반 페이지가 넘게 문장을 끊어 쓰지 않는 대학생들이 생각 외로 매우 흔하다. 문장에 필요한 것은 주어 하나에 서술어 하나뿐이다. 마침표를 많이 찍어주는 것이 읽기에 좋고 이해하기도 편하다.

02 '묘사체'의 강점을 잘 활용해라

묘사체란 어떤 상황에 대해 자세하게 글로 묘사하는 능력이다. 글의 매력은 디테일한 묘사에서 만들어진다. '멋지다'고 하는 것보다는 멋진 모습이 머릿속에 생생하게 그려지게 묘사하는 것이 더 좋다. '어마어마하게 크다'는 직설적인 표현보다는 어마어마하게 크다는 느낌이 생생하게 들도록 글로 묘사해 보자. 예를 들면 이렇다.

밤길을 혼자 가는데 정말 너무 굉장히 무서웠다.

이런 식의 설명체 문장으로 표현하면 얼마나 무서운지 알 수도 공감할 수도 없다. 이를 묘사체로 다시 정리해 보자.

새벽 1시. 1미터 앞도 보이지 않았다. 쿵덕쿵덕 내 심장 소리가 귀에 그대로 전해졌다. 그 순간 저 멀리 반짝이는 빛이 보였다. 빛은 점점 커졌고 조금씩 내게 다가왔다. 꼭 여러 개의 물고기 비늘 같기도

하고 귀신의 치마 같기도 했다. 별안간 하얀 것이 내 얼굴을 확 덮쳤다. 나는 눈을 질끈 감았다. 촉감은 미끌미끌한 뱀 같았다. 이내 숨통을 죄는 느낌이 들었다. 숨을 쉴 수 없었다. 살고 싶었다. 눈을 부릅떴다. 손으로 움켜잡았다. 아, 논밭에 굴러다니는 비닐 조각!

두 글을 읽는 사람이 받는 느낌은 확연히 다를 것이다. 묘사로 설명하는 문장에는 생동감이 있다. 묘사가 잘 된 글은 신뢰감을 준다. 왠지 진실에 가까울 것 같고 더 믿고 싶어진다. 묘사가 잘 된 각종 체험이나 자소서, 프로젝트 도전 사례는 평가자에게 높은 신뢰도를 줄 가능성이 크다.

03 좋은 문장이란 '입으로 자연스럽게 말하듯 표현한 글'이다.

한 마디로 입말이 좋다는 의미다. 글 쓰듯 글을 쓰지 말고, 말하듯 글을 쓰는 것이 요령이다. 소리 내어 말하면서 글을 써보라. 퇴고할 때도 입으로 소리 내어 읽으면서 수정 보완하면 더욱 좋다.

글쓰기 실력을 늘리기 위한 가장 기본적인 비법은 당연하지만, 책을 많이 읽는 것이다. 많은 지식과 정보를 머리에 가득 넣어 댐에 가둬진 물이 넘치듯 생각이 철철 넘칠 때 저절로 좋은 글이 쏟아져 나온다.

비록 하루아침에 문장력이 길러지는 것은 아니지만, 중요한 몇 가지 스킬을 통해 글쓰기 능력을 단숨에 향상시킬 수 있다. 몇 가지 글쓰기 요령만 제대로 활용할 줄 안다면 작문이나 논술 시험도 큰 문제 없이 대비할 수 있을 것이다.

> **Tip** **좋은 글쓰기를 위해 알아두어야 할 10가지 스킬**
>
> ① 출제자의 의도나 주제, 핵심 메시지, 전제 조건, 가이드라인을 충분히 생각하고 분석하라.
> ② 메시지와 주장의 근거로 자신만의 경험, 프로젝트 사례, 자신만의 관점에서 발견한 세상을 주목하고 활용해 보라.
> ③ 서사체와 묘사체를 조화롭게 사용하라.
> ④ 긴 장문보다는 짧은 단문을 많이 사용하라.
> ⑤ 글 전체 구성과 완성도를 미리 설계한 후 글을 써라.
> ⑥ 서술어를 다양하게 써라. '있다', '있습니다'와 같은 서술어가 반복되면 글이 지루해진다.
> ⑦ 자주 반복되는 단어를 최대한 줄여라. 같은 단어가 한 문장에 자주 사용되면 지루해진다.
> ⑧ 어휘를 다양하게 써라. 자소서나 제안서에 자주 등장하는 단어보다는 나만의 특징적인 단어를 선택하는 것이 읽는 이에게 신선하게 다가갈 수 있다.
> ⑨ 말하듯 써라. 대화하듯 편하게 쓰는 것이 가장 좋은 글이다.
> ⑩ 분량이나 가이드라인을 꼭 지키고 충실하게 답변하라. 글에는 글쓴이의 열정과 인성이 드러난다.

06 | 직무 중심 채용문화, 체계적인 준비가 필요하다

CJ그룹 채용을 한마디로 표현하라면 '직무 중심 채용'으로 정의할 수 있다. 직무 중심의 자기소개서와 직무 중심의 각종 면접방식으로 유명하기 때문이다. 여기에 새로운 시험 인 CIT(Contents Insight Test)와 '직무 Fit Test' 등도 모두 '직무 중심'을 기본 전제 조건으로 출제되는 테스트이다. 일반적인 지원자 인물 중심이나 기존 입사 전형에 강한 지원자보다 CJ라는 기업정신, 비즈니스 이해와 지원하는 직무에 대한 강점이 있는 인재를 선발하는 기업이 바로 CJ그룹이다.

또 하나 기억해 두어야 하는 것은 바로 CJ그룹의 채용 평가시스템이다. CJ그룹은 자기소개서에서 면접, 각종 테스트에 이르기까지 개별 심사관이나 면접관이 개인의 취향이나 선호도와 관계없이 체계적인 평가시스템을 통해 지원자를 선발하는 것으로 유명하다.

객관적인 평가시스템이란 주관성을 최대한 배제하는 절차를 거치는 방식이다. 비즈니스와 직무이해도 등 객관적인 데이터를 중심으로 평가항목이 세팅되어 있으므로 지원자는 각 단계마다 자신이 비즈니스와 직무이해도가 충분하다는 걸 제시해야 한다. 막연한 단어나 언어가 아니라 지원자의 도전 경험, 지원자의 실전 프로젝트, 지원자의 문제해결 사례 등이 구체적으로 제시될 때 평가항목에서 우수한 점수를 얻을 수 있다.

따라서 '열심히 하겠다.', '비전을 제시하겠다.', '이런 능력을 가지고 있다.'가 아니라, 직무와 관련된 '이렇게 살아왔다.', '이런 프로젝트를 경험했다.'를 보여줘야 한다. 그러니 지름길이 없다. 요행을 바라기도 힘들다. 최대한 빨리 먼저 준비하는 사람이 유리하다. 주어진 준비 기간 내에 치밀하게 전략을 세우고 해당 계열의 체계적인 비즈니스 요령과 직무이해도를 높이는 것이 CJ그룹의 가장 좋은 입사전략인 셈이다.

회사소개

CJ그룹은 ONLYONE 정신으로 세계인의 문화를 만들어 갑니다.

문화를 만드는 일은 CJ가 가장 잘하는 일입니다. CJ는 우리의 아름다운 문화를 전 세계인들에게 알리기 위해 가장 앞서 달리고 있습니다. 세계의 라이프스타일을 주도하는 한류의 중심에 CJ가 있습니다.

전 세계인이 일상생활 속에서 한국의 영화, 음식, 드라마, 음악을 마음껏 즐기며 일상의 행복을 누리게 되는 것. 그리고 이를 가장 앞서서 이끄는 최고의 생활문화기업이 되는 것이 바로 CJ의 꿈입니다.

ONLYONE 정신은 모든 면에서 최초, 최고, 차별화를 추구하는 CJ가 최우선으로 지향하는 가치입니다. 이를 바탕으로 CJ는 남들이 하지 않은 새로운 제품과 서비스, 시스템, 사업을 지속적으로 창출해 가고 있습니다.

주요 서비스

식품&식품서비스 / 생명공학 / 물류&신유통 / 엔터테인먼트&미디어

비전

건강, 즐거움, 편리를 창조하는 글로벌 생활문화기업

미션

ONLYONE 제품과 서비스로 최고의 가치를 창출하여 국가사회에 기여한다.

핵심가치

인재 / ONLYONE / 상생

행동원칙

정직 / 열정 / 창의 / 존중

주요 채용방식과 핵심포인트

- 계열사별로 상이하게 진행되어 지원 계열사 맞춤 전략 필요
- 기존 CAT 시험은 미진행 혹은 약화되는 추세
- CAT 대신 새로운 시험 유형 CIT(Contents Insight Test)와 직무 Fit Test 도입
- 지원직무에 대한 이해도 및 콘텐츠 트렌드 관심도 등을 파악하는 지필형 TEST 강화
- 코로나19로 현장시험이 어려운 경우 온라인으로 진행 : CJ ENM, CJ온스타일, CJ올리브영, CJ올리브네트웍스 등
- CJWT : 작문 및 논술 시험으로 CJ ENM 신입 PD 직군에서 시행
- 직무수행 능력평가 채용은 2~6주간 지원직무 유관부서에서 현장 실무과제 및 업무 프로젝트, 최종 PT를 수행하는 풀타임 인턴십 채용과정(CJ ENM, CJ푸드빌, CJ올리브영, CJ제일제당, CJ대한통운 등)

취업전략

계열사별로 시험과 채용방법이 상이하므로 사전에 체계적인 준비 절차가 필요하다. 계열사 안에서도 해당 직무에 대한 지식, 트렌드 정보는 물론 다양한 프로젝트 기획 전략이나 실제 업무수행 능력을 평가하는 문제가 출제될 것으로 예상된다. 기출문제나 사전 정보가 많지 않기 때문에 평소 CJ그룹 기업분석과 비즈니스 및 직무에 관한 연구와 경험이 많을수록 입사전형 과정에 도움이 될 것이다.

07 | CJ그룹 회장의 역대 신년사 핵심 키워드로 보는 기업 비전

CJ라는 기업의 정신, 비즈니스 이해를 돕는 방법의 표지 중 하나가 바로 매년 발표되는 손경식 CJ그룹 회장의 신년사다. 최근 5년간 신년사를 분석해 보면 기업 방향과 비전을 이해하는 데 도움이 될 것이다.

그룹 회장은 망망대해에서 항해하는 배의 선장과 같다. 선장은 배 안의 사정을 헤아리는 것도 중요하지만 정상의 포지션에서 배의 목적지와 바다의 환경 변화를 관찰하는 사람이다. 회장의 시선, 사용하는 언어와 품고 있는 생각은 언제나 배 안 선원들에게 영향을 미칠 수밖에 없다. 그냥 지나치기 쉬운 인사말 하나에도 무수한 아이디어가 숨어있다는 사실을 알아야 한다.

다음은 최근 5년간의 신년사에 소개된 주요 메시지 키워드를 뽑아 정리한 것이다.

먼저 2023년도 신년사의 핵심 메시지를 직접 들어보자. 손회장은 "급변하는 국내외 경영환경은 우리에게는 위기이자 아주 큰 도약의 기회다. 경영환경이 급변하는 시기에 대응을 잘한 기업은 위기를 기회로 만들어 보통의 기업보다 엄청난 격차를 벌렸다."라고 말했다.

손회장은 CJ그룹이 퀀텀 점프하여 글로벌 메이저 플레이어로 가느냐, 아니면 단순히 국내시장에 안주해 존재감 없이 쇠퇴해 가느냐의 기로에서 글로벌 메이저 플레이어로 가기 위해 '초격차 역량', '최고 인재 확보', '담대한 미래 전략', '철저한 실행'을 제시하고 있다.

신년사에서는 중장기 비전으로 '글로벌 라이프스타일 기업 도약'이라는 이정표를 안내하며 OnlyOne이라는 CJ정신을 되새겼고 미래 트렌드와 기술에 부합하고, 최고 인재가 오고 싶고, 일하고 싶고 함께 성장하는 기업이 되자고 강조하고 있다.

2022년도 신년사의 경우에는 '대변혁'과 '혁신'이 핵심 키워드에 올랐다. 손회장은 그룹의 4대 미래 성장엔진(컬처, 플랫폼, 건강(Wellness), 지속가능성(Sustainability))을 중심으로 한 미래 혁신 성장을 반드시 달성해야 한다고 강조했다.

"중기 전략에서 각 계열사가 비전을 새로 수립하고 신성장 동력을 구체화한 만큼 최고 인재들이 충분히 실력 발휘를 할 수 있도록 인사제도와 문화를 혁신적으로 바꾸어 나가야 할 때다."

이 메시지는 글로벌 일류 기업으로의 변화와 혁신이 절실하다고 역설한 것이다.

지난 2021년 신년사의 핵심 키워드를 뽑자면, '패러다임 시프트'였다. 패러다임 시프트란 시대나 분야에 당연하게 생각돼 왔던 인식, 생각, 가치관 등의 혁신적인 변화를 말한다. 발상의 전환, 고정관념의 타파, 세상이 놀랄 만한 새로운 발견에 대한 메시지라고 볼 수 있다.

CJ그룹은 이를 실현하기 위해 '패러다임 시프트 경영방침'을 내놓았다. 구체적으로는 ▷온리원(OnlyOne) 정신에 기반한 혁신 성장을 통해 '파괴적 혁신'으로 시장을 선도하고 ▷초격차 핵심 역량을 구축해 글로벌 경쟁사가 넘보지 못할 구조적 경쟁력을 확보·강화하며 ▷최고 인재 육성과 확보, 도전과 혁신의 글로벌 일류문화 정착에 주력하겠다는 것이다.

패러다임 변화를 강조한 이유는 전 사업 영역에서의 철저한 체질 개선이 필요하다는 판단과 신사업 발굴과 경쟁력 확보에 집중해 글로벌 일류기업으로 도약하겠다는 각오 때문인 것으로 보인다.

격변하는 경영환경 극복을 위해서는 다음 세 가지를 주문하고 있다. 첫째는 '최고 인재'이며, 둘째는 '초격차 역량 확보', 셋째는 미래성장기반을 강화하는 '혁신 성장'이다. 이 중 모든 임직원이 의지와 절실함, 책임감으로 무장하고 각자의 위치와 역할에서 '최고 인재'가 돼야 한다고 특히 강조했다.

2020년 신년사에서는 '혁신 성장'을 화두로 제시하며, '양적 성장'보다는 안정적 수익성이 동반되는 '혁신 성장'을 우선해야 한다는 메시지를 담았다. 동시에 세계적인 최상위 계층을 의미하는 '글로벌 탑 티어(Top-Tier) 기업'이라는 개념을 제시하며, 이를 위해 주력 사업과 대형 품목의 글로벌 경쟁력을 확보하는 해로 만들자고 당부했다.

CJ그룹은 혁신 성장을 위해 ▷혁신 성장기반으로 기업 가치를 제고하고 ▷새로운 도약의 원동력이 될 초격차 역량을 확보하여 이를 지속적으로 강화하는 한편 ▷일류인재, 책임 경영, 목표 달성이 축을 이루는 CJ의 일류문화를 확고히 정착시켜 나가기로 했다.

2019년 핵심 키워드로는 '초격차 글로벌 시장 확대'가 제시됐다. CJ그룹의 주요 메시지는 다음과 같다. ▷그룹 사업 전반에 걸쳐 획기적 성장 지속 ▷온리원(OnlyOne) 정신에 기반한 초격차역량을 바탕으로 사업부문별 독보적 1등 지위 확보 ▷온리원, 일류인재/일류문화, 공유가치창출(CSV; Creating Shared Value)이 축을 이루는 CJ 경영철학 심화이다.

당시 신년사 메시지는 '글로벌 시장'에 방점을 찍고 있다. 국내뿐 아니라 글로벌 시장에서 공격적으로 사업을 확장해야 한다는 것이다. 실제로 이 신년사에서는 '2030년까지 글로벌 1등 달성 목표'를 재확인하고 '글로벌 넘버원 생활문화기업', '월드베스트 CJ' 등을 여러 차례 언급했다.

· · ·

우리는 역대 신년사를 주마간산(走馬看山)으로 살펴보았다. 눈에 띄는 CJ그룹의 비전 키워드는 '위기와 기회', '글로벌 라이프스타일 기업', '글로벌 메이저 플레이어', '대변혁과 혁신', '패러다임 시프트', '온리원', '글로벌 탑 티어(Top-Tier) 기업', '초격차역량', '최고 인재 육성과 확보' 등이다.

키워드를 살펴보면 모두 하나로 연결돼 있다. 최고의 세계적인 기업이 되겠다는 CJ그룹의 목표의식이 분명히 드러난다. 끊임없이 혁신하고 도전하고 꿈꾸는 인재상을 요구하고 있다는 느낌이 든다.

CJ그룹에 도전해 보고 싶은 지원자라면 한 번쯤 이런 자문을 해 볼 필요가 있다. "당신은 경쟁을 초월하고 온리원으로 월드베스트 CJ로 가는 길에 동참하고 싶은가?", "함께 그 꿈을 이루어 낼 수 있는가?", "함께 도전할 수 있는 최고의 인재인가?" 만약 '예스'라면 CJ와 당신의 공통 비전을 그려보길 바란다. 함께 꿈꾸고 함께 성장하며 나란히 걸어갈 때 오래, 멀리 갈 수 있기 때문이다.

교육은 우리 자신의 무지를 점차 발견해 가는 과정이다.

– 윌 듀란트 –

부록

PD 공채 'CJWT' 논술·작문 유형 예시 문제

01 | 'CJWT'란 무엇인가?

드라마, 예능, 음악 등 프로그램 PD 직군의 경우 CIT가 아닌 'CJWT(CJ Writing Test)'를 통해 평가받는다. CJWT는 주어진 주제에 대하여 본인의 생각을 자유롭게 기술하는 작문 및 논술로, 지필 시험을 원칙으로 하며 100분(1시간 40분 내외)의 시간이 주어지는 것으로 알려져 있다.

이는 일반적으로 언론사 기자직에서 보는 '언론고시'의 형태와 유사하다고 보면 된다. 주제이해력이 높을수록 좋고, 자기만의 독창적인 관점과 논리적 사고력이 있다면 좋은 작문이 가능하다. 키워드 또는 주제가 제시되면 해당 주제를 충분히 검토한 후, 주제와 연관된 정보, 관점, 통찰을 바탕으로 자신만의 생각을 객관적이면서 논리적으로 정리해 나간다.

주어지는 키워드나 주제에 대한 예측은 불가능에 가깝다. 고전, 상식, 트렌드, 전문지식 등 여러 주제를 가리지 않고 출제해 왔기 때문에 평소 다양한 독서와 신문 읽기가 필요하다. 그러므로 제시된 주제에 대해 배경 지식이 전혀 없다면 아무래도 좋은 글을 쓰기는 어려워진다.

이외에도 CJWT는 작문과 논술 시험이라는 특성상 탄탄한 글쓰기 기본능력이 요구된다. 앞서 이야기한 바와 같이 글쓰기 능력은 하루아침에 생기는 것이 아니다. 그렇기 때문에 PD 직군에 도전하기 위해서는 오랜 시간에 걸쳐 글쓰기 연습을 하는 것이 중요하다. 다양한 예상 주제를 정해 일주일에 서너 편 정도 써보는 것이 좋다.

글쓰기 연습을 할 때 특히 기억해 두어야 할 점은 시간이 한정돼 있다는 사실이다. 지원자는 100분 이내에 자신만의 생각을 논리적으로 전개하고 마무리해야 한다. 이를 위해서는 글쓰기 전 주제에 대해 어떻게 구성할지 빠르게 설계해보는 훈련이 필요하다. 또한, 100분이라는 시간 내에 글을 써보는 실전 연습을 꾸준히 해야 시험장에서 집중력을 유지할 수 있다. 긴장감 속에 100분간 글쓰기에 집중하는 것은 쉬운 일이 아니다. 이를 위해 평소 육체적, 정신적으로 관리를 해두는 것이 꼭 필요하다.

02 PD 직무 분석과 창의적 사고

CJ ENM 제작 PD 직무로 지원할 수 있는 채널은 tvN, tvN DRAMA, Mnet, OCN, tvN SHOW, CJ ONSTYLE, 투니버스 등이다. 드라마, 예능, 음악 등의 프로그램 PD 직군은 각 채널 영역에 따라 다소 차이가 있지만 기본적으로 '팔방미인'의 능력이 요구된다.

01 PD의 주요 업무

프로그램 기획 : 프로그램의 콘셉트를 설정하고 전체적인 방향과 내용을 정한다. 기획단계를 구체적으로 세분화하여 필요한 것을 적재적소에 배치하고 어떤 방법으로 표현할 것인가를 결정한다.

제작진이나 장소, 협조 인물 등 섭외 : MC, 게스트, VJ, 단역배우 등 출연진을 선발하고 조연출, 작가, FD, 6mm 요원, 음향팀, 조명팀, 오디오팀 등 제작진을 섭외하여 구성한다. 장소, 협조 인물 등도 사전에 물색하여 세팅해야 한다.

촬영 작업 : 준비된 큐시트와 타임 테이블, 대본 등을 바탕으로 촬영을 진행한다.

편집 작업 : 스튜디오 혹은 야외에서 제작된 기초 프로그램에 기존의 영상자료나 음악, 영상효과, 음향효과를 보완하면서 편집 작업을 진행한다.

프로그램 완성도 작업 : 개인 편집 시 하지 못했던 각종 색 보정 및 효과, 자막 작업 등 프로그램 완성을 위한 세부 작업을 컨트롤한다.

02 CJ ENM이 제시한 PD 인재상

창의적 사고 : 새로운 것에 관한 관심과 호기심을 바탕으로 모든 문제를 해결함에 있어서 남과 다른 사고와 태도로 접근하는 자세이다.

인문학적 소양 : 문학, 미술, 음악 등 다양한 분야의 지식을 자신만의 철학과 세계관 및 감수성을 바탕으로 업무에 균형 있게 적용하는 능력과 다양한 경험을 통해 새로운 관점으로 세상을 보는 시각이다.
- 다양한 분야에 관심이 많고 이를 탐구
- 풍부한 감수성을 바탕으로 사물을 관찰
- 여러 분야에 대한 폭넓은 지식
- 다양한 분야, 타 분야에 대한 지식을 습득하고 노력하며 활용
- 최신 정보나 지식을 획득하고 교육을 위한 기회를 중시
- 철학적, 역사적, 과학적 근거를 통해 대안 제시
- 문제를 통찰하고 다양한 사고와 관점을 통해 창조적 아이디어 제시

열정과 근성 : 직무에 대한 소명의식을 바탕으로 문제에 봉착하더라도 투지와 근성을 가지고 해결해 나가며 일을 끝까지 완수함으로써 다른 사람들에게 신뢰를 주는 역량이다.

커뮤니케이션 : 타인에 대한 존중과 배려를 기본으로 업무와 관련된 구성원들의 능력을 최대한 끌어낼 수 있는 역량이다.

강인함 : 모든 업무 활동의 근간이 되는 육체적, 정신적으로 강인한 자세가 필요하다.

이처럼 PD 직무는 각 채널 프로그램들에 대한 기획단계에서부터 방송까지의 전 과정을 책임지는 총괄자이기 때문에 프로그램 제작과 관련된 모든 일을 알고 있어야 한다. 새로운 것을 창조해내는 창의력과 통찰력, 풍부한 인문학적 소양은 물론, 다양한 팀원들을 소통시켜 완성도 높은 작품으로 만들어낼 수 있는 커뮤니케이션 능력, 열정과 체력 등이 두루 요구된다.

Q. 자기소개 부탁드립니다.

안녕하세요. tvN 8년 차 PD 양정우입니다. tvN 《꽃보다 청춘 ICELAND》, tvN 《신서유기 2》, tvN 《숲속의 작은 집》 등의 프로그램에 참여했고 tvN 《알.쓸.신.잡 3》를 제작 중입니다.

Q. 국내에서의 일과는 어떻게 되나요?

PD 직무의 특성상 정해진 일과는 없습니다. tvN 《알.쓸.신.잡 3》의 경우에는 해외촬영 후에도 국내촬영이 남아 있어 이에 대해 준비를 합니다. 국내 로케이션을 논의하고 답사 일정을 체크하며, 촬영 스케줄과 릴리즈 일정까지 확인합니다. 또한, 방송 안에 담길 음악을 위해 음악감독님과 미팅도 진행합니다. 어떤 내용을 촬영했는지 대략적으로 설명을 하고, 영상이나 사진 등의 참고자료를 가지고 의견을 조율합니다. 이후 편집실에서 후배 PD가 제작한 하이라이트 영상에 대한 피드백 시간도 가집니다.

Q. 담당 직무(사업)에 꼭 필요한 역량은 무엇일까요?

대화와 서포트 능력이라고 생각합니다. PD는 궁극적으로 '말을 하는 직업'이에요. 각자 분야의 전문가들이 자신의 역할을 다 할 수 있도록 PD가 구심점이 되어 대화를 이끌어 나가기 때문입니다.

또한, 본인 스스로 잘하면서도 주변 사람들을 잘 챙겨야 합니다. 다른 사람들이 자기 실력을 잘 발휘할 수 있도록 옆에서 도와주는 것 또한 PD가 해야 하는 중요한 역할이라고 생각해요.

Q. 영상과 관련 없는 전공이 PD 직무를 지원해도 상관없나요?

크게 상관이 없다고 생각합니다. 제가 공대를 나오기도 했고 방송이라는 장르 안에 다양한 분야가 들어있기 때문입니다. 요즘의 방송과 콘텐츠는 여러 분야와 융합이 많이 되어 있기 때문에 꼭 공부해야 하는 전공은 없는 것 같습니다.

Q. PD라는 직업에 만족하시나요?

네, 저는 PD 일을 좋아합니다. 일이 계속 바뀌기 때문에 지루할 틈이 없어 재미있고, 놀이처럼 즐길 수 있어 취향에 맞기 때문입니다. PD 일을 하게 되면 누구나 자기 생각을 표현할 수 있고, 좋은 사람들을 많이 만나 다양한 분야에 대해 배울 수 있어요. 저는 재미있게 일하고 있습니다.

– 출처 : CJ ENM 사이트 직무 인터뷰 코너에서 발췌

03 | 기출 문제 유형과 분석

지금까지 CJWT는 크게 4가지 유형으로 출제되었다.

01 시대의 주요 트렌트 키워드를 제시하고 이를 정의하는 문제

02 인문학적 시사교양과 과학물리 인식, 상식 등을 접목하여 주어진 문제를 해석하고 정의하는 문제

03 일상 속에서의 삶에 대한 주제를 던져주고 이에 관하여 작문하는 문제

04 직무와 연관된 문제를 논술하는 문제

작문의 경우 트렌드나 생활 속 주제를 주는 경우가 많았고 논술의 경우 직무분석과 예측에 대한 문제가 많은 편으로 알려져 있다.

역대 CJWT 기출문제

※ 아래 소개하는 기출문제는 실제 기출문제 원문과 다소 차이가 있을 수 있으니 문제 경향이나 유형을 중심으로 참고하기 바란다.

◆ 'Creative', 'Smart', 'SNS' 세 단어에 대해 자기 나름의 정의를 내리고 어떻게 라이프스타일 콘텐츠에 접목할 수 있을지 논술해 보시오. (2013년 하반기)

◆ 페미니즘, 아티스트, 루이스 부르주아(Louise Bourgeois)와 '힙합'을 포함하여 자유롭게 작문해 보시오. (2015년 하반기)

◆ 미래에 텔레비전은 사라질 것인가? 이 주제에 대해 논술하되 '슈뢰딩거의 고양이 실험'을 인용해 보시오. (2016년 상반기)

♦ **작문** : '삼각관계'에 대해 글을 써 보시오.

　논술 : '1968년'이 한국 대중문화에 끼친 영향을 기술해 보시오. (2017년 상반기)

♦ **작문** : '그해 여름'을 넣어 작문해 보시오.

　논술 : 10년 뒤 드라마는 어떤 모습일까? 이 주제에 관해 논술해 보시오.

♦ **작문** : 소확행, 휘게, 오컴(오컴의 면도날) 중 제시어 하나를 골라 작문해 보시오.

　논술 : 리얼리티 관찰형 예능의 인기 요인을 분석하고, 향후 콘텐츠 트렌드를 예측해 보시오. (2018년 상반기)

♦ CJ ENM의 드라마 중 하나를 선택하여 개선 방안을 서술해 보시오.

♦ 여성 캐릭터 서사(스토리텔링)의 진화에 대해 논술해 보시오.

♦ 드라마 기획 제작에서 가장 중요한 요소라고 생각하는 것 하나를 선택하고 논술해 보시오.

♦ **작문** : '소확행', '뻔하지 않은 자신만의 가상현실' 중 한 가지 주제를 골라 작문해 보시오.

　논술 : 미디어 플랫폼 홍수 속에서 드라마는 어떠한 변화를 가져야 하며, 드라마 프로듀서로서 이를 위해 어떻게 준비하고 도전해야 하는가에 대해 논하여 보시오.

♦ **작문** : '뉴트로'에 대해 정의하고 작문해 보시오.

　논술 : '드라마 프로듀서'에 대해 자신의 관점으로 정의하고 논술해 보시오.

이처럼 지금까지 출제된 문제들의 키워드를 4가지 유형별로 분류해 보면 다음과 같다.

CJWT 유형	기출 문제의 주요 키워드
트렌드 키워드 타입	소확행, 뉴트로, Creative, Smart, SNS, 라이프스타일 콘텐츠
인문학적 시사교양 타입	페미니즘, 아티스트, 루이스 부르주아(Louise Bourgeois), 휘게, 오컴(오컴의 면도날), 슈뢰딩거의 '고양이 실험', 텔레비전의 미래, 10년 뒤 드라마 예측, 한국 대중문화 발전사, 힙합
일상의 삶 주제 타입	삼각관계, 뻔하지 않은 자신만의 가상현실, 그해 여름
직무 관련 주제 타입	리얼리티 관찰형 예능, 드라마 프로듀서, 미디어 플랫폼 홍수, 여성 캐릭터 서사(스토리텔링)의 진화, 드라마 기획 제작 요소, CJ ENM의 드라마들

04 | 예상 평가 기준은?

작문이나 논술에 있어서 좋은 글과 나쁜 글을 단정지을 수는 없다. 좋은 평가와 나쁜 평가를 정의하는 것 또한 무척 어려운 일이다. 글은 쓰는 것도 어렵지만 평가하기도 그만큼 어렵다. 평가위원들의 생각 또한 제각각이다. 같은 글이라도 높은 점수를 주는 위원이 있는가 하면 낮은 점수를 주는 위원도 있다. 그렇기에 작문이나 논술 시험을 보는 목적과 취지에 맞게, '평가기준'이라는 가이드라인을 사전에 마련하고 치열한 토론을 거쳐 공정하게 심사하려는 절차가 존재한다.

따라서 우리는 작문이나 논술 시험을 보는 목적과 취지를 먼저 알아야 한다. 대개 언론사나 PD 직무에서 글쓰기 시험을 통해 평가하려는 것은 지원자의 개인적인 '철학과 관점', '가치관', '창의적 생각과 통찰', '사고의 깊이와 인문학 소양(독서)', '논리력', '표현의 정확성', '글쓰기 능력' 등이다.

작문은 이 중에서 '사고의 깊이와 인문학 소양(독서)', '표현의 정확성', '글쓰기 능력'을 평가한다. 논술의 경우에는 '글의 주장이 논리적이고 설득력이 있는가', '독창적이고 참신한 발상으로 글을 신선하게 전개하는가', '어법에 맞게 글을 명료하게 썼는가' 등이 주요 평가항목이 된다.

언론사 및 PD 직무 글쓰기 시험 평가 요소

글쓰기 부문	평가항목
작문	• 사고의 깊이와 인문학 소양(독서) • 표현의 정확성 • 글쓰기 능력 등
논술	• 글의 주장이 논리적이고 설득력이 있는가? • 독창적이고 참신한 발상으로 글을 신선하게 전개하는가? • 어법에 맞게 글을 명료하게 썼는가? 등

그러므로 지원자의 입장에서는 글 속에 위와 같은 평가 요소들이 잘 드러나게 써야 한다. 글쓴이의 개성과 자신만의 관점이 잘 드러나는 명쾌한 메시지를 담으면 더더욱 좋다. 개인적인 생각이나 감상을 배제한 객관적이고 논리적인 전개도 신경 써야 한다. 글은 구성이 탄탄하고 간결한 문장일 때 보다 전달력이 강해진다.

05 | CJWT 예상문제 유형

앞으로 출제될 CJWT 문제를 구체적으로 키워드까지 예상할 수는 없겠지만, 기존 기출문제들을 통해 몇 가지 유형을 찾아냈으므로 어떤 유형들이 나올 수 있겠다는 예측은 해볼 수 있다.

지금까지의 기출문제들을 분석함으로써, 개인의 가치관에 초점이 맞춰진 작문 시험과 직무와 관련된 객관적이고 논리적인 글쓰기를 요구하는 논술 시험은 다소 차이가 있지만, 유형은 크게 '트렌드 키워드 타입', '인문학적 시사교양 타입', '일상의 삶 주제 타입', '직무 관련 주제 타입'까지 4가지 정도임을 알 수 있다.

필자는 이와 같은 4가지 타입에 맞게 작문 또는 논술 주제를 정해 다음과 같은 예시 문제들을 만들어 보았다. 똑같은 문제가 나올 것이라는 보장은 없지만 다음과 같은 유형의 문제들이 나왔을 때 어떻게 글을 쓸지 충분히 고민하고 대비해 볼 수는 있을 것이다. 구체적인 작문·논술 작성법은 다음 장에서 자세하게 가이드하기로 한다.

예상문제 ①
'Insight', 'AI', '인플루언서' 세 단어에 대해 나름의 정의를 내리고 이것들이 현대인의 하루를 어떻게 바꾸는지 논술해 보시오.

예상문제 ②
'아트'와 'SNS', '과학기술'이 어떻게 접목될 수 있는지 논술해 보시오.

예상문제 ③
《인터스텔라》, 《마법사의 제자》, 《앤트맨과 와스프》, 《테넷》, 《양자물리학》 중 감상한 영화들을 선택하고 '물리학'을 주제로 작문해 보시오.

예상문제 ④
'첫사랑'을 주제로 작문해 보시오.

예상문제 ⑤

음악경연 프로그램의 미래를 논술하되, '브레너의 빗자루'을 인용해 보시오.

예상문제 ⑥

음악 서바이벌 프로그램의 창의적인 심사방법에 대하여 논술해 보시오.

예상문제 ⑦

웹툰의 드라마화에 대한 자신의 의견을 밝히고 단점 또는 장점에 대하여 논술해 보시오.

예상문제 ⑧

한류의 역사에 대해 약술한 뒤 현재 한류의 원동력은 무엇이라고 생각하는지 기술해 보시오.

예상문제 ⑨

K-팝의 성공사례를 예시로 들고 K-팝의 새로운 전략에 대하여 논술해 보시오.

예상문제 ⑩

'스마트폰'과 '드라마' 두 가지 주제를 연결하여 논술해 보시오.

예상문제 ⑪

'아침형 인간'에 대한 글을 써 보시오.

예상문제 ⑫

'그 해 겨울'을 주제로 작문해 보시오.

예상문제 ⑬

10년 뒤 드라마 속 주인공은 어떤 캐릭터일까? 이 주제에 관하여 논술해 보시오.

예상문제 ⑭

'N차 신상', '카르페 디엠', '하이젠베르크의 불확정성' 중 제시어 하나를 골라 작문해 보시오.

예상문제 ⑮

'스포츠 예능'의 인기 요인을 분석하고, 향후 콘텐츠 트렌드를 예측해 보시오.

예상문제 ⑯

CJ ENM의 드라마 중 하나를 선택한 뒤 개선 방안을 서술해 보시오.

예상문제 ⑰

성공하는 아이돌과 실패하는 아이돌의 차이점에 대하여 논술해 보시오.

예상문제 ⑱

드라마 남성 캐릭터 변화에 대하여 논술해 보시오.

예상문제 ⑲

드라마 기획 성공 요인에 대하여 논술해 보시오.

예상문제 ⑳

10년 후 음악프로그램의 미래에 대하여 논술해 보시오

예상문제 ㉑

2050년 미래 직장인의 하루를 주제로 작문해 보시오.

예상문제 ㉒

OTT 플랫폼과 드라마의 윈-윈전략을 정의하고, 드라마 프로듀서로서 이를 위해 어떻게 준비하고 도전해야 하는가 논하여 보시오.

예상문제 ㉓

'MZ세대'를 정의한 뒤 작문해 보시오.

예상문제 ㉔

'프로듀서에게 요구되는 자질'에 대하여 자신의 관점으로 정의하고 논술해 보시오.

예상문제 ㉕

'희망'을 주제로 작문해 보시오.

논술·작문 시험에 나올 수 있는 물리·과학적 상식과 인식들

01 입자와 파동 사이에 대하여

양자역학(Quantum Mechanics) : 하나의 공이 하나의 구멍을 통과한다는 사실은 너무나 당연해 보인다. 그러나 세상은 그렇게 간단하지 않다. 하나의 공을 던졌는데 두 개 구멍으로 통과한다면? 물리 세계에선 실제로 이런 일이 벌어지고 있다. '입자'(Particle, 粒子)는 동시에 '파동'(Wave, 波動)의 성질을 가지고 있으며 하나의 전자가 동시에 두 개, 아니 수십 개의 구멍을 지날 수 있기 때문이다.

이처럼 확률성, 잠재성, 중첩성을 동시에 갖는 상태에서 누군가 관측을 하는 순간 중첩상태는 깨어지고 입자 상태가 된다는 게 우리가 일상생활에서 종종 듣게 되는 '양자역학(Quantum Mechanics)'의 기본 개념이다.

양자역학의 예는 우리 일상에서도 얼마든지 발견할 수 있다. 예를 들어보자. 여기 한 '남자'가 있다. 남자는 입자값이다. 그런데 그 남자는 '총각'이다. '결혼'이라는 무대에서 총각은 파동값이 된다. 남자이면서 동시에 총각이기도 한 파동값인 총각이 다른 파동값인 '처녀'와 관계를 맺어 세상에 없던 '부부'가 창조된다. 이 순간 '남편'은 다시 입자값이 된다. 그런데 '가족'이라는 무대에선 남편은 동시에 '잠재적 부모'라는 파동값이 된다. 부모는 '자식'을 만나 '아빠'로 창조된다.

'씨앗' 역시 마찬가지다. 추수한 '열매'는 입자다. 그걸로 끝이다. 그러나 그 열매는 동시에 '봄'이라는 무대에서 씨앗이 될 수 있다. 즉, 열매이자 씨앗인 파동값이 된다. 씨앗은 다시 '태양'이나 '물'과 관계를 맺어 수많은 열매를 창조한다.

양자역학은 일에서도 그대로 적용할 수 있다. '일'이란 확률적 상황으로 잠재돼 있다가 어떤 관계를 거쳐 창조로 이어지는 '필연적 프로세스'이다. 지금 현재 이 일은 이 '일'이 아닐 수 있고, 이 결과는 이 '결과'가 아닐 수 있고, 내 일이 내 '일'이 아닐 수도 있다.

나는 '신입사원'이면서 동시에 회사를 대표하는 '최고경영자(CEO)'일 수 있으며, 나는 지금 '배우'이지만 동시에 '감독'일 수도 있다. 양자역학이라는 프리즘으로 보는 세상은 눈에 보이는 세상과 완전히 다르다.

엔트로피(Entropy) 법칙 : 우리가 아는 열역학 제2법칙인 '엔트로피 증가법칙' 역시 세상만사 모든 것이 '프로세스'를 거쳐 작동된다는 것을 증명하고 있다. 엔트로피란 어떤 하나의 창조 무대 안에서 에너지가 사용되는 절차이며, 항상 '무질서도'가 증가하는 '한 방향(→)'으로만 진행한다는 의미를 지니고 있다.

엔트로피라는 개념은 1850년 클라우지우스(Rudolf Julius Emanuel Clausius)가 제안했다. 그는 고온과 저온의 기체가 저절로 혼합될 때나 기체가 진공 내로 확산될 때, 연료가 연소할 때의 비가역 과정에서 엔트로피가 증가한다는 사실을 알아냈다.

일정한 통 안에서 뜨거운 물과 차가운 물을 섞으면 언제나 뜨거운 열이 차가운 열로 이동한다. 힘을 가하여 종이를 찢을 수는 있지만, 역으로 찢어진 종이를 저절로 붙게 할 수는 없다. 정리정돈된 방은 항상 어지럽혀진 방으로 변할 수 있지만 어지럽혀진 방이 새로운 에너지 투입 없이 자동으로 정리정돈이 될 수는 없다.

열역학에서 중요한 제1법칙은 에너지보존의 법칙으로 우주에 존재하는 에너지 총량은 일정하여 변하지 않는 것이며, 제2법칙은 자연현상의 변화는 어떤 일정한 방향으로만 진행하며 이미 진행된 변화를 되돌릴 수 없다는 것이다. 엔트로피 법칙에 따라 자연물이 변형되면 다시 원래의 상태로 환원될 수 없고, 사용이 가능한 에너지에서 사용할 수 없는 에너지로만 이동한다.

상호배제와 전체포괄(MECE) 이론 : MECE 이론은 복잡한 것을 가장 단순하게 분류하는 생각의 도구다. 'Mutually Exclusive Collectively Exhaustive'의 약자로 상호배제와 전체포괄을 뜻하는 분류원칙이다.

항목들이 상호 배타적이면서 중복되는 것이 없으며, 모였을 때는 완전히 전체를 이루는 것을 의미한다. 가령 '처음, 중간, 끝'이나 '정육면체 주사위 눈 1, 2, 3, 4, 5, 6'은 중복이 없으면서 합치면 완전해진다. 반면 사과와 배는 중복되지 않지만 모든 과일 전체는 아니다.

'잘 생각한다'는 것은 서로 겹치지 않으면서 하나라도 빠짐없이 분류하는 능력과 연관성이 많다. 복잡하게 산재돼 있는 현상을 MECE 이론으로 분류하면 정리정돈, 장악력, 원리이해, 전달, 개념파악, 문제발견, 문제해결 등 다방면의 능력이 급상승한다. 이처럼 평소에 MECE 분류모형을 머릿속에 띄워두면서 분류하는 훈련을 많이 하면 복잡한 세상을 단순하게 요약할 수 있다.

프랙탈(Fractal) 기하학 : 우리는 흔히 자연에서 일정한 패턴이 반복되는 것을 찾아볼 수 있다. 이는 프랙탈 (Fractal) 때문인데, 이는 수학자인 망델브로(Mandelbrot)가 처음 쓴 단어로, '조각났다'는 뜻의 라틴어에서 유래되었다.

형용사 'fractus'에서 나온 프랙탈은, 일부 작은 조각이 전체와 비슷한 기하학적 형태를 말한다. 이런 특징을 '자기 유사성(Self-similarity)'이라고 하는데, 쉽게 말해 자연계에서는 작은 자기의 구성 패턴이 전체 패턴으로 반복된다는 의미이다.

프랙탈 기하학은 프랙탈 성질을 연구하는 수학 분야 중 하나다. 자연계에서는 프랙탈 구조를 자주 발견할 수 있는데, 구름, 산, 번개, 강줄기, 뇌, 난류, 해안선, 나뭇가지, 뿌리, 혈관, 신경계 등에서 나타난다. 프랙탈 원리를 이용하면 불규칙하며 혼란스러워 보이는 현상이라도 배후에서 지배하는 규칙을 쉽게 찾아낼 수 있다.

주요 특징은 '크기를 변화시켜도 같은 형태를 띠며 반복한다.', '작은 구조가 전체 구조와 유사한 형태로 끝없이 되풀이된다.', '부분과 전체가 똑같은 모양을 하고 있다는 패턴 반복의 속성을 반영한다.', '복잡한 모습에도 간단한 질서가 나타나고 불규칙하고 무작위적인 것들도 일정한 규칙과 패턴이 있다.' 등이다.

프랙탈 기하학에서는 특정된 크기나 축적이 큰 영향을 미치지 않는다. 프랙탈 기하학으로 살펴보면 겨자씨 속에 온 우주가 담겨 있음을 확인할 수 있다.

02 산 고양이와 죽은 고양이에 대하여

슈뢰딩거의 고양이 : 1935년에 오스트리아의 물리학자 에르빈 슈뢰딩거가 양자역학의 불완전함을 보이기 위해서 고안한 사고 실험이다. 방사성 핵이 들어 있는 기계와 독가스가 들어 있는 통이 연결된 상자 안에 고양이를 넣었을 때, 상자를 확인하기 전까지는 고양이가 죽었는지 살았는지 알 수 없으므로, 산 고양이와 죽은 고양이가 상자 안에 공존하고 있다는 역설이다.

플랑크의 양자도약 : 양자의 에너지가 불연속적으로 흡수 또는 방출되는 현상이다. 전자가 원자 내부에서 불연속적으로 궤도를 '도약'하는 현상으로, 초기 양자역학의 주요한 문제였다.

하이젠베르크의 불확정성 : 입자의 위치와 운동량을 동시에 정확히 알아낼 수 없고, 두 측정값의 부정확도를 일정 이하로 줄일 수 없다는 양자역학적 원리이다.

보어의 말편자 : 보어는 종종 물리학자들을 자신의 여름별장으로 초대하곤 했다. "보어 선생, 이 말편자가 행운을 가져온다는 미신을 믿는 건 아니겠죠?", "당연하죠. 누가 말편자 따위를 믿는다고? 그런데 말편자는 우리가 믿든 안 믿든 상관없이 효력을 발휘한다고 하더군요."

03 역설에 대하여

맥스웰의 악령 : 빠른 속도로 움직이는 분자와 느린 속도로 움직이는 분자가 서로 골고루 섞여 있는 평형 상태에 있다고 하자. 분자의 속도를 감지하는 '악령'이 존재하고, 이 악령은 빠른 분자가 오른쪽으로 오는 경우는 문을 열어주는 대신, 대신 느린 분자가 오는 경우는 문을 닫을 수 있다고 가정하자.
이런 식별 과정을 반복하면 결국에는 오른쪽에는 빠른 분자만이 모이고 왼쪽에는 느린 분자만이 모이게 되어 결과적으로 온도는 평형 상태에서 오른쪽이 높고 왼쪽이 낮은 상태가 될 것이다.
이것은 열은 항상 높은 온도에서 낮은 온도로 흐르고, 외부의 작용이 없이는 낮은 온도에서 높은 온도로 올릴 수 없다는 열역학 제2법칙에 위배된다.
스코틀랜드의 물리학자 제임스 클라크 맥스웰(James Clerk Maxwell, 1831~1879)은 자신의 이름을 딴 이 악령을 과학이 풀어야 할 과제로 제시했다.

올베르스의 역설 : '어두운 밤하늘의 역설'로도 불린다. 어두운 밤하늘이 무한하고 정적인 우주라는 점이 모순된다는 것을 보여주는 이 역설은 우주가 정적이지 않다는 빅뱅 이론과 같은 우주론을 지지하는 증거 중 하나이다.

맥스웰 방정식 : 가우스 법칙, 가우스 자기 법칙, 패러데이 전자기 유도 법칙, 앙페르 회로 법칙 등 네 개의 법칙을 모아 종합하여 구성한 것이다. 맥스웰의 방정식은 빛과 같은 전자기파의 특성을 설명한다. 맥스웰 방정식은 빛 역시 전자기파의 하나임을 보여준다.

04 집합과 무한함에 대하여

만델브로트 세트 : 이 집합의 이름은 이를 고안한 프랑스의 수학자 브누아 망델브로(Mandelbrot)의 이름을 따라서 만들어졌는데, 원래 독일어(또는 이디시어) 이름대로 '만델브로트' 집합이라 불리기도 한다. 자기복제가 반복되는 프랙탈(Fractal)의 일종으로 망델브로 집합에 색을 입히는 방법에 따라서 예술적인 그림이 나올 수 있으며 이를 이용한 프랙탈 예술도 있다.

힐베르트 호텔 : 수학자 다비드 힐베르트가 제기한 역설. 무한대의 특성을 직관적으로 보여주는 예시이다. 힐베르트는 객실이 무한한 호텔이 있으며 이 호텔의 모든 객실은 차 있어서 빈방이 없다고 가정했다. 일반적인 호텔이라면 객실이 가득 차 있는 경우, 새로운 손님이 왔을 때 빈방을 마련하는 것이 불가능하다.

하지만 힐베르트의 호텔은 1번방의 손님은 2번방으로, 2번방의 손님은 3번방으로 옮기는 식으로 모든 투숙객이 n+1번 방으로 배정되어 원래 있던 방의 바로 옆방으로 방을 옮기도록 하여 언제나 빈방을 마련할 수 있다.

05 우연의 발견

멘델의 법칙 : 멘델은 수도원에서 완두콩을 재배하고 있었는데, 이들 사이에 놀라운 일이 일어나는 것을 알게 되었다. 두 종이 만나면 중간이 생기는 게 아니라 우열로 후세가 결정된다는 것이다. 그 이후 멘델은 완두콩을 교배하기 시작했고, 이때 발견한 것이 바로 멘델의 법칙이다. 현재는 우열에 예외도 있어 '우열의 원리'로 불리기도 한다.

케쿨레의 꿈 : 독일의 유기화학자 케쿨레가 꿈에서 나온 힌트를 통해 풀리지 않던 답을 얻은 것에서 유래됐다. 아무도 해결하지 못한 벤젠의 화학구조를, 그는 꿈에서 얻은 힌트로 명쾌하게 풀어냈다.

06 생명체의 본능에 대하여

밀그램의 실험 : 1961년 예일 대학교의 심리학과 조교수 스탠리 밀그램(Stanley Milgram)이 실시한, 권위에 대한 복종 실험이다. 밀그램은 권위에 대한 복종을 연구하던 중, 사람들이 파괴적인 권위에 굴복하는 이유가 성격보다 상황에 있다고 믿고, 몹시 설득력 있는 상황이 생기면 아무리 이성적인 사람이라도 윤리적, 도덕적인 규칙을 무시하고 명령에 따라 잔혹한 행위를 저지를 수 있다고 주장했다. 하지만 일각에서는 연구절차가 의도된 결과를 유도하도록 연출되었다는 비난을 받고 있다.

로렌츠의 각인 : 동물이 생존 가능성을 증진시키는 행동 패턴 중 가장 잘 알려진 것이 각인이론이다. 각인은 새끼가 부화된 직후부터 어미를 따라다니는 행동을 의미하는데 그것은 새끼가 어미로부터 먹이와 보호를 받을 수 있기 때문이다. 각인은 생후 초기 제한된 기간에만 일어나는데, 이 기간 동안 어미가 없으면 어미 대신 어떤 대상에 각인이 일어날 수 있다.

오컴의 면도날 : "많은 것들을 필요 없이 가정해서는 안 된다.", "더 적은 수의 논리로 설명이 가능한 경우, 많은 수의 논리를 세우지 말라."

흔히 '경제성의 원리(Principle of Economy)', '검약의 원리(lex parsimoniae)', 또는 '단순성의 원리'라고도 한다. 14세기 영국의 논리학자이며 프란체스코회 수사였던 오컴의 윌리엄(William of Ockham)의 이름에서 따왔다.

브레너의 빗자루 : 오컴의 면도날과 정반대되는 원리. 양자택일 중 쉬운 쪽을 선택한 사람은 속편하겠지만, 어려운 쪽을 선택한 사람은 많은 어려움이 있을 것이다. 이러한 난제들에 기가 꺾여 주눅 들지 말고 열심히 비질하여 풀기 어려운 난제들은 양탄자 안으로 밀어 넣으라는 의미다. 열심히 비질을 하면 양탄자도 점점 불룩해질 것이고, 이것이 세상에 알려지면 결코 그냥 넘어갈 문제가 아님을 모두가 알게 될 것이라는 지침이다.

뷔리당의 당나귀 : 배가 고프면서 동시에 목이 마른 당나귀가 건초 한 더미와 물 한 동이 사이에 놓여 있는 가설적인 상황을 상정한다. 이 역설은 당나귀는 언제나 어떤 곳이든 가까이 간다고 가정하므로, 당나귀는 건초와 물 사이에서 어떠한 합리적인 결정도 할 수 없어 배고픔과 갈증으로 죽게 된다.

무어의 법칙 : 반도체 집적회로의 성능이 24개월마다 2배로 증가한다는 법칙이다. 경험적인 관찰에 바탕을 두고 있으며 인텔의 공동 설립자인 고든 무어가 1965년에 내놓은 것이다.

06 | PD 작문·논술 작성 대비 기억해야 할 글쓰기 10계명

1계명 - 개인적 수다를 쓰지 마라

글쓰기를 할 때 가장 쉬운 방법은 개인의 일상적 이야기나 생각을 쓰는 것이다. 그래서 주제를 파악하면 주제와 관련된 개인적인 생각이나 개인의 단순한 일상사를 표현하고픈 유혹이 생긴다. 그러나 작문·논술 시험이 원하는 것은 생활 에세이나 일기문이 결코 아니다. 잡다한 자신의 이야기만을 시시콜콜 써서는 좋은 점수를 받을 수 없다.

자신의 경험담을 활용하더라도 그 속에는 반드시 쓴 이의 철학, 관점, 통찰, 주장이나 메시지 등이 들어있어야 한다. 독창적이면서도 논리적이며 심사위원이 공감할 수 있는 글일수록 좋은 점수를 받을 수 있음을 늘 명심해야 한다.

2계명 - 글이 단순한 정보들의 나열이라고 여기지 마라

지원자가 다양한 트렌드를 알고 있고 많은 독서와 신문읽기를 통해 풍부한 정보나 상식을 보유했다고 치자. 그렇다고 한들 백화점식의 정보나열이나 틀에 박힌 논술 작법서에 나올 법한 답안을 옮겨놓은 글은 매력이나 개성이 없는 고목처럼 죽은 글로 느껴진다. 감정이 과잉 전달되는 글보다 무미건조한 글이 더 나쁘다. 특히 어디서 본 듯한 흔한 단어나 문장으로 구성된 평범한 글은 심사위원의 관심을 끌기 어렵다.

3계명 - 명쾌한 메시지를 담아라

작문이나 논술을 작성할 때에는 글 속에 담아 전달할 메시지가 분명히 보여야 한다. 단순히 정보나 신변잡기, 수다를 듣고 싶어 문제를 낸 것이 아니기 때문이다. 물론 글에 확실한 근거나 납득할 수 있는 이유 없이 자신의 주장만 펼치거나 비판을 풀어내는 것도 좋지 않다.

문제를 종합적으로 파악하고 객관적으로 바라보면서, 그 안에 자신만의 주장과 메시지를 설득력 있게 전개할 때 좋은 점수를 받을 수 있다. 작문의 경우 그 메시지에는 따뜻하고 건강한 에너지가 담겨야 하며, 논술은 최대한 객관적인 글로 쓰는 것이 좋다.

4계명 - 구성, 주장, 근거에 일관성을 부여하라

글을 쓰다 보면 자칫 범하게 되는 실수 중 하나가 바로 '배가 산으로 가는 현상'이다. 머릿속에서 떠오르는 생각이나 정보를 가지고 글을 쓰다 보면 때론 주제에서 벗어나 엉뚱한 사례를 끄집어 오기도 하며 결과적으로는 서두와 전혀 다른 메시지의 결론을 내리기도 한다. 옆길로 샌 것이다.

주제에 대해 잘 알고 있을 때도 종종 이러한 실수를 범할 수 있다. 자신의 지식을 뽐내려다 중심에서 이탈하는 것이다. 논술의 기본은 일관성 있게 글을 구성하여 메시지를 끌고 나가는 힘이다.

글의 구성단계인 서론 - 본론 - 결론, 기승전결, 발단 - 전개 - 위기 - 절정 - 결말 등을 정리하는 게 논지를 전개하는 흐름과 글의 균형을 잡는 데 도움이 된다. 핵심 키워드와 문장도 구성단계에 맞게 미리 정해두는 것이 좋다.

무엇보다 글의 일관성은 주장에 대한 객관적인 근거와 적절한 사례가 제시될 때 만들어진다. 즉, '선 설계, 후 근거 제시'를 통해 인과성을 높여야 한다. 인과성이 일관성을 만든다는 사실을 기억하자.

5계명 - 평범한 주제에서 남다른 관점을 찾아라

새로운 관점은 색다른 사례나 신선한 예시로 잘 드러낼 수 있다. 주제에 대한 역사, 철학, 종교, 물리, 과학, 인물, 명언, 여행, 풍부한 독서(특히 고전), 특별한 경험 등 폭넓은 사례와 인문학적 교양이 있다면 그만큼 더 창의적인 관점을 제시하면서도 논리적인 설득을 이끌어 나갈 수 있다.

평소 어떤 사안이나 세상에 대한 깊은 관찰과 성찰, 고뇌를 직접 글에 담을 수 있다면 훨씬 좋은 글이 될 것이다.

6계명 - 담백한 글을 써라

작문 논술은 짧은 시간, 한정된 분량 안에 자신만의 생각과 관점, 메시지, 다양한 지식과 경험을 담아야 한다. 꼭 필요한 생각, 관점, 메시지, 지식과 경험을 필요한 만큼 담아 표현하는 것이 좋다.

지나친 생각 과잉, 주장 과잉, 감정 과잉, 정보 과잉 등은 읽는 이에게 부담을 준다. 글에 따라서는 담백하고 차분하게 글을 써나가는 것도 중요하다. 자기 절제와 통제능력이 있다는 사실을 글을 통해 전달할 수 있기 때문이다.

7계명 - PD의 작문·논술이라면 한 편의 영상작품을 보여줘라

글은 단지 텍스트로 끝나지 않는다. 글은 이야기가 되고 공간의 설정이 되며 사건이 되기도 하고 한 편의 드라마가 될 수도 있다. 만약 PD의 작문·논술 속에 텍스트의 메시지뿐만 아니라 한 편의 짧은 드라마와 같은 인상을 줄 수 있다면 그 글은 더더욱 매력적으로 다가올 것이다. 평면적 구조의 글 속에서 참신하고 입체적인 글은 심사위원들의 눈길을 사로잡을 수 있다.

8계명 – 개인의 체험이나 경험담은 신중하게 활용하라

작문과 논술에서 개인의 체험이나 경험담을 글감으로 쓸 때는 매우 신중해야 한다. 장점만큼이나 큰 단점이 있기 때문이다. 장점으로는 리얼리티와 생동감을 전달할 수 있다는 것이 있다. 독특한 개인 사례는 그것만으로도 신선한 관점이나 소재가 될 수 있다.

반면, 개인적 신변잡기 글로 전락할 위험성도 매우 크다. 주관적 관점에 빠져 있다는 인상을 줄 수도 있다. 개인의 체험이나 경험은 누구나 적용되는 일반화로 인정받고 공감 받을 때 비로소 정당성을 얻을 수 있다. 개인의 경험을 통해 말하고 싶은 사회적인 메시지가 확고하게 자리 잡고 있어야 한다. 경험담은 꼭 필요할 때, 필요한 만큼 메시지나 주장의 필요한 근거나 사례로 활용하는 것이 정답이다.

9계명 – 다독(多讀), 다작(多作), 다상량(多商量)이 느리지만 가장 빠른 길이다

작문과 논술에 있어서 단기간에 실력을 일취월장 시켜줄 수 있는 비법은 없다. 딱 떨어지는 정답도 없다. 작문과 논술은 결국 글쓴이의 오랜 사고가 글로 표현되는 것이다. 그래서 '다독', '다작', '다상량'의 경험이 가장 중요하다. 그 방향성 위에 지금 당장 내가 할 수 있는 방법을 선택하면 된다.

어떤 주제나 키워드가 제시될지는 알 수 없다. 머릿속에 특정한 주제가 던져졌을 때 어떻게 글로 구성하는지를 시뮬레이션하는 연습을 하다보면 시험장에서 당황하지 않을 것이다. 또 시험 보기 며칠 전이라면 책장에 꽂혀있는 다양한 책들을 훑어보는 시간을 가지는 것도 좋다.

인상적인 구절이나 사례들을 많이 기억할수록 글감이 풍부해져 주제에 맞는 좋은 글을 쓸 수 있다.

10계명 – 글을 쓰는 순간, 치열하라

글 한 편 속에는 글쓴이의 모든 것이 들어있다고 한다. 작문·논술은 글쓰기 스킬이나 기교를 보기 위한 게 아니다. 글 속에 숨어 있는 글쓴이의 모든 것을 발견하고자 함이다. 글 속에 들어있는 글쓴이의 삶, 고뇌, 생각, 철학, 가치관, 창의, 통찰, 지식과 정보, 세상을 보는 관점을 파악하려는 것이다.

따라서 글쓴이는 삶의 모든 걸 걸고 치열하게 쓰는 수밖에 없다. 그래야 자신의 모든 것이 글에 투영되기 때문이다. 그것이 자신만의 길이 된다. 지름길은 없다. 후회 없이 써라.

10계명 외에 작문·논술 작성 시 기억해 두었으면 하는 것이 하나 더 있다. 그것은 '첫 문장'에 대해 신경을 써달라는 것이다. 식상하고 상투적인 첫 문장에서는 아무런 호기심도 매력도 느낄 수 없다. 각각 다음과 같은 첫 문장으로 글이 시작된다고 생각해 보자.

우리나라의 드라마는 근현대사를 거쳐 발전에 발전을 거듭해 왔다. 가정마다 텔레비전이 보급되기 시작한 후 드라마는 안방을 차지했다.

"음악은 인간이 현재를 인식하는 유일한 영역이다." 러시아의 작곡가 스트라빈스키의 말이다. 지금을 사는 당신에게 음악은 필요한가? 왜? 음악은 삶을 증명하기 때문이다.

당신이라면 위 두 글 중 어느 쪽을 더 읽고 싶겠는가? 대부분은 두 번째 글을 선택할 것이다. 첫 번째 문장은 상투적이고 식상하다. 반면 두 번째 문장은 어느 정도 주제를 예상할 수 있으면서도 그 다음에 이어질 내용이 궁금해진다. 어떤 글일지라도 첫 문장은 생각보다 훨씬 큰 힘을 가지고 있다.

07 | 작문·논술 답안 작성가이드

작문이나 논술 답안을 작성할 때 내적 통찰과 가치관, 철학, 교양과 지식을 글 속에서 표현하는 것은 누구도 도와줄 수 없는 개인의 몫이다. 하지만 주어진 시간 내에 효과적이면서 논리적으로 글을 일관성 있게 정리하는 기술적인 능력은 짧은 시간 안에 터득할 수 있다.

작문이나 논술의 구조, 즉 하드웨어를 잘 설계하면 소프트웨어의 효율을 높일 수 있다. 다음은 글쓰기 설계방법 중 키워드 구성을 소개한 것이다.

01 제시된 주제나 키워드에 맞게 일관성 있는 글이 되도록 구조를 설계한다.

02 글의 구조는 서론 – 본론 – 결론 또는 기 – 승 – 전 – 결 구성을 추천한다.

03 도입부는 30%, 본론은 50%, 결론은 20% 정도로 분량을 배분한다.

04 기 – 승 – 전 – 결 구성으로 글을 쓰겠다고 마음먹었다면 4단계에 들어갈 핵심적인 키워드나 메시지, 주장, 사례, 근거 데이터, 문장 등을 메모한다.

05 단계별로 메모한 내용의 흐름이 일관성이 있는지, 논리적이고 설득적인 전개 과정에 충실한지 검증해 본다.

06 주제에 대해 누구나 쓸 수 있는 쉬운 접근에서 벗어나 나 자신만의 독창적이고 참신한 발상을 어떻게 담을 것인지 고려한다.

이렇게 설계과정이 끝나면 글로 직접 정리해 본다. 아래 예시 문제를 통해 실제 논술과 작문을 작성하는 과정을 살펴보자.

'인간의 욕망'으로 보는 4차 산업혁명에 대해 논술해 보시오.

문제를 확인한 뒤, 다음과 같이 논술할 내용의 핵심키워드를 기승전결로 배치하여 정리하면 쉽고 빠르게 논리적인 글을 작성할 수 있다. 1단계에서 키워드 배치를 한 후 2단계에서 키워드를 문장으로 정리하는 것이다. 이렇게 구조화 단계를 거치면 내용이 옆길로 빠지는 것을 방지할 수 있다.

1단계 : 키워드 정리

기 : 4차 산업혁명시대, 어느 날 생활의 한 예
- 2040년. 월요일. 김과장. 주 3일 근무제. 회사 업무의 대부분이 인공지능 스마트 업무시스템. '톡 네트' 스마트폰 단말기. 업무지시

승 : 1차, 증기혁명 　　　　　• 안정의 욕구
　　2차, 전기혁명 　　　　　• 편리의 욕구
　　3차, IT 인터넷 혁명 　　• 사회연결의 경계를 허무는 욕구

전 : 4차, 스마트혁명 　　　• 자아실현의 욕구, ICT기술, 디지털, 스스로 새로운 걸 만들고 싶어하는 창조욕구

결 : 4차 산업혁명의 본질 　• 매슬로 인간욕구 단계, 종착역, 인간의 인정욕구

2단계 : 문장 기초안 정리

2040년 5월 1일. 월요일이지만 김과장은 회사에 출근하지 않는다.

주 3일 근무제가 시작된 지 벌써 1년이 됐다. 근무시간은 단축됐지만 회사의 수입은 상승세를 지속하고 있다. 회사 업무의 대부분은 인공지능 스마트 업무시스템이 처리하고 있기 때문이다.

김과장은 회사 스타트 시스템과 연결된 '톡 네트' 스마트폰 단말기로 업무지시를 내린다.

"내일 오전 11시까지 CJ그룹 프로젝트를 위한 기초 데이터와 선행사례 조사를 수집해 기획제안서 초안을 정리해 두도록."

"네, 알겠습니다. 과장님."

우리 앞에 4차 산업혁명 시대가 성큼 다가왔다. 1차는 증기, 2차는 전기, 3차는 컴퓨터와 인터넷, 4차는 인공지능과 플랫폼이 만들어내는 '창조화 시대'다.

창조화 시대는 단순히 삶의 풍요로움과 편리에 그치지 않고, 인간의 마음 속에 잠재해 있는 자기실현 욕망이 극대화되고 스스로 무언가를 창조하고자 하는 인간 욕구가 발현되는 시대다. 인간 스스로 창조적 신이 되고자 하는 매슬로의 인간 5단계 욕구, 그 종착역이 바로 4차 산업혁명시대의 본질이다.

이 같은 작문 문제에서도 먼저 키워드 정리와 구성 설계 작업을 마친 후 문장을 만드는 과정을 거치면 작문의 논리성과 일관성을 확보할 수 있다.

1단계 : 키워드 정리

기 : 아버지와의 에피소드, 자동차 사건

　　• 수렁에 빠진 자동차 바퀴 꺼내기 아이디어 이야기

승 : 고정관념, 의사결정, 아이디어 발상, 창의, 생각의 실패, 관성의 법칙

전 : 인지심리학 교수 조던 피터슨의 '방' 비유

　　'아마존'의 포스투에어 책임자 스캇 루스필드가 『심플렉서티』에 소개한 의사결정 인용

　　라이스 대학교 에릭데인 교수의 연구

　　하버드 경영대학원 카림 라카니 창의성 보고서

　　• 이노센티브 통계 결과, 문제를 해결한 사람의 40%가 관련 분야의 비전공자

결 : 의사결정의 갈림길, 독단과 독선 경계, 고정관념 탈피

　　• 후진과 전진을 동시에 고려하는 통합적 사고

2단계 : 문장 기초안 정리

누구나 아버지에 대한 특별한 추억 한두 개쯤은 가지고 있을 것이다. 나는 아버지와 '그 사건'을 겪은 후부터 어떤 난관을 만날 때 '전진으로 돌파할까, 후진으로 벗어날까?'를 생각하는 습관이 생겼다.

어느 날 시골에 있는 고향 집 대문 앞 도랑에 그만 자동차 뒷바퀴 하나가 빠지고 말았다. 후진을 하느라 풀덤불 속에 가려져 있던 1m가량의 도랑을 발견하지 못한 것이다. 뒷바퀴 하나가 도랑에 완전히 빠지자 차는 옴짝달싹도 하지 않았다. '어떻게 해야 하나?' 나는 차를 꺼낼 합리적인 방법을 모색하기 시작했다.

첫째, 뒷바퀴 앞부분에 돌을 쌓아 올려 공회전하는 바퀴가 힘을 받을 수 있도록 한다.

둘째, 경운기를 차체와 연결하여 앞에서 끌어당긴다.

셋째, 대형 크레인 작업차를 불러 자동차를 당겨 끄집어 내고 사용료를 지급한다.

첫 번째 방법은 바퀴 축이 도랑 난간에 걸려 있는 상태에서 아무리 차곡차곡 돌을 쌓아도 바퀴에 힘이 전달되지 않아 실패했다. 곧바로 두 번째 방법을 시도했지만, 한쪽 바퀴의 힘을 완전히 상실한 차체를 경운기로 끌어내기에는 역부족이었다. 결국 남은 것은 세 번째 방법이었다.

"아버지, 차바퀴가 대문 옆 도랑에 빠졌는데 꼼짝하지 않네요. 혹시 차를 끌어낼 크레인 전화번호 있어요?"

아버지께서 직접 나와 차의 상태를 살폈다. 아버지는 뒷바퀴가 도랑에 빠진 자동차의 주위를 둘러 보시더니 말하셨다.

"뒤로 빼!"

감을 잡지 못한 나는 다시 아버지에게 되물었다.

"예? 뒤로요?"

그제서야 비로소 나는 차가 후진으로 도랑을 빠져나올 방법을 생각했다. 나도 모르게 무릎을 '탁' 쳤다.

"아, 그렇게 한번 해보면 되겠네."

도랑에는 경사가 있었고 턱에 뒷바퀴가 걸려 있었다. 당연히 자동차를 전진시키는 건 힘들었다. 하지만 후진이라면 낮아지는 경사도를 따라 바퀴의 힘이 가해질 가능성이 있었다. 나는 넓고 두꺼운 철판을 하나 가져와 빠져 있는 바퀴의 뒤쪽에 밀어 넣고 도랑 밖으로 걸쳐 놓았다.
차에 시동을 걸어 후진기어를 놓고 천천히 액셀러레이터를 밟았다. 꼼짝도 하지 않던 차는 불과 2~3초 만에 도랑을 빠져나왔다. 나도 모르게 '야호'하는 소리를 내질렀다. 일이 너무 싱겁게 해결됐다는 생각이 스쳤다.

"전진이 아니라 후진이잖아."

아버지께 한 수 배운 것이다. 그때 문득 통찰 하나가 내 머리를 스쳤다.
'아, 인생에는 앞문도 있고 뒷문도 있는 거군.'
인생을 살아가며 나는 사전에 정해 둔 목표를 위해, 혹은 정해진 시간에 쫓겨 나름 합리적이라고 판단한 '하나만의 길'을 고집스럽게 선택하며 살아온 건 아닐까? 어느새 그런 습관이 몸에 깊숙이 배어 있었던 건 아닐까?
우리가 흔히 말하는 '고정관념'이란 결국 자신이 보고 싶은 것만 보는 것이다. 관성의 법칙처럼 다녀본 길로, 혹은 다녀본 방향으로 고집스럽게 가려는 경향이 실패의 원인 중 하나가 된다. 실제로 인지심리학 교수 조던 피터슨은 이런 인간 사고의 오류 작동방식을 하나의 '방'에 비유해 다음과 같이 설명하고 있다.

"이 방에는 무수히 많은 정보가 있다. 하지만 방에 들어와 그 정보를 처리하기 시작할 때 우리는 자신의 목적과 직접 관계가 있는 것에만 관심을 둘 뿐이다. 우리가 미처 모르는 것들, 그리고 어떻게 행동해야 할지 모르는 미지의 영역들은 어디에나 존재한다."

조던 교수는 있는 그대로의 '전체 정보'가 아니라, 사람이 자신에게 필요한 '부분의 정보'로만 인지하고 생각을 처리하는 게 고정관념이라고 주장한다. 인간은 보통 자신의 목적과 직접 관계가 있거나 있다고 믿는 일부의 정보를 완전하다고 믿는다. 이 믿음이 우리를 생각의 오류에 빠지게 하고 결과적으로 창의적인 사고를 할 수 없게 만든다.
세계적인 기업 '아마존'의 포스투에어 책임자 스캇 루스필드는 『심플렉서티』라는 책에서 다음과 같이 말했다.

"사람들은 자신이 전문가라 생각하고 어떤 유형이나 경향들을 추정해 내려 애씁니다. 하지만 그 사람들이 내리는 판단은 대개 틀립니다."

이를테면, 어떤 중요한 의사결정을 할 때 '자기의 관점'은 대개 틀리니 일단 배제해 놓고 판단해 보라는 것이다. 우리가 쉽게 '이건 이것 때문이야'라고 해왔던, 가장 먼저 떠오른 좋은 생각을 '이것 때문이 아닐 수도 있어'라며 일단 거부해 보라는 것이다.
라이스 대학교 에릭데인 교수의 연구에 따르면 전문성과 경험이 깊어질수록 새로운 관점을 갖는 게 어렵다고 한다. 심지어 하버드 경영대학원 경영학과 교수인 카림 라카니는 '비전문성이 창의성을 높인다.'는 보고서를 내기도 했다.
실제로 대기업이나 영리 목적의 연구소 등으로부터 어려운 문제들을 받아 온라인 게시판에 올려놓고 공개적으로 풀게 하여 보상하는 플랫폼인 '이노센티브'의 통계 결과, 문제를 해결한 사람의 40%가 관련 분야의 전공자가 아니었다고 한다.
창의성은 인간의 시각과 생각을 버리고 먼저 '방'의 관점에서 바라보는 것이다. 창의적인 사고는 자신의 목적 여부와 관계없이 방에 있는 그대로의 전체 데이터를 객관적으로 보는 것에서 출발한다. 자기가 보고 싶은 현실이나 환상을 버리고, 모든 현실을 있는 그대로 보는 눈이 필요한 것이다.
막무가내로 머리를 쥐어짠다고 기발한 아이디어가 나오는 건 아니다. 아이디어는 사건이 일어나는 패턴 속에 이미 존재하며, 우린 그것을 발견해낼 뿐이다.
아이디어는 우리 손아귀로 하나하나 찾아내야 하는 게 아니고 창고 안에 이미 수북이 쌓여 있는 것을 가져오는 것이다. 아이디어란 '창고 주머니 → 아이디어 트럭 → 아이디어 수레 → 아이디어 가방→ 아이디어 지갑'을 거쳐 우리에게 온다.

내 관점으로만 보면 내가 갈 길은 오직 정면뿐이다. 내 머리를 짜내는 식이다. **우리가 서 있는 무대의 관점에서 볼 때 통찰이 일어난다.** 사방은 360도다. 그러니 한 방향이 아니라 360개의 방향이 있고 360가지의 해결책이 존재한다. 이 중에서 지금의 순간 최적의 아이디어를 골라내기만 하면 된다. 보이지 않는 발밑의 무대를 통찰하는 것이 바로 창의성의 본질이다.

'앞으로 갈까, 뒤로 갈까?' 이런 의사결정의 갈림길에 섰을 때는 독단과 독선에 빠지기 전에 고정관념에 벗어나 360개의 방향을 염두에 두며 자유롭게 생각해 보자.

에필로그

당신은 언제나 창조자여야 한다!

CJ그룹의 새로운 시험 유형인 CIT(Contents Insight Test) 대비서를 준비해 보자는 기획으로 출발했지만 한 권의 책으로 써내렸음에도 아직 긴 여행길의 초입에 들어선 느낌이다. CIT는 여전히 예측할수 없고 베일에 가려져 있기 때문이다.

이 책을 쓰는 작업은 수많은 난관을 거쳐야 했다. 그야말로 첩첩산중이었다.

첫 번째 난관은 CIT에 대해 '창의적 사고력 문제' 혹은 '서술형 문제해결' 중심의 새로운 유형이라는 사실외에 알려진 게 없다는 것이었다.

방법은 단 하나뿐이었다. 아니, 답은 의외로 간단했다. 20년 넘게 '창의적 사고'와 '창의인재가 되는 법'을 연구하며 대학에서 강의해 온 필자가 만약 CIT 출제자라면 어떤 문제를 낼까?를 생각하는 일이었다. 물론 내가 생각하는 창의적 사고와 창의 · 통찰 인재의 의미가 CJ그룹이 가지고 있는 인재의 의미와 차이가 있을 수 있지만, 적어도 나와 CJ그룹이 요구하는 미래 인재상은 다르지 않을 거라고 믿는다.

두 번째 난관은 CIT의 기본 전제 조건이 직무 연관성에 있다는 것이었다. 지원할 수 있는 비즈니스 분야와 직무는 매우 다양했고, 해당 직무와 연결되어 있는 트렌드 정보는 거의 무한했다. 직무 특성에 맞는다양한 CIT 예상문제를 함께 고민해 보는 것은 어렵지 않을 수 있지만 각 직무마다 출제될 테스트의전문적인 모범답안을 제시하는 것에는 한계가 있을 수밖에 없었다.

따라서 이 책에 소개된 직무정보나 모범답안 가이드는 CJ그룹 사이트 채용정보 코너의 직무안내를 철저히 따랐다. 또한, 직무와 연결되는 다양한 트렌드 정보나 문화콘텐츠 이슈는 관련 도서, 인터넷 검색, 뉴스 보도, 문화콘텐츠 산업보고서 등 전 영역에 걸쳐 참고 분석하였음을 밝혀둔다.

어쩌면 해당 직무에 오랫동안 관심을 기울이고 관련 직무의 트렌드에 민감한 독자들이 더 좋은 정보를가지고 있을지도 모르겠다. 이들이라면 자신의 경험과 다양한 프로젝트에 도전과정을 결합하여 훨씬창의적인 답변을 정리할 수 있을 것이라 기대한다.

세 번째 난관은 CJ그룹의 경우 계열사별, 직무별 채용전형이 전혀 다르다는 점이었다. 전형 절차나 테스트는 물론 테스트 내용도 상이하다. 이 책은 기존에 시도된 적이 없었던 CIT 연구서로 기획됐기 때문에 일반적인 취업 정보를 다루진 않았다. 그러므로 혹시라도 CJ그룹의 일반적인 전형단계별 취업전략이 필요한 독자가 있다면 취업전문 컨설턴트들의 도움이나 관련 도서를 참고하길 바란다.

이처럼 책을 집필하는 과정에서 난관도 여럿 있었지만 나름대로 독자들에게 희망을 제시할 수 있음도 발견했다. 가장 큰 희망은 앞으로 비단 CJ그룹뿐만 아니라 기업 채용의 거대한 흐름을 보여줄 수 있었다는 점이다. 분명 더 많은 기업이 CIT와 유사한 창의성 문제, 창의인재 선발 전형을 강화할 것이다. 비록 창의성 면접이나 CIT가 아니더라도 자기소개서부터 면접, 창의성 테스트나 발표 · 토론 면접, PT전형, 인턴십 전형 등 다양한 전형 속에 창의적 사고력을 평가할 수 있는 과제를 포함시킬 가능성이 높다.

앞으로 기업은 지원자들에게 단순한 지식이나 정보를 묻는 것에서 벗어나 다양한 프로젝트를 직접 경험하면서 그 속에서 문제를 발견하고, 저마다 창의적인 솔루션을 찾아 이를 실행하거나 논리적으로 설득하여 변화와 가치를 창조한 경험을 질문할 것이다.

여기에서 우리가 반드시 짚고 넘어가야 하는 것은 **창의성이란 단순히 엉뚱하거나 기발한 아이디어를 제시하는 것이 아니라는 점**이다. 기업은 예측하기 힘든 경영환경에서 창의적 해결책을 제시하는 창의인재가 필요해졌다. 비즈니스 현장의 문제와 트렌드를 빠르게 이해하고 창의적 해결방안을 정리하며 이를 다른 사람들과 소통하고 토론할 수 있는, 훌륭한 사고력과 논리전개 능력을 가진 사람을 찾으려는 것이다.

기업이 생각하는 창의인재란 현장과 경험에 강한 '프로젝트형 인간'에 가깝다고 볼 수 있다. 이 책에서는 프로젝트형 인재의 사고를 기본 관점으로 삼아 CIT를 분석하고 가이드했으며, 이는 장기적으로 바른 방향이었음이라 확신한다.

책에서 제시하는 창의성 전형의 방향과 문제 유형이 던지는 메시지를 충분히 이해한다면 다양한 기업의 취업 준비에도 큰 도움이 될 수 있을 것이다. 현재 CIT를 어떻게 준비해야 할지 막연히 두려워하는 독자들에게 이 책이 비록 완벽하진 않을지라도 첫 번째 이정표를 제시했음을 믿는다.

CIT에 정답이 없듯이 이 책에서 제시하는 많은 예시 문제와 가이드 역시 정답이 될 순 없다. 자신만의 정답을 찾아 마지막 목표지점에 도달하는 것은 독자들의 몫이라는 사실을 기억해 달라.

마지막으로 이 책에 소개한 다양한 CIT 예상문제들을 '예상'이라기보다는 '필자가 CIT 출제자라면 이런 문제를 낼 것이다.'라는 의미로 받아들여 주기를 희망한다. 부디 이 책을 읽은 독자들이 CIT 예상 문제나 유형에 갇히지 말고 더 다양한 사고로 확장해가기를 바란다. 예시 문제를 참고삼아 여러분이 CIT 출제자라면 어떤 문제를 내고 싶은지도 함께 생각해 보길 바란다.

혹시라도 CIT에 대한 정보가 쌓이고 더 나은 길을 찾아낸다면 차근차근 보완하여 두 번째, 세 번째 이정표를 독자들과 함께 세워나갈 수 있기를 바란다. 모든 독자의 합격을 진심으로 기원한다.

지은이 이동조

"오늘 당신의 노력은 아름다운 꽃의 물이 될 것입니다."

그러나, 이 꽃을 볼 때 사람들은 이 꽃의 아름다움과 향기만을 사랑하고 칭찬하였지,
이 꽃을 그렇게 아름답게 어여쁘게 만들어 주는 병속의 물은
조금도 생각지 않는 것이 보통입니다.
아무리 아름답고 어여쁜 꽃이기로서니 단 한 송이의 꽃을 피울 수 있으며,
단 한 번이라도 꽃 향기를 날릴 수 있겠는가?
우리는 여기서 아무리 본바탕이 좋고 아름다운 꽃이라도 보이지 않는 물의 숨은 힘이 없으면
도저히 그 빛과 향기를 자랑할 수 없는 것을 알았습니다.

– 방정환의 우리 뒤에 숨은 힘 중 –

좋은 책을 만드는 길, 독자님과 함께하겠습니다.

2023 최신판 CJ그룹 CIT 한권으로 끝내기

개정1판1쇄 발행	2023년 06월 20일 (인쇄 2023년 05월 03일)
초 판 인 쇄	2021년 04월 20일 (인쇄 2021년 03월 18일)
발 행 인	박영일
책 임 편 집	이해욱
저 자	이동조
편 집 진 행	이근희 · 허선
표지디자인	박종우
본문디자인	채경신 · 박서희
발 행 처	(주)시대고시기획
출 판 등 록	제 10-1521호
주 소	서울시 마포구 큰우물로 75 [도화동 538 성지 B/D] 9F
전 화	1600-3600
팩 스	02-701-8823
홈 페 이 지	www.sdedu.co.kr

I S B N	979-11-383-5082-2 (13320)
정 가	18,000원

SD에듀가 합격을 준비하는 당신에게 제안합니다.

성공의 기회! **SD에듀**를 잡으십시오.
성공의 Next Step!

결심하셨다면 지금 당장 실행하십시오.
SD에듀와 함께라면 문제없습니다.

기회란 포착되어 활용되기 전에는
기회인지조차 알 수 없는 것이다.

– 마크 트웨인 –

SD에듀

대기업 인적성검사 시리즈

신뢰와 책임의 마음으로 수험생 여러분에게 다가갑니다.

※ 도서의 이미지 및 구성은 변동될 수 있습니다.

현재 나의 실력을 객관적으로 파악해 보자!

모바일 OMR
답안채점 / 성적분석 서비스

도서에 수록된 모의고사에 대한 객관적인 결과(정답률, 순위)를
종합적으로 분석하여 제공합니다.

OMR 입력
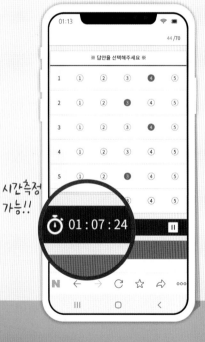

성적분석
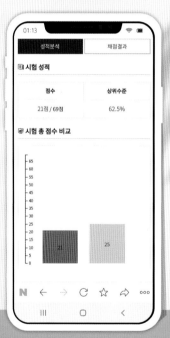

채점결과

※ OMR 답안채점 / 성적분석 서비스는 등록 후 30일간 사용가능합니다.

참여방법

도서 내 모의고사
우측 상단에 위치한
QR코드 찍기
→

로그인
하기
→

'시작하기'
클릭
→
'응시하기'
클릭
→
나의 답안을
모바일 OMR
카드에 입력
→

'성적분석&채점결과'
클릭
→

현재 내 실력
확인하기